国家哲学社会科学成果文库

NATIONAL ACHIEVEMENTS LIBRARY
OF PHILOSOPHY AND SOCIAL SCIENCES

中国的低生育率与人口可持续发展

郭志刚 王丰 蔡泳 著

中国社会科学出版社

郭志刚 1982年于中国人民大学工业经济管理系获学士学位，1985年于加拿大西安大略大学社会学系获硕士学位，1990年于中国人民大学人口研究所获博士学位。1985年至1999年在中国人民大学人口研究所从事教学与研究工作。2000年起为北京大学社会学系教授、博士生导师。主要研究领域：婚姻家庭、生育率、人口老龄化、人口预测、人口政策与人口发展战略，以及社会统计分析的方法与应用等。主要著作有：《当代中国人口发展与家庭户的变迁》、《中国的低生育水平与被忽略的人口风险》、《社会统计分析方法——SPSS软件应用》。

王丰　现任复旦大学特聘教授、美国加州大学尔湾校区社会学教授、美国布鲁金斯学会非常驻资深研究员。于1982年获得河北大学经济学学士学位，1987年获得美国密歇根大学社会学博士学位。主要研究领域包括人口变化与社会经济变化的相互关系、社会不平等、历史社会人口的国际比较等。曾就这些题目撰写著作并在国内外学术刊物发表多篇论文。

蔡泳　毕业于北京大学社会学系，在美国华盛顿大学取得统计学硕士学位、社会学博士学位，现任北卡罗来纳大学教堂山分校社会学系助理教授，北卡罗来纳人口研究所研究员。主要研究兴趣是人口社会学，尤其是人口因素和社会因素的相互作用。主要作品发表于*Demography, Population and Development Review*、*American Sociological Review,Asian Population Studies* 等。

《国家哲学社会科学成果文库》出版说明

为充分发挥哲学社会科学研究优秀成果和优秀人才的示范带动作用，促进我国哲学社会科学繁荣发展，全国哲学社会科学规划领导小组决定自2010年始，设立《国家哲学社会科学成果文库》，每年评审一次。入选成果经过了同行专家严格评审，代表当前相关领域学术研究的前沿水平，体现我国哲学社会科学界的学术创造力，按照“统一标识、统一封面、统一版式、统一标准”的总体要求组织出版。

全国哲学社会科学规划办公室

2011年3月

目 录

Contents

序

2000年，《中共中央、国务院关于加强人口与计划生育工作　稳定低生育水平的决定》中要求“稳定低生育水平”。

2006年，《中共中央、国务院关于全面加强人口与计划生育工作　统筹解决人口问题的决定》要求“千方百计稳定低生育水平”。

2012年11月8日，《胡锦涛在中国共产党第十八次全国代表大会上的报告》中关于人口工作的部分里没有再提“稳定低生育水平”。

2013年11月12日在中国共产党十八届三中全会上通过的《中共中央关于全面深化改革若干重大问题的决定》中提出：“坚持计划生育的基本国策，启动实施一方是独生子女的夫妇可生育两个孩子的政策，逐步调整完善生育政策，促进人口长期均衡发展。”

本书以2009年4月立项的国家社科基金的重点项目（批准号：08ARK001）的研究总报告为基础。我担任该研究项目的负责人。这个研究针对中国的低生育率与人口可持续发展方面的问题开展了一系列研究。研究过程历经两年半，在2011年年底按原项目研究计划按时完成并提交了最终研究成果。2012年4月，研究项目经过审核准予结项，鉴定等级为良好。

本书探讨的许多问题都是近年来学术界和整个社会关注、争议很大的热点人口问题。本书主要内容和研究脉络均完成于2010年全国人口普查全部资料公布之前，实际研究局限于只有一些少量的提前公布的“六普”主要统计数据可用，只能通过思路创新和方法创新尽量克服这种局限。所以，“六普”结果同样是对本书内容和观点的实际检验。

本书作者力图对当前中国人口发展状况做出正确描述，把握中国人口未来趋势，并提出对策建议。本书作者秉承实事求是的原则，努力做好研究，搞清问题的来龙去脉和是非曲直，旗帜鲜明地亮出自己的观点。其中，部分成果在项目研究期间曾以学术论文形式公开发表过，并获得了较大的学术反响和社会影响。

本书在入选《国家哲学社会科学成果文库》后，按照统一规范和要求，更新和补充了一些“六普”和其他方面的新资料。但是，本书的学术意义和实际价值并不在于提供最新资料，而是在于较早地针对中国低生育率状况提出了一系列问题，利用当时可资利用的数据资料认真地研究了这些问题，并且取得了不少重要的成果。

我们认为，当前中国人口发展状况的主要特征是少子化和老龄化，而主要原因是以往生育率的急剧下降和当前过低的生育率。借鉴国际低生育率模型，我们发现中国同样存在着其他低生育率人口中那些低生育率因素，表明中国的低生育率并不是单纯由出生漏报导致的统计虚幻。本书还认真地分析一些相反观点的研究成果，发现它们都存在明显的内在缺陷，因而其结论并不可靠，误导了对形势的正确把握。本书还特别对 2006 年人口与计划生育调查显示的“生育率大幅回升”的结果做了分析，发现这种结果不过是因为该调查严重有偏所致。我们还发现，多年来妇女的平均生育子女数一直在不断递减，而少儿人口中的独生子女比例则是不断上升。分析表明，流动人口并不是“超生游击队”，他们的生育率之低超乎想象。这些结果都说明，我国生育率过低的问题严重。因此，以往那种靠吸引外来劳动力支撑的人口城镇化模式正面临城乡人口双双出现少子化的挑战，农村不再是无限的劳动力供给源泉，全国劳动力将全面进入短缺状况。中国人口在几十年中急剧转变形成了现在十分畸形的人口结构，因此未来人口老龄化和人口负增长来势凶猛。

然而，以往人口研究和预测中普遍存在严重高估出生数量和生育水平、高估人口增长压力的问题，但是却严重低估了生育率过低和人口老龄化过快过重所带来的巨大的新风险。这种导向偏差已经导致连续三个人口五年规划大幅落空。事实上，以前联合国对中国的人口预测经常被国内加以援引，然而联合国最近修改了人口预测，大幅度降低了中国的生育率和人口增长。

这种状况反映出，中国人口在 21 世纪中的主要矛盾已经由总人口规模问题转向人口年龄结构问题，而由于长期的低生育率迷茫，这个重要变化尚没有被清醒地认识到。

21 世纪给人类带来的新挑战是人类历史上前所未有的长期性人口缩减与人口老龄化。20 世纪末的经济全球化与蔓延全球的低生育率同时产生，经济全球化的特征决定了低生育率的趋势在短时间内不会逆转。经济全球化和低生育率的大势要求对人口变化及其后果有全新的认识。

因此，本书针对我国人口发展状况和未来趋势，建议尽快调整以独生子女为主要特征的现行生育政策，并努力使当前过低的生育率提高到更替水平。

人口统计本身既是在书写人口发展的历史，也是在书写人口研究的历史。因此，我们应当以史为鉴，不唯上，不唯书，只唯实，兢兢业业地将人口统计研究工作认真做好，使人口统计经得起实践和历史的检验。

中国现在的人口问题是历史遗留下来的，但是中国未来的人口问题能否解决好，尤其是如何应对人口老龄化，则取决于现在的判断和决策。

实践在不断发展，提交的研究成果其实永远只是半成品。本书作者谨希望用这一阶段自己的研究成果为促进中国的人口实践和学术发展添砖加瓦。

本书各章的撰写分工：第一至四章、第六至八章、第十二至十四章由郭志刚撰写；第五章、第十章由蔡泳撰写；第十五章由茅倬彦撰写；第九章由郭志刚和李丁共同撰写，第十一章由蔡泳和郭志刚共同撰写；第十六章由王丰、沈可、蔡泳共同撰写。本书的英文目录由蔡泳完成。

郭志刚
2013 年 11 月 17 日

第一章

研究框架与研究内容

一 研究的背景和意义

中国三十多年来计划生育取得了伟大成功，大大加速了中国人口转变的进程。20 世纪 90 年代初，中国生育率降到更替水平以下，进入中国人口发展的一个新时期。尽管自那时以来各种全国人口调查的生育率均显示了很低水平（TFR <1.5），但由于人口调查统计存在一定程度漏报，导致政府和学术界对真实生育水平底数不清，于是出现了极为不同的认识与判断，在对中国未来发展的估计和预测上也出现很大的差异，并导致在对策选择上的不同观点。

当前对人口态势和对策方面的种种争论实际上起源于在实际生育水平及其发展趋势方面的迷茫。生育水平上的主流观点与调查数据不断重复的极低生育率水平之间的巨大差距隐含着一种巨大风险，即忽视生育率较低的可能性，因而对未来人口负增长和人口老龄化问题考虑不足。这些并不是一般学术争论，而是直接关系到未来人口战略的选择。

中国的低生育率并不是孤立现象。全世界 1997 年时就已经有 51 个国家和地区、44% 的人口处于低生育水平。联合国曾经为此专门召开了专家会议，讨论低生育水平及有关问题。中国在当时就已经被列入低生育水平国家。针对低生育率这种新的人口态势，国际上人口学关注焦点也相应开始从如何尽快降低过高的生育率转向了对过低生育率的研究，并逐步形成了一系列新的低生育率的理论概念、统计指标和研究模型。我国人口战略研究也应该从这些理论、方法、政策措施获取经验与借鉴。

当前国内的人口研究对低生育率新时期和相应新特点、新问题和主要矛盾的变化认识不足，在实际工作和宣传上仍偏重关注当前中国人口的惯性正增长，强调人口对生态、资源、环境的压力，呼吁长期坚持现行生育政策，主张先尽快达到人口零增长再说。这种观念忽视了未来急剧的人口负增长和人口老龄化对社会发展形成的巨大挑战和威胁。

国家统计局最新公布的第六次全国人口普查主要数据（2011）表明，大陆人口中60岁及以上人口占13.26%，并且65岁及以上人口占8.87%。与2000年第五次全国人口普查相比，60岁及以上人口的比重上升2.93个百分点，65岁及以上人口的比重上升1.91个百分点。这充分揭示出，我国人口老龄化正在加速推进。与此同时，0—14岁人口的比重则显著下降，从2000年人口普查的22.9%又下降了6.29个百分点，达到16.60%的新低。这表明中国人口老龄化不仅出于以往人口结构的演进和寿命水平的延长，而且伴随着显著少子化过程，即生育率过低的问题。

实际上，中国人口不过刚刚跨入老年型人口的门槛，人口老龄化问题只是初现端倪，这正得到越来越多的社会关注。从人口发展趋势看，未来的人口老龄化程度必然还将继续加重，老龄化进程在未来一段时期中还会显著提速。必须强调的是，人口老龄化的影响绝不仅仅是老年人口数量增多以及相应的老年人养老问题，而且涉及人口结构的不同组成部分，因而是整个社会要面对的问题。

伴随中国的人口老龄化，不仅有老年人口的高龄化，而且在劳动年龄人口内部也正呈现老龄化，即劳动年龄人口的平均年龄或年龄中位数不断提高，它对国家经济活力、创造动力和社会发展将有哪些影响是亟待研究的重大课题。今后十几年全国每年新进入劳动年龄的人数将呈不断下降的趋势，根据匡算，平均每年将递减4%。从现象上看，以往的民工潮正在转变为民工荒。这种现象既有当前全球金融海啸和我国经济结构转轨及劳动工资保障制度的调整与发展方面的原因，同时也与中国人口结构迅速变化的大背景分不开。

育龄妇女是我国人口再生产的直接承担者。与总人口结构的趋势类似，育龄妇女人口也正处于老龄化之中。根据现有人口结构统计数据计算，2000年时育龄妇女年龄中位数为31.6岁，2008年则达到34.5岁，这表明处于生育旺盛期（20—30岁之间）的育龄妇女在相对减少，而育龄妇女的半数以上已经几乎不会再生育了。如果换用育龄妇女中处于生育旺盛期妇女所占的比例来表示，那么2000年时占33.6%，而2008年时只占27.5%，从约三分之一降到约四分之一。

上述这两种社会生产主要承担者人口的老龄化进程，均是由我国1970—1990年间出生率及出生人数的迅速下降所决定的。今后20年的情况也已经由前20年的出生水平预定。

人口的结构转变和老龄化进程其实还涉及其他年龄的人口，甚至波及少儿人口。由于对人口结构趋势性变化认识不足，前些年捐资助学建设了不少希望小学，但一些新校舍还没用两年就因没有学生而闲置或转作他用。并且，当前学生人数迅速减少的影响已经开始从小学年龄段波及初中和高中。另外，近年高考考生人数的减少也引起社会不少关注。这一现象除金融海啸及大学生就业形势不好的原因外，背后也同样隐含着人口年龄结构变化因素。高考考生年龄实际上与年轻人口进入劳动就业的年龄差不多，因而今后十几年高考考生适龄人口数大约也是平均每年递减4%。所以，这些已经可感知的新迹象并不是暂时现象，而是人口长期趋势的先兆。

人口年龄结构迅速变化不仅反映在总人口及不同年龄段人口中，而且还存在着全国总的平均水平与不同地区（城镇与农村、东中西部及各省区）之间的巨大差异。不同地区的人口老龄化进程更为复杂，不仅受本地区人口自然变动（即出生和死亡水平）的影响，而且还受到地区之间的人口迁移流动和人口城镇化进程的影响。比如，由于城乡社会经济发展水平不同，人口死亡及存活水平存在显著差异，因此计划生育采取了分类指导的原则，城镇地区主要实行较严格的独生子女政策，而农村地区则根据当地实际分别制定相应的稍为宽松的具体生育政策。要是仅从城乡人口自然增长规律判断，城镇的人口老龄化程度应当比农村高得多，然而人口调查统计结果却反映出，实际上农村人口老龄化程度反而远高于城镇人口，其原因就是多年来巨大数量的农村青年源源不断地从农村地区转移到了城镇地区。

尽管全国总人口在未来20年左右的时期中还会有一定惯性增长，但从局部地区和一些具体类型的人口来看，则已经处于负增长状态。比如，上海户籍人口其实早在1993年就开始负增长了，近年来由于人口统计口径统一改为常住人口，而多年来上海市已经吸引了大量外来迁入流入人口常住当地，于是从公布的统计资料上看，上海市人口增长率变成了正值。实际上，上海市户籍人口处于严重负增长状态，其户籍人口的老龄化程度要比公布的统计水平高得多。也就是说，上海市可以通过迁入、流入人口来保证其宏观社会经济发展，然而这并不意味着上海市原居民中的家庭代际比例失调问题也能就此得到解决。实际上，这类情况也不同程度地普遍存在于广大城镇地区。我们就需要关注以往城镇发展对农村劳动力输入的依赖程度到底有多大，今后是否还需要继续这种依赖。但是在长期持续低生育水平的情况下，现在的农村又是怎样一种人口状况，是否还能作为无限的劳动力供给源泉。这些情况也必须加以研究，因为这些事关全国经济社会长期稳定发展的可持续性。

当前中国人口发展已经到了重大历史关口，然而人口研究长期陷于对新时期和新问题的迷茫状态，主观认识严重脱离实际，没能很好地服务于正确把握人口大势，反而造成了相当的误导。本研究力争与时俱进，解放思想，坚持科学发展观，尊重人口规律，加强对低生育率及一系列相关问题和对策的深入研究。这种探索无论是对学术创新还是对实际工作和决策，都具有重要的意义和价值。

二　主要研究方向、重点难点及基本研究思路

（一）主要研究方向

本研究主要包括三个方面的研究内容。这三个方面研究内容的实际意义是：正确认识和把握当前中国人口形势；正确认识和把握当前人口格局的未来发展趋势；在错综复杂的矛盾交织中应当如何抓住人口问题的主要矛盾和重点问题。

1. 中国低生育率研究

本研究努力借鉴国际前沿低生育研究方法和模型，结合中国实际人口数据，尤其是最新的第六次全国人口普查数据，来证明中国的确存在着多种降低生育率的重要因素，中国的生育率已经过低，而以往人口研究存在主观偏向，高估了出生漏报，高估了生育水平，误导了对中国人口形势的正确

把握。

2. 中国人口长期发展前景的研究

以往人口预测都偏重总人口数量的保险系数，但又明显疏于较低生育率条件下的预测，因而对未来人口负增长和人口老龄化方面的估计不足。实际上，当前中国人口年龄结构虽然还有一定推动人口正增长的惯性影响，但是在今后40年里将转变为推动人口老龄化的力量，因而在中国人口规模到达峰值以后完全转变为人口负增长的惯性影响。本研究通过人口预测模拟对此过程加以描述，并吸收国际人口学前沿成果，尝试对中国人口惯性进行定量的测量和学术上的探讨。

3. 人口与可持续发展战略理论研究

在人口发展与经济社会可持续发展战略研究的基本理论层面仍然存在着许多需要探讨研究的问题。人口长期发展战略既要遵从人口自身发展过程规律的基本要求，又要保持与社会和自然等其他外部状况和变化趋势之间的协调。然而，这些方面的问题实际上交织在一起，使得矛盾的解决十分棘手。本研究通过国际国内相关领域理论的回顾与提炼，结合我国人口发展的实际情况的总结，根据抓住主要矛盾与矛盾主要方面的方法，对人口数量与结构之间的矛盾、人口与资源环境之间的矛盾以及人口发展与社会经济发展之间的矛盾等方面的问题加以梳理和探讨。

（二）研究的重点、难点与研究思路

从整体研究布局上看，本研究的重点和难点主要存在于以下几个方面：

第一，由于统计数据质量问题，真实生育水平一直是最大的研究难点。本研究从一个新的研究思路出发：如果我们可以找到社会中存在其他影响很大的降低生育率的人口与社会因素，并大致推算出它们的影响幅度，便有助于摆脱出生漏报是当前低生育率的唯一原因的狭隘认识，有助于正确理解当前低生育水平。

第二，人口问题的特点是周期长，惯性大。因此，人口发展研究必须一方面立足当前，另一方面又要放眼未来，着重长远趋势。这种前瞻性要求人口研究不能只看当前，或者只看最近30—50年的发展前景，必须着眼于更长远的未来。本研究将研究视野扩展到整个21世纪的中国人口发展。这种

大视野的长期分析将有助于我们更好地对中国人口发展前景权衡利弊，选择应对决策。

第三，人口发展战略研究还存在着另外一些迫切需要回答的问题。以往人口战略研究虽然都强调人口自身发展规律和人口与其他方面协调的原则，但是实际上都在相当程度上回避了人口自身均衡发展的要求与经济社会资源环境的要求发生不一致的时候应当怎么办。这个问题难度很大，涉及深层的发展理论问题。本研究试图将这些矛盾按长期与短期、主要和次要、政策调控可能性与必要性进行梳理和比较，以形成有层次、有条理的系统化分析框架，并根据以人为本和科学发展观的原则来加以探讨。

三　研究内容与主要成果

本书的主要内容共包括 16 章，大体上可归纳为四个部分。

第一部分是研究本身概要介绍和中国人口概况及相应研究的基本情况。

第一章描述了研究背景和研究意义，明确了主要研究方向，针对研究的难点和重点提出了基本研究框架和研究思路，找到研究的切入点。并且，提供了全书的主要研究内容与研究成果。

第二章进行了文献和资料研究。根据收集的人口统计资料，归纳了新中国成立以来人口变化的主要特征，包括人口年龄结构变化，出生水平和生育水平，死亡水平与存活水平，人口城镇化进程。并且，通过不同来源统计结果的比较，指出这些方面的各种统计指标之间存在的种种不一致和有关问题，特别是与此相联系的不同学术观点之间的热点争议，从中引出了本书要研讨的几个主要问题。

第二部分是关于低生育率的理论研究和实证分析。

第三章从不同角度对低生育率问题进行探讨。

首先，借鉴国际上低生育率研究框架中的重要因素，通过文献研究和统计分析证明这些抑制生育率的重要因素在我国也同样存在。比如，统计测算表明，仅仅婚育年龄不断推迟的这个因素便可以导致 1994—2006 年间的总和生育率平均降低 0.21。再如，现在实现生育性别偏好的方式已经从多次生育转向胎儿性别鉴定加选择性人工引产，于是就会显著减少女婴出生数量，同时还导致出生性别比的严重失调。中国急速的社会转型还产生了很多低生育率影响因素，比如不婚比例提高，生育和抚养教育子女的费用急剧增大，人们在生活方式和追求方面的变化，这些因素也会产生降低生育率的作用。然而，多年来这些因素却并未成为理解低生育率的钥匙。

其次，这一章还探讨了以往人口研究中存在的思想方法问题。近 20 年来，政府主管部门长期坚守 1.8 的总和生育率口径，尽管与实际调查结果差距巨大，但是官方口径左右了社会舆论，也主宰了人口统计与预测研究，导致多年来人口统计陷入一个怪圈，即“调查到很低生育率→归因于出生漏报原因并大幅调高生育率估计→继续严格生育控制→再调查还是很低生育率”。在人口研究中出现了“生育率很低 = 出生严重漏报”的惯性思维，越来越不相信调查数据，越来越依赖于统计调整和间接估计的倾向。然而，其结果不仅影响了对生育率的把握，而且导致不断积累的数据调整使公布的人口指标与实际调查结果总是严重脱节。多年下来，问题已经很严重，这种状况十分危险。

多年来，我国人口和计划生育工作的主要任务是降低生育率和限制出生。久而久之，形成浓厚的习惯性思维和经验主义倾向。但是，在碰到低生育率这个新问题时不会去通过新的调查研究来加以解释，而是简单地将其归结为出生漏报瞒报。本研究收集和分析了全球低生育率国家和地区的信息后发现，经典人口理论并不能解释低生育率现象。在低生育率国家中，其实并不是社会经济越发达，生育率越低。比如，美国尚不算是个低生育率国家。在低生育率盛行的欧洲，相对不太发达的南欧和东欧生育率反而最低。而且，东亚儒家文化圈中的日本、韩国、中国台湾在全球低生育率中均名列前茅。通过对不同低生育率若干特点归纳后，本研究发现中国同时具备这些特点。此外，中国还有非常严格的计划生育，所以中国走向极低生育率的可能性非常大。

此外，本章还对如何决策适当生育率的若干重要问题进行了理论探讨。其中包括：如何评判人口长期发展以什么生育率为好；长期持续极低生育率会有什么人口后果；如何兼顾人口自身均衡发展与资源环境生态压力等。本章还回顾了中国人口和计划生育理论发展史，有针对性地明确提出，不应将适度人口的学术观点误解为中国当然的人口目标，因为不同提出者所说中国适度人口为几亿人，都没有对相应的人口发展速度及结构等方面的认真研究论证，因而无从体现人口发展规律，也就谈不上构成一个战略目标。

第四章对以往若干典型的出生漏报及生育率估计的研究本身进行了认真的分析和学术评论。首先指出了它们在思想方法上的共性偏向，然后分别具体地分析和指出了这些研究在数据方面的缺陷和方法上的错误，因而其结论或者并不可靠，或者根本是错误。然而，这些研究及其结论因得到政府主管部门的采纳和宣传而广为传播，社会影响很大，因而误导作用也很大。虽然其中有一些问题已经被人们认识到了，但也有一些并未得到澄清，甚至还有一些至今仍被作为研究经典被不断传承和效仿。

第五章专门对利用教育部公布的教育统计数据进行出生漏报和生育率估计的做法进行分析评论。通过对这一做法的全面梳理，着重分析了使用教育统计估计生育水平时所需要的假设和教育统计数据本身的质量问题。研究发现，教育统计与其他统计数据一样存在质量问题。虽然教育统计对估计生育率有参考价值，但不能成为估计生育率的黄金标准。并且教育数据分析还表明，我国生育率在20世纪90年代后期确实已下降到相当低的水平。

第六章对2006年全国人口与计划生育调查展示的“生育率大幅度回升”结论进行分析和评价。这一调查所取得的生育率水平远远高于同时期其他人口抽样调查的结果，而计划生育主管部门尚未认真研究评估便急不可耐地广为传播，制造“形势严峻、生育反弹”的紧张空气，严重误导了全国上下对人口形势的判断。而分析结果发现，该调查的异常结果其实是因其调查样本严重有偏所致。这个典型事例反映出计划生育主管部门在认识上和工作中的偏向，而且这件事情的真相至今并未得到澄清，它产生的严重误导影响在计划生育领域和整个社会中依然广泛存在。

第七章根据2005年全国1%人口调查样本数据对不同年龄妇女的终身生育子女数变化进行了分析，并且充分利用该调查中包含的独特信息专门对独生子女状况做了研究。结果表明，受计划生育影响不同，不同年龄组妇女的平均生育子女数变化很大，越年轻的妇女生育数越少。另外，历年出生人口中的独生子女比例不断上升。并且，对我国2005年时独生子女总数进行了估计。这些统计结果反映出，多年来我国生育水平其实一直在不断下降，日益趋近现行生育政策的要求，从而总和生育率根本不可能多年保持在同一水平上稳定不变。于是，这些统计结果从另一侧面反衬出政府主管部门长期坚持的 1.8 总和生育率脱离实际，缺乏合理性和说服力。

第八章专门对流动人口的生育率进行了分析。改革开放以后，流动人口数量迅猛增长。但是对流动人口的生育水平存在着两种截然不同的观点。一种观点认为流动人口躲避计划生育管理，真实生育率很高，出生漏报严重。另一种观点则认为流动人口其实素质较高，流动目的是追求较高收益和改变生活方式，因此人口流动促使晚婚晚育和生育率下降。分析结果证实，尽管存在流动人口超生现象和可能有出生漏报瞒报，但是总体上流动人口的生育率远低于非流动人口，因而实际上是降低生育率的重要因素之一。

第三部分是关于低生育率现状与后果方面的探讨。

第九章对我国人口城镇化的状况进行了人口分析。改革开放以来，我国城镇化发展迅速，体现为大批农村青壮年劳动力流入城镇，满足了城镇地区发展的人力需求。通过对若干大都市的人口剖析，发现它们的发展对外来青壮年劳动力高度依赖。由此引发一个重要问题，即农村劳动力已经大量转移和城乡低生育率发展已经使城乡人口格局双双发生重大改变，那么以前城镇化靠抽取农村劳动力的模式是否还能持续。根据城乡人口年龄结构的分析，农村劳动年龄人口已经远远少于城镇，农村人口老龄化则比城镇更为严重，农村人口少子化程度虽然赶不上城镇，但不可能再继续成为劳动力供给的无限资源。因此，城镇仍需要大量劳动力与农村不可能提供充分供给之间的矛盾将十分尖锐。这反映出，多年来我国生育率过低，既不适应未来的城镇化发展需要，也不适应应对人口老龄化的需要。

第十章通过分析联合国对中国人口的预测和贝叶斯生育率预测模型，探讨我国生育率下降和人口变化的轨迹和未来。贝叶斯生育率预测模型显示，我国的生育率下降是一个长期趋势。联合国预测表明我国快速迈向老龄社会大势已定，而生育率能否尽快走出低谷将是决定我国人口未来的关键。

第十一章和第十二章是对本研究计划完成的两阶段的大型人口模拟预测进行的数据与技术准备的描述。由于本研究的研究时间绝大部分是在“六普”结果公布之前，这些数据和技术准备保证了本研究在 2010 年第六次全国人口普查主要数据公布后的短时间内，完成了这个大规模的人口模拟预测工作。这个模拟预测分为两阶段，第一个阶段是以“六普”公布的全国性别、年龄别人口数为标准，来模拟回推1990年至2010年之间的中国人口发展进程，并且用这个人口模拟产出的一系列人口统计指标与以往国民经济与社会发展统计公报结果进行比较。实际上，这相当于用“六普”最新人口统计数据来检验以往20年的人口统计指标，以反映以往人口统计工作中存在的主要问题，同时也是对本研究自己提出的结果和观点的检验。第二个阶段则是在第一阶段的基础上完成2010年至2100年的多方案的长期人口预测。通过多方案预测结果的比较，分析与探讨未来人口发展采取哪种生育率水平最适当。比如，我国人口如果长期生育率过低，会有什么人口后果；如果适度将生育率提高到不同程度又将如何。实际上，这个研究背后的实际关注则是，根据不同生育率方案的人口前景来判断现行生育政策该不该进行调整。实际中有一种影响很大的权威观点，即现行生育政策只有到中国人口转为减少时才能加以调整。本研究专门针对这种“稳定低生育率30年”的政策取向设计了对应的人口预测方案，以检查其人口发展前景是否真的像其预期的那样好。总之，这项人口模拟预测研究实际上一方面用“六普”数据结果来检验以前的人口统计和形势估计，另一方面是要探讨未来人口发展和政策制定。

第十三章是上述按“六普”结果对1990年至2010年的人口进程模拟结果，揭示出以往人口统计和预测结果存在严重偏差，因而导致了对人口形势的判断失误。多年来，由于对低生育率认识迷茫加上过度强调出生漏报，导致出生人数和生育水平一直被显著高估，而人口老龄化趋势则被相应低估。

从本研究按“六普”结果模拟的以往20年的年出生数来看，我国自1996年起年出生数已经降到1600万以下，甚至有的年份只有1400万左右，这表明以往公布的出生统计数明显偏高。而人口研究中却一再反过来用这种过度调整的出生统计数作为证据证明人口普查存在出生漏报，其实是一种本末倒置。“六普”结果也能证明以往调查存在漏报，但远没有曾盛传的30%的出生漏报率那样高，那不过是人工构建的一幅与事实大相径庭的人口图景。

“六普”模拟结果还揭示出，总和生育率十几年来处于1.5以下的极低水平，大体印证了以往人口调查所揭示的低生育率。模拟结果还表明，在2004—2006年间并不存在什么生育率大幅回升。因此，如本书第六章的专章分析所示，那个掀起“生育反弹、形势严峻”风波的2006年全国计划生育调查的奇高生育率确实是该调查样本自身偏差的结果。更重要的是，按“六普”模拟的结果表明政府主管部门多年坚守1.8的总和生育率口径完全是错误的。

按“六普”模拟取得的人口老龄化结果表明，以往历年统计公报的老年人口比例和以往几项权威研究按1.8总和生育率预测的2010年老年人口比例都显著偏低。也就是说，以往人口统计和预测用猜测存在但实际并不存在的“出生人口”在统计上“缓解”了人口老龄化。由此可见，必须解放思想，破除低生育率迷茫，清扫以往研究偏向形成的种种误导，认清生育率过低的现实，乃是整个人口研究与政策制定的当务之急和重中之重。

第十四章是在“六普”结果基础上对未来中国长期人口前景的多方案预测研究。首先，回顾和评价了以往人口规划预测的结果，指出它们共同的问题是否认生育率很低的现实，均采用官方生育率口径作为预测参数，因而预测规划的总人口一再发生巨幅落空。

第六次全国人口普查结果表明，中国总人口的增长远低于以往人口预测和规划的水平，而在人口结构方面的少子化和老龄化的严重程度则明显超出了以往人口预测和规划。比如，2001年制定的“十五”人口规划，预测2005年总人口为13.31亿，然而2005年的实际总人口却只有13.08亿，预测规划比实际总人口数高出2300万。2006年制定“十一五”人口规划预测2010年总人口为13.60亿，然而2010年“六普”公布的总人口数为13.40亿，人口规划又偏高了2000万。因此，“十五”和“十一五”人口规划预计平均每年人口递增1000万的局面根本没有出现，实际人口年均递增仅600万而已。仅仅五年的人口规划却产生如此之大的偏差并不是人口预测方法的问题，而是因为预测背后的形势判断出了问题，预测采用的人口基数和生育率参数假定严重脱离实际。

本书对中国未来人口的多方案长期预测结果进行比较和综合评价。预测设置了四种不同方案，反映不同的生育率方案对长远人口发展的影响，其中包括维持当前极低生育率30年不变，然后再提高生育率的方案。

从总人口规模来看，各方案在达到人口峰值后均会转为下降。这表明，只要总和生育率低于更替水平（2.1），中国总人口在20—30年内转为缩减已成定局。但高低生育率方案在21世纪末的总人口数相差极大，因为它们分别代表刻意追求人口尽快缩减还是要尽量避免这种情况。

各方案结果都反映出未来老年人口比例将迅速提高，人口老龄化最严重是在2050年以后，并从此不会再有趋势性下降。这个问题是人口决策需要应对的重中之重。结果表明，低生育方案的老年比例峰值将高达38.5%，高生育方案则为33.5%，说明老龄化总趋势虽不可逆转，但适度提高生育率能明显加以缓解。而推迟提高生育率方案使老龄化发展得更快、更严重，因此对缓解人口老龄化没有可取之处。

总抚养比是老年人口和少儿人口合计数与劳动年龄人口数的比值，综合反映了社会的人口负担。马上提高生育率，出生数会增多，因而在2035年总抚养比稍高。常常有人据此认为调整生育政策将会使家庭和社会背上“两头沉”的负担。但这种理由似是而非，因为中华民族延续下去的必要条件是平均一对夫妇生两个孩子，所以这种“两头沉”的负担或迟或早总是要背的。预测结果表明，如果在当前老龄负担尚不太重的时候推诿承担，那么只能在未来老龄负担更重时再来承担。推迟提高生育率的方案因为太晚才增加出生，在2050年老龄化最严重时，新增出生尚未形成劳动力，以致远水解不了近渴，届时“两头沉”负担奇重。以往人口研究偏向过分夸大了“两头沉”问题，其实尽早增加的出生才正是未来缓解老龄化的生力军。因此，推迟提高生育率的方案是万万不可取的！

总之，未来总人口失控的风险已经极小，而生育率过低和人口老龄化过度的风险正变得越来越大。如果继续忽略这种新的巨大的人口风险，采取无所作为的态度，甚至采取相反对策去加剧这个人口矛盾，必将铸成历史性的错误。

第四部分是对中国人口惯性的研究，并从全球化的国际环境探讨人口政策与战略。

第十五章追踪国际人口学对于人口惯性的研究方法，结合中国人口现状，对中国人口惯性进行了多角度、多方向的测量评估，探讨了中国人口惯性对未来中国人口发展态势的作用和影响。未来中国人口的惯性正增长还将延续一二十年，但人口正增长惯性正以极快的速度消失。未来人口发展趋势将是老年人口的正增长惯性和壮年人口负增长惯性之间的角力。

第十六章从全球化的宽广视角重新审视人口问题。在经历了20世纪前所未有的人口增长之后，21世纪给人类带来的新挑战是人类历史上前所未有的长期性人口减少及人口老化。20世纪末的经济全球化与蔓延全球的低生育率同时产生。经济全球化的特征决定了低生育率的趋势在短时间内不会逆转。在很短时间内走完高出生率和低出生率过程的中国，所面临的人口老龄化与家庭变化的挑战也颇为艰巨，经济全球化和低生育率的大势要求对人口变化及其后果有全新的认识。必须深刻认识人口惯性与人口变动的规律，尤其是持续低生育率会积累人口负增长惯性，决定了我们必须未雨绸缪，不能等到中国人口增长停止时再重新考虑公共政策，尤其是人口政策的讨论与调整。作为地球上的第一人口大国，中国在20世纪成功地控制了人口增长。作为对这一成功付出的代价，21世纪中国所面临的是人口负增长和人口老龄化。作为快速融入经济全球化同时快步加入世界低生育率国家行列的人口大国，中国所面临的不仅是丢掉世界第一人口大国的桂冠，而且是更深层、更持久的挑战。

第二章
当前中国人口发展现状与相应的研究状况

新中国成立以来，中国人口先是经历了四十多年人口规模的迅速增长，然后进入了低生育率时期，虽然当前人口仍在微弱增长，而人口年龄结构则日益呈现出少子化和老龄化特点。这是我们面临的中国人口基本状况。我们研究未来中国人口将如何发展，首先应当将今天的具体人口状况搞清楚，因为在人口发展进程中，今天总是从昨天脱胎而来，而未来人口发展又是在当前人口状况的基础上变化演进的。在人口变化的诸因素中，首先是现有人口发生年龄推移，即过一年长一岁，然后各年龄人口依据年龄别的生育率和死亡率产生进一步的人口自然变动，即每年的出生和死亡。人口的年龄推移和自然变动不断改变着人口的结构，每时每刻的人口年龄结构就像树木的年轮一样镌刻着以往的人口变化，同时还在很大程度上决定着未来的人口发展。

一　人口年龄结构

（一）新中国成立以来的人口年龄结构变化

本节先根据新中国成立以来历次全国人口普查数据统计结果来反映以往人口年龄结构的变化过程，然后再比较详细地讨论 1996 年以来国家统计局发布的人口年龄结构指标，以及我们在研究中发现的一些主要问题。

（二）历次全国人口普查的人口年龄结构概要统计

从 1949 年新中国成立以来，中国已经进行过六次全国人口普查。根据历次全国人口普查公布的年龄别人口数据可以计算出总人口中少儿年龄段、劳动年龄段和老年段各自的人口比例，同时也能计算出年龄中位数（表 2—1）。在人口研究中，人口老龄化是用老年人口比例（而不是老年人口数）的持续提高作为标志。所谓的人口少子化则表明少儿人口比例持续下降。至于人口的年龄中位数（又称中位年龄）是另一个年龄结构指标，它的含义是如果总人口全部按年龄大小排序，那么将总人口分为两半的分割点在年龄坐标上的位置。更简单地说，2010 年时中国人口年龄中位数为 36.5 岁，意味着此时有一半人口大于这个年龄，而另一半人口则小于这个年龄。

表 2—1　**历次全国人口普查数据的年龄结构指标**

年份	少儿比例（%）	劳动年龄比例（%）（15—64 岁）	老年比例（%）（65 + 岁）	中位年龄（岁）
1953	36.3	59.3	4.4	22.7
1964	40.7	55.7	3.6	20.4
1982	33.6	61.5	4.9	22.9
1990	27.7	66.7	5.6	25.3
2000	22.9	70.0	7.1	30.8
2010	16.6	74.5	8.9	36.5

资料来源：本表根据历次全国人口普查公布的年龄别人口数汇总计算。

注：2010 年人口普查的中位年龄为本课题的模拟估算结果。

从人口年龄结构的变化看，新中国成立之初的十几年中不仅不存在人口老龄化，反而出现了人口年轻化。中国人口老龄化是在 1964—1982 年间才开始的，显然它与 1973 年全国开始推行计划生育及相应出生水平显著下降紧密关联。到 2000 年的世纪之交，中国人口才刚刚跨入老龄社会的门槛。而在 2000 年到 2010 年的最近十年中，不仅人口老龄化迅速发展，并且人口少子化也越来越突出。少儿人口就是未来的劳动力，少儿人口比例如此迅速缩小预示着劳动年龄人口比例将很快结束以往不断提高的趋势，转为下降趋势。人口老龄化不仅代表着老年人口规模和比例的扩大，而且将发生于整个人口的所有年龄段，比如老年人口内部的日益高龄化、劳动年龄人口和育龄妇女人口内部的老龄化。更为概要的年龄指标总人口中位年龄可以集中反映这种趋势，2010 年人口普查揭示出，将中国人口按年龄均分两等份的中位年龄已经达到了 36.5 岁。

（三）近年国民经济与社会发展公报结果

国家统计局发布的年度《国民经济与社会发展统计公报》从 1996 年开始提供年龄结构概要统计，从 2006 年开始同时提供分别按 65 岁和按 60 岁标准划分的老年人口数量与老年人口比例（表 2—2）。国际上，常常用 7% 的 65 岁及以上的老年人口比例作为一个国家进入老龄社会的参照标准。表 2—2中统计说明，中国在 2000 年跨入老龄社会以后，人口老龄化还在继续加速发展。从 2000 年至 2005 年的五年中，65 岁及以上老年人口比例提高了 0.7 个百分点；而在 2005 年至 2009 年的四年中，这个比例就提高了 0.8 个百分点。如果从 60 岁及以上老年人口比例来看，老龄化程度提高得更快，从 2006 年至 2009 年的三年中就提高了 1.2 个百分点。不过，老年人口比例变化在一定程度上会受到总人口增加的抵消影响，因此近年来，我国老龄人口数量的增长率实际上会更快。

表 2—2　**近年国民经济与社会发展公报的人口老龄指标**

年份	65 + 岁（%）	60 + 岁（%）	65 + 岁（万）	60 + 岁（万）
1996	6.4	—	7833	—
1997	—	—		—
1998	6.7	—	8362	—
1999	6.9	—	8688	—
2000	7.0	—	8821	—
2001	7.1	—	9062	—
2002	7.3	—	9377	—
2003	7.5	—	9692	—
2004	7.6	—	9879	—
2005	7.7	—	10068	—
2006	7.9	11.3	10384	14854
2007	8.1	11.6	10702	15327
2008	8.3	12.0	11023	15936

续表

年份	65+岁（%）	60+岁（%）	65+岁（万）	60+岁（万）
2009	8.5	12.5	11309	16714
2010	8.9	13.3	11883	17765

资料来源：表中数据除2000年统计引自《2000年全国人口普查主要数据》公报以及2010年统计引自《2010年第六次全国人口普查主要数据》外，其余均来自各年国家统计局《国民经济与社会发展统计公报》。

注：表中"—"标志表示数据缺失。

（四）近年来老龄统计结果上的不一致

根据国家统计局近年公布的各年人口变动抽样调查的人口年龄别数据资料，也可以计算出调查样本的老年人口比例。我们用这些数据进行了统计计算，并且发现由人口变动调查数据取得的老年人口比例与各年《国民经济与社会发展统计公报》公布的老龄指标之间存在着很大差别，人口变动调查的老龄统计结果要远远高于统计公报公布的相应指标水平（图2—1）。

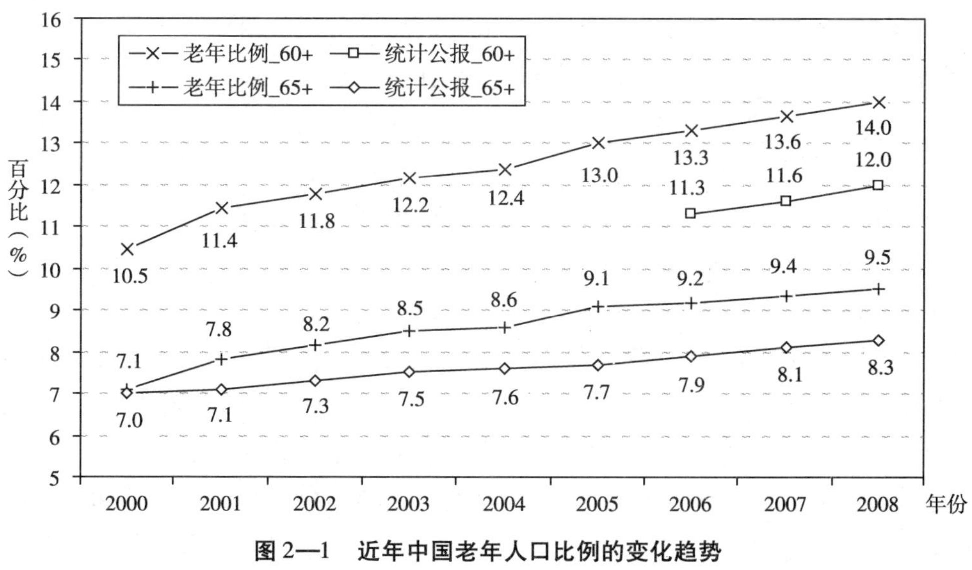

图2—1　近年中国老年人口比例的变化趋势

从2008年年底的65岁及以上老年人口比例来看，两者之间已经相差1.2个百分点。值得注意的还有，两者之差始于2000年以后。要是看60岁及以上老年人口比例，统计公报公布的2008年年底统计低于人口变动调查数据相应统计结果更是高达2个百分点。

每年人口变动抽样调查数据实际上是每年《国民经济与社会发展统计公报》中公布的各项人口指标的基本依据之一。当然，统计公报发布的人口指标还要考虑很多其他因素来进行统计调整与最后的估计。比如，要考虑实际调查中因不同年龄人口的抽样比不同做年龄别人口数据的统计加权调整，也要考虑不同项目的调查漏报率做统计弥补调整，还要考虑与以往公布数据的衔接并保持一致性。

但是统计公报与实际调查数据在老龄统计指标上存在如此之大的差距是我们在人口年龄结构的研究中必须高度重视的问题。如果我们连现在的人口老龄化程度都存在疑虑的话，那么这些统计指标之间就代表着对同一个人口现状画出了两幅十分不同的图景，那么人们就自然会感到迷惑，到底哪一幅图景更贴近实际。尽管人们往往只看到和应用统计公报中的数字，但是上述差异其实反映这个数字的可靠性是存在疑问的，当然这些反映现状的数字所反映的趋势对未来人口发展进程的参考价值自然也会打更大的折扣。实际上，上述这些老年人口统计方面反映出的不一致情况的根源并不在于年龄本身不好统计，或是老年人口不好调查，而是因为其他方面的人口统计产生了问题，搅乱了所有的人口年龄结构比例的统计。

二　人口的出生水平和生育水平

（一）1990年以后出生水平存在较大争议

我国在20世纪70年代开展计划生育以来，总和生育率从很高水平迅速下降，到80年代已经降到2.5左右的水平。在计划生育的这前20年中，在出生人数和生育水平的统计方面并没有太多的疑问。

进入20世纪90年代以后，对于出生人数和生育水平的统计结果便出现了越来越多的质疑。甚至可以说，在1990年至2010年这20年间，人口研究和计划生育领域始终处于强烈质疑和否定出生统计和生育统计质量的状态中，并进而导致对实际人口状况的判断一直存在截然不同的观点以及它们之间的激烈争辩。由于政府主管部门采纳了质疑和否定一方的观点，并且助其在社会上广泛传播，所以这种观点一直处于主流地位。简言之，在开展计划生育后的第二个20年中，尽管人口调查结果反映出每年出生人数出现非常显著的减少和出生率的下降，然而人们认为这种结果不过是出生漏报和瞒报的后果，并不能反映实际情况。

比如，2000年第五次全国人口普查公报的总人口为12.6亿，而根据调查数据直接统计出来的分性别年龄的总人口数只有12.4亿。根据2000年第五次全国人口普查公报，此次普查的漏报率为1.81%，对应的漏报人口为2300万。问题是2000年人口普查并没有发布任何其他关于这些漏报人口的具体情况，所以外界就根本无从了解这些漏报人口的人口特征（如性别、年龄）和社会特征（如居住地类型、户籍、教育、职业）。因此，第五次人口普查的人口漏报只有一个漏报率及从上述两个不同总人口数中推出的差异人数。

尽管2000年人口普查并未提供更多漏报人口的明确信息，但是在人口学界其实一直默认这些漏报人口为少儿人口，即作为20世纪90年代以来的“严重出生漏报”的结果。但是，近年来已经有越来越多的统计证据表明，人口调查中对流动人口（即青壮年人口）的漏报问题非常严重，甚至可能并不亚于出生人口的漏报程度。这就意味着，即便2000年人口普查真的存在这么大的人口漏报，简单将其全部归为少儿人口也是不正确的。

2000年普查的人口漏报情况是个一直未得到解决的遗留问题，对后来的人口统计研究影响很大，产生了一系列相应问题。实际上，它反映出当时的人口统计连20世纪90年代的出生情况也没有搞清楚，更不用说后来的人口发展状况了。因此，在1990年以后，实际上每一年的出生数都因漏报这一理由而被大幅度调高。但调整的证据是否确凿，调整的幅度是否合理，却很少有人认真加以追究。

所以，20世纪90年代的出生漏报到底有多严重，不仅在2000年人口普查中并未得到证实，相反，由于2000年人口普查实际查到的0—9岁组人口数因为大大低于以往年份统计公报公布的出生人数（其实那只是估计数），2000年人口普查的数据质量反而受到严重质疑，几近基本否定。与此类似，2005年全国1%人口抽样调查也被认为出生漏报严重。并且，每年一次的、大约覆盖全国1‰人口的全国人口变动抽样调查，以及国家计生委每5年组织一次的全国计划生育调查的出生率几乎全都被认为出生漏报严重。

在我们收集和研究以往人口调查出生统计的评价时，已经深切感到这些怀疑和否定在很大程度上是一种经验推断，其实也没有十分确凿的证据。因此我们提出，按照同样的逻辑，那么今后所有的人口调查，包括2010年第六次全国人口普查的结果因为不能证实以前的“出生漏报”，反而自身被判定存在严重漏报。结果，实际调查结果不仅不能用于检验主观认识，反而被未被证实的出生漏报所否定。我们在2010年人口普查主要数据公布之前，就深感这方面问题严重，猜测多年来这种可疑的出生调整量累计可能多达3000万，相当于一个中等国家的人口数。然而，要是对当前人口状况都搞不清楚，那么对未来人口发展进程的预测便更会严重脱离实际。

人口统计虽有重大存疑，但实际工作必须得照常去做。以往绝大多数的人口规划预测都一致认定这些“出生漏报”事实上存在，以便留有“充分的”余地，确保中共中央、国务院提出的全国人口总量控制的目标上限不被突破。然而，人口学者和计划生育工作者都知道，人口总量限制目标口径其实有所变化。2000年时《中共中央、国务院关于加强人口与计划生育工作 稳定低生育水平的决定》中提出的人口总量峰值是接近16亿，而2006年的《中共中央、国务院关于全面加强人口与计划生育工作 统筹解决人口问题的决定》中并没有再提及具体人口总量峰值。但是，稍后出版的《国家人口发展战略研究总报告》（国家人口发展战略研究课题组，2007）中将人口目标定为“本世纪中叶人口峰值控制在15亿左右”。有理由相信，人口峰值口径上这一亿人的数量变化其实还是因为承认出生水平比以前降低了许多。

从本研究收集的以往出生数据分析中，我们还注意到，国家统计局其实也早就对此问题有一定认识，曾经在2000年全国人口普查和2005年全国1%人口抽样调查之后分别显著调低了这两次人口调查之前两三年的统计公报公布的出生估计数。

（二）人口调查数据反映的生育率下降

表2—3提供了1990年、2000年、2010年的三次全国人口普查以及2005年全国1%人口抽样调查取得的分城乡总和生育率（TFR）统计结果。可以看到，从1990年到2000年，无论城乡，总和生育率都发生了极为显著

的下降：城镇从 1.55 下降到不足 1.0，即每个妇女平均生育数下降了半个孩子；而农村则从 2.5 下降到不足 1.5，更是平均下降 1 个孩子。表 2—3 中还提供了各孩次总和生育率及其占总和生育率的比例。结果表明，尽管 1990 年后大量农村青年妇女已经流入城镇地区，城镇生育率中的二孩和多孩比例仍然发生了显著下降。而农村生育率孩次比例上最显著的下降则首推多孩，并且二孩生育率比例下降也很显著。

表 2—3 数据还表明，1990 年至 2005 年这 15 年中，生育率大幅度下降的最低点在 2000 年左右，2005 年全国 1% 人口抽样调查甚至反映出生育率还略有提高，但是大体上维持在很低的水平。

表 2—3　**以全国人口普查数据计算的总和生育率**

年份	指标	市 + 镇				县			
		一孩	二孩	三孩及以上	合计	一孩	二孩	三孩及以上	合计
1990 年	TFR	1.042	0.361	0.145	1.548	0.980	0.867	0.690	2.537
“四普”	占比例	67.3%	23.3%	9.4%	100.0%	38.6%	34.2%	27.2%	100.0%
2000 年	TFR	0.774	0.141	0.022	0.937	0.947	0.392	0.095	1.434
“五普”	占比例	82.6%	15.0%	2.4%	100.0%	66.0%	27.3%	6.6%	100.0%
2005 年	TFR	0.797	0.221	0.023	1.042	0.990	0.560	0.104	1.654
1% 抽样	占比例	76.5%	21.2%	2.2%	100.0%	59.8%	33.8%	6.3%	100.0%
2010 年	TFR	0.686	0.257	0.037	0.979	0.771	0.542	0.131	1.444
“六普”	占比例	70.0%	26.2%	3.7%	100.0%	53.4%	37.5%	9.1%	100.0%

本书正式出版前，我们又将 2010 年全国人口普查的城乡生育率数据补充到表 2—3 中。由于 2010 年全国总和生育率仅为 1.188，不仅低于 2005 年的相应水平 1.338，而且打破了 2000 年的最低纪录 1.221。“六普”的极低生育率先是让整个社会震惊，后来人口研究中便又出现对“六普”“出生漏报”的质疑。与以前一样，这些质疑就是泛泛地从出生人口数与哪个标准数据对不上推断的。本来当两个数对不上时，既可能第一个数是对的，也可能第二个数是对的，再有就是两个数都不对。而对“六普”数据的质疑也同以前一样，并不去对具体数据进行分析评价，简单采取了哪个数大哪个数便正确的判定标准。那么真的是“六普”漏报问题更严重吗？其实表 2—3 所显示的“六普”生育率反映的变化可以提供一些这方面的信息。可以看到，

2005 年到 2010 年间，城乡生育率都有下降。而且，城乡生育率下降都主要反映在一孩生育上。城镇二孩和多孩的生育率都略有提高，农村二孩生育率只是略微降低，多孩生育率也略有提高。城乡生育率的孩次别特征并不像是瞒报的结果，因为它们都反映出一孩生育率下降显著，而计划生育并不限制一孩生育，所以没什么必要去瞒报一孩生育。相对而言，二孩和多孩生育更可能瞒报，但是除了农村二孩生育率有微弱降低，其他都呈现为提高。并且，深入的分析还发现（郭志刚，2013），农村一孩生育率的显著下降实际上是因为 2010 年与 2005 年相比，农村 20 岁至 35 岁妇女中未婚比例提高非常显著，尤其在 22 岁至 25 岁的年龄别未婚比例提高幅度都在 10 个百分点以上，而这段年龄正是一孩生育高峰期，增加这么多比例的未婚妇女，一孩生育率当然会显著下降。而且，农村妇女也没有必要非要隐瞒已婚的事实。所以，从“六普”生育数据的具体分析来看，其极低生育率主要不是漏报瞒报所致，而且还反映出低生育率正在向农村蔓延发展。

（三）在出生漏报和生育率问题上的认识迷茫

在人口统计方面，多年来对出生和生育水平方面的争议最大。由于自 1990 年以来，几乎所有人口调查的生育水平都非常之低，因而由此引发了对调查数据质量的强烈质疑。尽管如此，无论政府主管部门还是人口学界都一致肯定中国的总和生育率（TFR）已经在 20 世纪 90 年代下降到更替水平（约为 2.1）以下，只是政府主管部门认为实际生育率后来一直稳定在 1.8 左右，而绝大多数人口调查结果却表明总和生育率都在 1.3—1.5 之间。尽管政府主管部门始终坚持 1.8 生育率的官方口径，然而认为实际生育率还要低得多的学者却越来越多。

人口统计实际上已经长期身陷一个怪圈，即“调查得到很低生育率→归因于漏报并调高生育率估计→继续严格控制人口→再调查还是很低生育率”。值得注意的是，这个怪圈中的一个重要环节是对出生漏报的调整和生育率的间接估计。尽管所依赖的许多统计调整和间接估计的证据并不确凿，甚至相当多的间接估计在方法上存在着明显错误或疏漏，然而由于这些间接估计结果迎合了政府主管部门观点，所以总是应运而生、层出不穷。然而，由于方法、数据上存在问题，这些间接估计并不能支撑官方的 1.8 生育率指导口径。

真实的生育水平是判断人口发展形势的重要参照，而把握真实的生育水平就得有可靠的统计。但是现在并没有公认可靠的统计数据，这就是人口与计划生育领域多年来面临的两难局面。

三　人口的死亡水平与存活水平

根据《国家人口发展战略研究报告》的“中国人口死亡水平与预期寿命研究”子课题中收集的资料和研究成果（黄荣清，2007：510—511），新中国成立初期，我国的人口预期寿命在48岁左右；20世纪80年代前期，预期寿命在65岁左右（男性为63.64岁，女性为66.51岁）；1990年，预期寿命为67.9岁（男性为66.62岁，女性为69.17岁）；20世纪90年代末，预期寿命为71岁左右（1999—2000年，男性为69.17岁，女性为72.72岁）。实际上，《国家人口发展战略研究》的“人口预测模拟”子课题就是以黄荣清估计的这套1990年和2000年预期寿命为基础制定参数，实施未来人口预测的。

国家统计局采用的分析方法不同，并且估计2000年人口普查的死亡人口漏报率为8%。按这个漏报率补上漏登死亡数以后，估计了1999—2000年死亡水平，并在此基础上估计出男性预期寿命为69.63岁，女性为73.38岁（国家统计局人口和就业统计司，2005）。而黄荣清专门对2000年人口普查的死亡漏报进行了更为细致的研究分析，最后认为死亡人口登记漏报率为10%—20%（黄荣清，2007：551）。

也就是说，在2000年人口普查死亡漏报水平上存在着不同观点，国家统计局估计为8%（张为民、崔红艳，2003），而黄荣清等学者则估计死亡漏报率在10%以上。由于对死亡漏报率水平的看法不同导致了他们最后对期望寿命水平的不同估计。比较以上两种2000年预期寿命估计结果，国家统计局估计的男、女预期寿命都要比黄荣清的估计结果分别高出0.5岁左右。

2010年第六次全国人口普查公布的老年人口比例和人数双双超过以往的人口预测。这种结果意味着以往很可能低估了人口预期寿命。由于城乡社会发展和生活水平的显著提高，加上大量农村人口进入城镇，这种情况是很有可能发生的。

四 人口城镇化进程及其人口学影响

自改革开放以来，我国人口经历了急剧的人口城镇化转变。根据《2009年中国人口统计年鉴》（国家统计局人口和就业统计司，2009）公布的统计数据（图2—2），1990年时我国城镇人口占全国人口的26.41%，而2000年时则已经提高到36.22%，10年提高了近10个百分点。并且从图2—2中可以看出，1995年以后人口城镇化进程明显加速了。2008年，人口城镇化水平又进一步上升为45.68%。

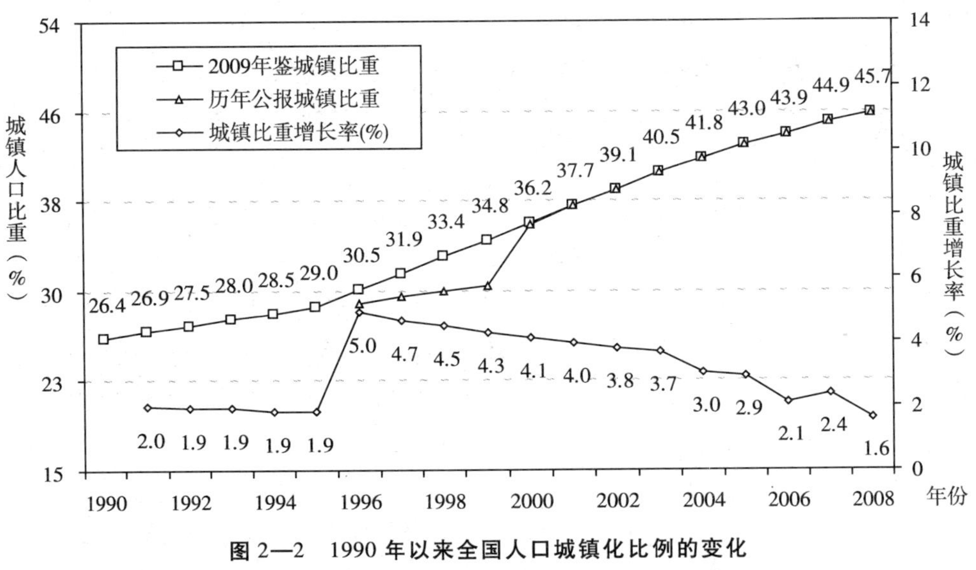

图2—2 1990年以来全国人口城镇化比例的变化

本研究按这种趋势曾经预计，在2000—2010年的10年里城镇化水平无疑将提高10个百分点以上。《2010年第六次全国人口普查主要数据》公布，2010年全国城镇人口比重为49.68%（国务院第六次全国人口普查办公室、国家统计局人口和就业统计司，2011）。

实际上，上述人口城镇化比重这一系列指标值在2000年人口普查之后也做过调整。图 2—2 中提供了 1996—1999 年间每年《国民经济和社会发展统计公报》所公布的人口城镇化比重，可以看出原来发布的数字明显低于调整后的统计。从城镇化比重增长率来看，城镇化速度最快的时期其实是 1996 年，增速为 5%。之后，略有下降，到 2004 年还有 3%。但是后来增速明显下降。上述时期我国城镇化不但与农村向城镇的人口迁移流动有关，而且与这一时期我国成建制地将原来的县改市或区，以及相应的村委会改居委会有关。这是比较特殊的情况。

人口城镇化本身是一个复杂的社会经济人口过程，它产生的各种影响也是错综复杂的。实际上，在中国现行户籍制度及管理体制下，不同的人口在城镇化进程中表现出很强的选择性。当前人口城镇化速度最快的是农村青壮年人口。

由于我国城乡社会经济发展水平存在显著差异，人口城镇化导致在城镇生活的人口越来越多，所以人口城镇化进程既会影响到全国的生育水平，也会影响到全国的死亡水平或存活水平。

五　小结

本章通过不同统计指标展示了我国人口几十年来的变化，特别是 1990 年以后的情况。1990 年以后我国进一步改革开放，形成社会主义市场经济体制，经济发展显著加速，人口迁移流动越来越多，人口城镇化越来越快。同样是在 1990 年以后，我国人口发展也进入了一个新的发展时期。这个时期的主要标志是我国人口从此告别了高生育率，转入了低生育率。

人口学中将正好能够维持代际人口数量相等的生育率称为更替水平。如果简单地说，代际人口数量平衡就是每对夫妇平均生育两个孩子。但是代际更替要等到两个孩子必须都生存到父母生育他们时的年龄，所以考虑到这一期间下一代会有夭折的情况，此外上一代人中还有不结婚或结了婚也不生育等各种复杂情况，那么就这一代人而言，每对夫妇只生两个孩子并不足以维持人口的不增不减，生育率必须还要略高一些。所以，生育率更替水平的计算其实比较复杂。就中国人口的实际情况而言，一般用 2.1 的总和生育率来近似代表更替水平。而所谓的低生育率就是指低于更替水平的生育率。

低生育率就意味着人口内在趋势是人口负增长。我国在经历了漫长的人口增长和20年的计划生育后，终于在20世纪90年代初期从高生育率转为低生育率。尽管实际人口发展的正增长惯性使我国刚进入低生育率时人口总量并不会立刻转为减少，但这种正增长惯性影响会逐渐消除，人口总量就会由于低生育率的决定性影响而转为人口负增长。

因此，低生育率标志着人口发展进入了一个本质上与以往十分不同的新时期。实际上，进入低生育率时期本身就意味着我国通过计划生育降低生育率的主要任务已经基本完成。这时，中国人口转变面临一些前所未有的复杂情况。比如，过去计划生育的任务是要降低生育率，但生育率已经低于更替水平，那么我们是将生育率稳定在更替水平，还是稳定在略低于更替水平，抑或继续将生育率压到更低水平。因此，这个时期中不再像以前那样只需要决定促使生育率变化的方向，而是转变为如何把握好生育率的适当分寸。

回首1990年到2010年的人口研究与计划生育工作，我们发现这个问题并没有搞清楚，甚至连生育率到底多高也搞不清楚了。过去，费很大力气才使生育率下降一点。生育率每下降一点，人们都很宽慰，计划生育又取得了新成绩，中国人口转变又跨出了新的一步。但是在20世纪90年代初期，人口调查显示生育率突然出人意料地骤降到更替水平以下，人口学界和计划生育部门面对这个变化几乎是懵了。不仅如此，后来低生育率还在变得越来越低，而人们已经不再感到喜悦，反而倍感纠结和疑虑：中国怎么可能会有这样低的生育率。

人们确实发现了调查中存在着出生漏报问题，于是过于简单地将低生育率归因于出生漏报导致的统计不实，而且对此深信不疑。但是，人们在很长一段时间并没有认真思考和探索过，低生育率真的完全是由于出生漏报吗？如果不是，那么除了出生漏报还有哪些其他原因？

人们觉得，出生漏报说非常令人信服，根本没有必要再去找什么其他原因。于是，对低生育率的纠结反映为这个时期中从国家计生委到各地计生部门都狠抓了漏报核查，是抓到了一些问题，但是并不足以解释这么低的生育率。因此，这只是合理的解释之一，但它只是冰山一角，大头还沉在水面之下。

但问题是，这个“大头”其实从来都未真的找到过。而且，这个“大头”到底有多大，谁也不知道。这一点给人口统计研究带来了大麻烦，因为实际需要提供一个“可信的”生育率作为工作的指导，作为人口预测和规划的基准。于是，实际调查查不准的生育率，可以借助一些人口学方法间接“估计”出来，然后再由政府主管部门认可后作为生育率的官方权威口径。

所以，中国人口进入低生育率时期后，人们对于低生育率的水平反而变得十分迷茫。将低生育率归因为出生漏报其实就是在否定低生育率。多年来，我国的人口和计划生育工作参照的官方口径生育率其实是一项与实际调查结果相差极大的间接估计。这种低生育率迷茫反映出政府主管部门已经失去了对中国人口实际情况的把握，形成了一种固化的偏见。另外，这种迷茫也影响了对低生育率本身的认识和研究。

中国推行计划生育的初衷就是为了加速人口转变，促使低生育率早日到来。然而，低生育率真的到来时反而使人们感到一头雾水、手足无措，因为它来的时间比人们原来的预期提前得太多了。于是，低生育率就像一个从头到脚蒙着罩袍的幽灵突然出现，人们看见了它，但是看不见其面目。人们纠结在两难之中：它真的是低生育率还是什么其他不速之客？是承认它，还是否认它？出于深深的疑虑，只是通过远观去努力猜想它的样子，怀疑自己看到的不过是一个幻影。人们还企图从这个云山雾罩的外形就画出它的本来面目，但是这样的肖像不管画功多好也只不过是人们的主观建构。其实，低生育率根本不是什么幽灵，它是一个客观现实。我们大可不必陷于迷茫和纠结之中，只要去除自己心中那些左顾右盼的杂念，鼓起勇气走上前掀去它的罩袍，直接加以认真观察和探究，就完全可以了解它的真面目。

参考文献

国家人口发展战略研究课题组：《国家人口发展战略研究总报告》，中国人口出版社2007年版。

国家人口发展战略研究课题组：《国家人口发展战略研究报告》，中国人口出版社2007年版。

国家统计局人口和就业统计司：《中国人口统计年鉴——2005》，中国统计出版社2005年版。

国家统计局人口和就业统计司：《中国人口统计年鉴——2009》，中国统计出版社2009年版。

国务院人口普查办公室、国家统计局人口和社会科技统计司：《中国 2000 年人口普查资料》，中国统计出版社 2002 年版。

国务院全国 1% 人口抽样调查领导小组办公室、国家统计局人口和社会科技统计司：《2005 年全国 1% 人口抽样调查资料》，中国统计出版社 2007 年版。

国务院第六次全国人口普查办公室、国家统计局人口和就业统计司：《2010 年第六次全国人口普查主要数据》，中国统计出版社 2011 年版。

国务院人口普查办公室、国家统计局人口和就业统计司：《中国 2010 年人口普查资料》，中国统计出版社 2012 年版。

郭志刚：《中国人口生育水平低在何处——基于六普数据的分析》，《中国人口科学》2013 年第 6 期。

黄荣清：《中国人口死亡水平与预期寿命研究》，载《国家人口发展战略研究报告》，中国人口出版社 2007 年版。

张为民、崔红艳：《对中国 2000 年人口普查准确性的估计》，《人口研究》2003 年第 4 期。

第三章
对低生育率的研究与讨论

中国人口发展在20世纪90年代进入低生育率时期以来，人口研究和计划生育工作便进入了一种低生育率迷茫的状态，对实际低生育率水平出现了极大的争议。这种迷茫状态的基本特征是，基本否定历次人口调查所反映出的极低生育率水平，认为中国出现这么低的生育率不可思议、难于想象、难以接受，然后便以调查中的严重出生漏报作为如此之低的生育率的解释。在学术研究领域和整个社会中一种传闻广为传播，说是人口调查的出生漏报率极高，达到了30%，甚至50%，于是人口调查揭示的极低生育率结果根本没有得到认真对待，还没有得到认真核实和深入分析研究就被打入冷宫，不予理睬了。

不可否认，人口调查中的确存在出生漏报问题。但是低生育率本来就是预期之中的事，只不过它比人们的预期时间提前到来了。这时，人口研究的根本任务应该是搞清楚，调查显示的低生育率中到底有多大的水分，出生漏报问题是否真的严重到完全颠覆低生育率结果。但是，人口研究并没有真正搞清楚这些问题，就急于宣布极低生育率就是出生漏报导致的统计失真。这就好比不分青红皂白地将一盆洗澡水连同澡盆中的孩子一股脑儿地全都泼掉了。

但是，尽管采取了很多措施和方法努力提高人口调查和统计数据的质量，然而多次人口调查总是顽固地不断重复再现很低生育率，以致人口学界和计划生育工作者已经对此熟视无睹，不再相信调查结果，甚至对人口数据完全失去了信心。

一 中国低生育率研究的新思路

从中国进入低生育率以来，对生育率水平的研究并不少。值得注意的是，以前生育率的研究思路是：调查的低生育率加上出生漏报影响便可以取得真实的生育率。多年来，证明出生漏报的研究被列入各种课题指南，吸引了社会的注意力，也获得了大量的研究资源。其实，要证明存在出生漏报一点也不难，难的是真正搞清楚漏报的幅度到底有多大。因此，这种思路总是受阻于出生漏报难以真正查实、查全，所以真实的生育率水平也并没有真正搞清楚。

这时，人口研究本来不必非要在出生漏报这一棵树上一直吊到死，完全可以进行一下反向思维：这些调查结果会不会真的大体反映了我国生育率的变化趋势？那么，就不妨直接去探索一下，在社会和人口中，除了出生漏报以外，是否还真实地存在着其他导致生育率下降的重要因素。如果现实中的确存在其他抑制生育的重要因素，就能够用其解释很低生育率中的一部分甚至大部分原因，那么调查反映的低生育率就不再是个单纯虚假统计的问题。

其实，人口研究长期偏重于第一种思路，忽略第二种思路，其背后的认识根源是拒绝相信中国真的出现了极低生育率。所以，出生漏报研究的目的是要否定如此之低的生育率，而直接去研究低生育率的影响因素则必须首先要假设极低生育率存在，而这在当时的社会和学术环境中是需要有相当的理论勇气的。

中国的很低生育率其实并不是一个怪异的特例。实际上，低生育率已经是一股强烈袭来的世界性潮流。实际上，全球几乎除了非洲以外，低生育率人口已经分布世界各大洲，其中横贯欧亚大陆的一条低生育率人口地带尤其引人注目。所以，中国只是全世界众多低生育率人口的一员，又是东亚极低生育率国家中的一员。国际人口学界已经对低生育率有大量的研究成果，可以作为中国低生育率研究的借鉴。

二　低生育水平的分类

人口学原理告诉我们，生育率长期低于更替水平必定导向人口负增长。当前人口结构中蕴藏的人口惯性大小只能影响到达人口负增长所需要的时间，但是人口走向负增长的趋势并不会因此而改变。对应中国的情况，通常以时期总和生育率（TFR）为2.1的参照标准来判断生育率是否低于更替水平，而更严谨的人口统计指标则应当为妇女的净再生产率等于1。

一些发达国家从20世纪80年代起生育水平陆续下降到很低水平，以致引发了关于“低生育率危机”或“低生育水平陷阱”的讨论。相对于早期的“人口爆炸”说法，有人甚至还创造出“人口内爆”（implosion，指向内崩陷）这么一个词。因此，将笼统的低生育水平划分为更细口径，有助于推进研究与学术交流。

国际上已经存在两种关于低生育水平的划分口径：一种口径是“极低生育率”（lowest - low fertility），指等于或低于1.3的TFR水平（Kohler，Billari and Ortega，2002）。另一种口径是“很低生育率”（very low fertility），指低于1.5的TFR水平（Caldwell and Schindlmayr，2003）。这两种口径只是约定俗成，并没有像更替水平那样的人口统计学意义。我国学者近年还使用过“最低生育率”或“超低生育率”的相应词汇来指这类很低的生育水平（穆光宗、涂肇庆、陈友华、李建民、陆杰华、原新，2005）。其中，“超低生育率”在国际人口学中并没有对应口径，而在中国往往特指与独生子女政策相联系的中国城市的低于1.0的总和生育率。

为什么要来讨论低生育率的分类呢？因为不同的低生育率对人口的影响意义大不相同。

中国总和生育率在20世纪90年代初就已跨过上述2.1更替水平的门槛，进入低生育率（low fertility，或below - replacement fertility）行列。这一点已经成为人口学界的共识，并得到了政府的认可。比如，2000年发布了《中共中央、国务院关于加强人口与计划生育工作　稳定低生育水平的决定》，而2006年发布的《中共中央、国务院关于全面加强人口与计划生育工作　统筹解决人口问题的决定》，要求“千方百计稳定低生育水平”。所以，几乎所有的人都在讲稳定低生育水平。但是因为对真实生育率有很大差异和争议，因而不同人说稳定低生育水平的实际含义并不一样，其实是要稳定自己判断的那一种低生育率。要是判断错了，那么还会出现以为是在稳定自己判断的那种低生育率，实际上却稳定了另一种低生育率。

所以，“稳定低生育水平”这样的号召太笼统了。这是因为，低生育水平是指低于2.1水平的广泛区间。就最直白的意义来说，稳定低生育水平就是要求将生育率维持在更替水平以下。然而，在实际工作中它曾经一度被不恰当地被解释为要维持较低的低生育率，而且由于对实际生育率的误判，实际操作要稳定的则是更低的生育率。对于未来中国人口发展而言，不同的低生育率将会导致极为不同的人口后果。马上就牵涉到两个基本问题需要解决：一个问题是中国真实生育率到底有多高，另一个问题就是到底应该稳定哪一种具体的低生育水平。这两个问题不解决，人口工作甚至根本就搞不清楚到底应该朝哪个方向努力。

2012年10月胡锦涛同志在中国共产党十八大上所做的报告中关于人口工作部分是这样说的：“坚持计划生育的基本国策，提高出生人口素质，逐步完善政策，促进人口长期均衡发展。”其中，“稳定低生育水平”的提法已经不见了。显然，这对于人口和计划生育工作来说意味着一个重大改变。

三 中国低生育水平的其他影响因素

著名人口学家Bongaarts（2001，2002）曾经对许多低生育率国家的情况进行了归纳，提出了若干低生育率的影响因素。他的研究成果对中国的低生育率研究很有启发性。

当我们沿着这条研究思路去进行国内有关研究文献收集时，便发现实际上国内已经有许多关于这些影响因素以及相关方面的研究成果。我们发现，这些研究成果完全可以证明，其他国家低生育率的重要影响因素在中国也的确存在。同时我们也注意到，在这些研究中的大多数都是对这些方面本身的孤立的研究，并未将这些研究对象作为低生育率的影响因素。所以，当我们将这些现有研究成果放置在低生育率研究框架之内时，便使这些研究发现具有了新的意义。

第一，当前我国育龄妇女的生育意愿很低。

2001 年计划生育与生殖健康调查表明，育龄妇女的平均理想子女数为 1.70 个，2006 年全国人口和计划生育调查结果则为 1.73 个。如前所述，这个水平甚至低于很多发达国家。当然，这种调查结果很可能因为调查对象受现行生育政策限制的影响而没有完全表达真实意愿。但是，这多少又能表明现行生育政策本身对生育意愿的压抑。更多的研究也反映出各地育龄妇女的生育意愿普遍很低，而且从调查数据分析中还发现，群众实际的生育数少于他们原来计划的生育子女数，而且他们计划的生育子女数又小于他们所表达的生育意愿子女数（顾宝昌、郑真真、马小红、杨菊华、周云，2011）。这些特征与其他国家在生育率下降中表现出来的情况是一致的。国际上生育率研究揭示出这样一种规律：在高生育率人口中，生育意愿数显著低于实际生育水平，这意味着很多夫妇想少生子女，然而因为不了解避孕节育知识或缺乏避孕节育服务而不得已地产生了许多本来并不想要的生育。然而在低生育率人口中，却普遍反映出生育意愿数显著高于实际生育数，这反映出很多实际原因抑制了人们的实际生育。低生育人口中反映出来的这种变化启示我们，以前那种“实际生育数一定大于生育意愿数”的推论现在已经不能再继续套用了，而实际生育数小于生育意愿数则是低生育率人口的一种规律性特征。也就是说，如果上述育龄妇女的 1.7 左右的平均生育意愿数是真实表达的话，那么总和生育率低于 1.7 并不是什么奇怪的事情。

第二，当前存在着比较显著的生育推迟效应。

人口统计学早就揭示出，晚婚晚育可以延缓人口增长，但这是从长期人口发展的角度来证明的。而每一年中的婚育年龄的变化对该年的总和生育率会有什么影响，人口统计只是定性推导出，婚育年龄提前会使该年总和生育率提高，而婚育年龄推迟则会导致该年总和生育率降低。至于婚育年龄变化的幅度到底如何影响总和生育率，则一直没有形成一种估算方法。

Bongaarts 和 Feeney（1998）提出了一种比较简单的计算方法来解决这个问题。这种方法很快就被介绍到中国，并且运用中国不同来源的生育数据进行了测算（郭志刚，2000；丁峻峰，2003；Zhao and Guo，2010）。研究发现，在 1990 年至 2006 年间，仅推迟生育这一个因素导致总和生育率的平均降低幅度在 0.2 到 0.3 之间。然而多年来，影响这么大的一个低生育率因素却一直被忽视了，没有成为理解我国极低生育率的一种解释。

这个因素影响大不仅体现在每年总和生育率受影响的幅度上，而且还体现它将可能在未来几十年中持续发挥降低生育率的影响。我国已经进入低生育率时期，每年总和生育率中一孩生育率所占的比例越来越大，从 1990 年的 45% 提高至 2010 年的 61%。所以，只要看看一孩生育年龄的变化就可以。我国育龄妇女的一孩平均生育年龄在 1990 年、2000 年和 2010 年分别为 23.4 岁、24.5 岁和 26.6 岁，可以看出，前一个十年提高 1 岁，第二个十年提高了 2 岁。然而其他低生育率国家的一孩生育年龄更高，平均在 29 岁至 30 岁。所以，中国未来育龄妇女一孩生育年龄提高的过程差不多还得继续 20 年，所以这种压抑时期生育率的因素发挥影响的时间还很长。

第三，当前生育中性别选择的影响。

中国历史上是个重男轻女的社会，所以在生育上十分偏好要男孩。但是以前生育的性别是无法选择的，于是性别偏好的表现是靠多次生育来争取做到家有男孩或更多的男孩。结果，这种实现性别偏好的方式所产生的影响是提高生育率。

但是现在由于生育政策的限制和理想子女数本身大大减少，而且生育性别偏好的实现方式也有了重大变化，医学技术和检测设备已经可以做到在怀孕时就进行胎儿性别鉴定，于是怀孕的夫妇可以根据胎儿性别来进行选择性人工引产。对于这些夫妇来说，这种选择性引产既避免了超生，又避免了非意愿性别的生育。对于社会而言，由于大量非意愿性别的妊娠并未最终成为生育，而是转化为人工引产。这样一来，与以前情况相比，每年生育数量就会显著减少。并且，这些夫妇即使再怀孕和生育，也会导致本次生育推迟和与前次生育之间的间隔增大。实际上，我国的低生育率和严重偏高的出生性别比之间在一定程度上是一种同因的共生现象，它们都是生育中性别偏好实现方式变化的后果。杨书章和王广州（2006）的研究对此影响还做过定量的推导：对于想儿女双全的人群，要使 95% 以上的妇女实现愿望，平均终身生育次数必须达到 2.94 次；而如果能完全控制生育性别，那么平均生育 2 次就够了。由此可见，生育性别控制可以导致这类夫妇的终身生育数量减少近三分之一。中国的这种情况与西方低生育率国家十分不同，但在韩国等其他一些亚洲国家和地区也同样存在。

第四，不孕症比例不断提高是现代社会中的普遍现象。

现代社会中自然环境变化，社会节奏加快，社会竞争加剧，增大了人们的生理和心理压力，对不孕也有一定的影响。不孕症目前是全世界发达国家普遍存在的问题，而且有逐年上升的趋势。据报道，美国的不孕率为10%—15%，而欧洲的不孕率则达到20%。世界卫生组织预测，继心脑血管病和肿瘤之后，不孕不育将成为威胁人类健康的第三大疾病。

我国不孕率尚未列入国家公共卫生和流行病学的常规指标向公众进行官方例行发布。因此，我国对不孕率的统计研究较少，但是这些研究也发现，新一代已婚妇女的不孕风险明显提高，20 世纪 90 年代后结婚的妇女不孕风险明显高于 1990 年以前结婚的妇女（优势比为 3. 93 倍），指出不孕可能会困扰越来越多已婚育龄妇女，成为重要的生殖健康问题（涂晓雯、高尔生等，2000）。采用当前国际上的不孕率标准口径对 2001 年计划生育调查数据的分析表明，我国原发性不孕率为 17%（高峻、高尔生，2005）。

虽然我国现在很难得到权威的不孕率指标发布，但是各大医院不孕不育的就医者明显增多，社会上不孕不育门诊更是形形色色，无论在街头，还是在电视里、网络上，治疗不孕不育的广告触目可及。这些现象自然也反映出，现在人们生活水准和知识水平提高了，因此夫妇有不孕不育问题就会选择就医。同时，也与过于晚育有关，“30 岁前不想要，30 岁后要不到”。

不孕不育的情况增多当然会降低生育率。但是由于缺少不孕不育率以及相应治愈率等方面的统计数据，这个因素在降低生育率上的影响幅度现在还无法测量。

第五，更多可能的低生育率因素。

中国急速的社会转型中还会产生其他一系列降低生育率的因素。比如，不婚比例有所提高，转入市场经济过程中生育子女的费用和子女的抚养教育费用急剧增大，人们有了新的生活方式和追求，等等。有些因素虽然很难量化，但是它们的影响确确实实地存在。这些因素的成长是计划生育之外的社会变化，而且也会产生降低生育率的作用。

此外，我国人口流动规模越来越大，2005 年时流动人口总量达到 1. 47 亿人（段成荣、杨舸，2008）。《2010 年第六次全国人口普查主要数据公报（第一号）》则表明，全国流动人口数量又增加为 2. 21 亿。这是不容忽视的巨大社会变迁，也是重要的人口现象。流动人口的绝大部分是劳动年龄人口，并且是年轻力壮的人口，所以他们同时也是处于生育高峰期的人口。很多研究（陈卫，2005；陈卫、吴丽丽，2006）已经揭示出，流动迁移对生育率有着非常显著的抑制作用。根据对 2005 年 1% 人口抽样调查和 2010 年“六普”数据的分析都表明，流动人口结婚更晚、子女更少，并且全国流动人口的总和生育率极低，显著低于非流动人口的相应水平。这充分反映出，人口流动其实产生抑制生育的影响。

大量流动人口其实是从农村流向城镇，所以人口流动又与人口城镇化紧密相连。根据 2010 年人口普查结果，我国居住于城镇的人口比重已经达到了 49.68%。从农村流向城镇的人口面对新的环境，在工作和生活的各个方面都会产生巨大变化，那么这样一大批人口的生育意愿和生育行为也会相应变化，更易于转向低生育率。

总而言之，除了出生漏报会在一定程度上虚假地降低生育率以外，中国当前的确还存在着其他多种能够真正显著降低生育率的重要因素。这些因素越多、影响越大，那么低生育率留给出生漏报解释的余地就会越小，即使调查统计的低生育率因出生漏报原因而略低于真实水平，也仍然应该可以反映出真实生育水平的大体趋势。所以，我们必须对此有非常清醒的认识。

四 当前人口研究中的认识问题

多年来，政府主管部门坚守 1.8 的总和生育率口径与实际调查结果差距非常大，官方口径左右了社会舆论，也主宰了人口统计与预测研究，导致人口统计陷入一个怪圈，即“调查得到很低生育率→归因于漏报并调高生育率估计→继续严格控制→再调查还是很低生育率”。于是，人口研究中出现了“生育率很低 = 出生严重漏报”的惯性思维，越来越不相信调查数据，越来越依赖于统计调整和间接估计的倾向。然而，由于调整出生漏报时缺乏足够的依据，加上方法不当和过多任意性，其结果不仅影响了对生育率的把握，而且导致不断积累的数据调整使官方公布的人口指标与调查结果总是严重脱节。这方面的问题已经很严重，从各种人口结构比例到总人口规模都存在着不少疑问。这种状况十分危险。

这种情况发生于中国进入低生育率时期，表明人口研究中的很多认识和思维方式还停留在二十多年前，因此不能理解低生育率时期的许多新现象和新问题。人口统计之所以出现长期无视或轻视调查、过度依赖间接估计的倾向，与政府部门充当学术裁判或偏听偏信分不开，其后果便是政府主管部门的工作和宣传口径与实际情况长期严重脱节，人口预测出现严重偏颇，人口规划总是落空。这种循环式出现问题，表明根源在于基本思想认识严重有偏，所以人口研究和预测结果才出现较大偏差，一再误导政府决策和社会舆论。这种状况必须引起政府、社会、公众的高度警惕。

人口发展进程受多种影响因素制约，其中最重要的就是生育率的变化。当前世界老龄化程度最高的国家就是生育转变完成最早、现在生育率最低的那些国家。因此，把握中国人口进程绝不能脱离低生育率的新趋势，否则便无法认清中国人口面临的主要风险是过度的少子化和老龄化。

中国虽然生育转变较晚，但转变非常迅速，人口结构变得非常畸形。因此，这种人口结构特点必然会导致未来老年人口数量增长和人口老龄化速度都非常迅速。对中国低生育率的确切水平虽然还有争议，但即使取其中较高的 1.8 生育率估计，也远低于更替水平，更不必说更低的生育率是非常可能的。我们知道，生育率越低，未来人口老龄化就越严重。实际上，生育率争论的本质在于是否承认中国生育率过低及其给未来带来的重大风险。

很明显，以前在人口方面的主要关注是抑制过高的生育率和过快的人口增长，政府人口规划对未来人口规模规定了明确的上限。那时，低生育率、人口老龄化和人口负增长等问题还很少被真正关注，由它们产生的种种问题和风险也很少被真正重视，自然也没有做过多少认真研究。进入 21 世纪以来，面对低生育率和人口老龄化加剧的人口形势，必须重新审视和思考面前的诸多问题。实际上，现在更需要的是对人口老龄化程度也定出一条明确上限，并且相应得出应当将低生育率维持在什么具体水平，而且应当明确哪一个政府部门应当对此负责。

人口研究是宏观研究，最重要的是把握整体状况和发展趋势。对于这个主要研究目的，个人体验、典型事例和局部情况都存在着总体代表性问题。比如，多年前一个《超生游击队》的小品很有典型意义，群众喜闻乐见，这种成功的宣传形成了强大的刻板印象。然而，这种现象在当时究竟对总体情况影响有多大，在今天流动人口规模更为巨大的条件下还有多大普遍性，才是把握总体情况时最重要的。前些年，计划生育大抓名人富人超生，新闻媒体也广造舆论，但是这类典型事件对整体人口控制到底有多大影响？中国这么大，什么样的情况都可能存在，但是在对宏观人口形势判断上不能仅仅依赖这些典型现象和局部情况，而应该牢牢紧扣人口发展进程中的大问题，把握好大方向。

宏观社会现象的研究主要依赖于社会调查和统计，它是宏观研究中理论与实际、主观与客观相结合的主要桥梁。尽管社会调查统计也存在自身的问题，也需要不断加以研究和改进，但是绝不能因为存在一些问题就采取虚无主义和实用主义态度，或者长期对主观认识与客观调查结果之间的巨大差距熟视无睹；或者只挑选符合主观期盼的某些统计结果来大造舆论，而对不符合主观需要的调查结果则置之不理、秘而不宣。无论如何，调查统计都应该得到充分尊重，而依据间接材料、个案材料的推论则应该是第二位的，因为这些信息同样存在失真或片面的危险。此外，正是因为调查、登记等统计方法均存在自身的问题，统计结果总是会存在一定偏差和误差，所以不能简单将以前官方发表的统计数字当作事实本身，因此要认真做好数据质量的反复评估，并且应该将原始数据结果和修正调整过程公布于众。

人口研究领域中还有一种说法：先把数据搞准了，再来研究决策。这就相当于要求在数据质量问题解决之前，停止工作，停止研究，因而这种说法显然没有实际意义。要把数据尽量搞准是对的，但并不意味着现在数据搞不准，就不能研究生育率问题和发展决策问题。并且，正是因为数据搞不准，就更需要加强研究，找到数据为什么搞不准的原因。

人口数据不准的原因很多，有现行生育政策与群众生育意愿存在差距的原因，有各级干部为了政绩考核而“加水”的问题，也有社会、人口变动很大等客观原因。这种局面将是长期的，因而提高数据质量也只是相对的，人口数据不可能非常纯净。而把握人口形势、调整政策和策略、制定人口规划等重要工作根本不可能坐等人口数据搞准了再做。如上所述，人口数据不准其实在很大程度上是现行政策和管理方法的结果，政府管理考核什么，什么统计就不容易准确。所以，人口数据质量的提高将是与逐步调整政策、改革体制和管理同步共进的过程，同时还必须加强相应的人口研究、有针对性地进行试点实验，才能积极主动地形成人口领域中的社会实践与认识的良性循环。

当前，消极等待、无所作为的态度是要不得的。对生育率的争论不休已经持续近20年了，如果总是陷于这种僵局状态，就无法明确前进方向和具体任务。那么，中共中央、国务院提出的“千方百计稳定低生育水平”在实际工作中就很容易转化为“千方百计地维持现状”，这对中国未来人口发展大局、及时制定正确的人口对策将是十分危险的。

五　关于低生育率问题的讨论

当前人口工作中很多方面还囿于传统理论与思维之中，这种状况不能适应低生育率时期的人口工作。下面，我们对低生育率时期的一些理论和实践做一些初步的研究与讨论。

（一）生育转变的下限在哪里

经典人口转变理论之中包含一种潜在假定，认为生育率下降到更替水平就会自动停止。这种假定使人们以为，生育率只有过高的问题，没有过低的问题。但是，低生育率发展的实际情况并不是这样。很多国家的人口在生育率降到更替水平后，生育率下降并没有停止，而是继续下降到更低水平。而且，世界上许多国家的经验证明，生育率降到很低以后便很难再提高。

在国内，则有一种很流行的观点，主张生育率压得越低越好，认为这样可以尽量削减总人口峰值，尽快达到人口负增长，并可以使人口总量尽快缩小到一个适度规模，到那个时候再来提高生育率不迟。这种主张实际上是在假定，中国生育文化特殊，老百姓天生喜欢多养孩子，所以低生育率就像是弹簧，完全是靠计划生育限制压下去的，什么时候只要一撤去限制，生育率自然就会回升。而且这种主张的背后其实还包括对调查结果的一种虚无主义态度，即认为所有调查的低生育率其实不过是群众在说假话。

我国的计划生育的确在加速生育率下降中发挥了很大的作用，但是决不应该过分夸大它的作用，特别是20世纪90年代以来社会经济高速发展，人们的追求、心态、观念、生活方式都发生了极大的变化，这些方面对降低生育率的影响是不可低估的。特别是在多次人口调查均反映出很低生育率的情况下，千万不可掉以轻心。因为，如果中国的低生育率还存在其他影响因素的话，那么放松抑或完全撤去生育限制也不一定能有效地促使生育率适度回升到更替水平。欧洲和东亚低生育率国家和地区的经验已经表明，当生育率降得太低后，出台的一系列鼓励生育的政策和措施也收效甚微，生育率也很难得到有效提高。

应当指出，生育率的更替水平只是人口理论的一道平衡线，而不是社会和人口发展本身天然具有的属性。根据前面对中国低生育率因素的讨论，有理由相信中国的生育率实际上已经过低，至于能否得到适度提升还有待实践考察。

（二）全球低生育率人口在哪里

经典人口转变理论认为，社会经济发展推动生育率的下降，即人口与社会经济之间有一定的平衡关系。而我国计划生育理论则进一步主张，可以先通过人口控制来降低生育率，以减轻人口负担，促使经济尽快起飞，反推人口与社会经济之间的平衡。

其实，经典人口理论只适用于生育率较高的情况。比如，世界上的确是发达国家的生育率低于不发达国家。然而，这种理论一应用到低生育率人口时，就会出现明显的矛盾。根据2009年世界人口数据表（Population Reference Bureau，2009），美国在全球经济最发达，但生育率还在更替水平（2.1）左右，甚至不能算是个低生育率国家。欧洲是低生育率大洲（1.5），但是欧洲内部生育率最低的却不是人均收入最高（36000美元以上）和城市化水平最高（75%以上）的西欧（1.6）和北欧（1.9），而是在经济水平和城市化水平相对较低的东欧（1.5）和南欧（1.4）。另外，东亚地区人口的生育率也很低（1.6）。

将这些生育率数据分成几个档次绘制了2009年世界低生育人口分布的地图（图3—1）。在这个地图中可以看到，高生育率还主宰着整个非洲大陆，以及南亚、西亚与中美和南美一些国家。而低生育率已经覆盖了整个欧洲、美洲、大洋洲，以及东亚和南美一些国家。而极低生育率水平（1.0—1.5）从欧洲经俄罗斯一直连到东亚，中国则与这个极低生育率地带多处毗邻。

全世界生育率最低的那些国家和地区按特点可以归纳为以下几类：

1. 前社会主义国家。比如欧洲所有的前社会主义国家、苏联所属各加盟共和国以及后来由它们中独立出来的新国家，生育率都非常低。它们的共同点是从计划经济转向市场经济。

2. 地处世界经济发达地带之内而经济水平又相对逊色的资本主义国家。比如美国的近邻加拿大（1.6），以及地处南欧的意大利（1.4）、西班牙（1.5）、葡萄牙（1.3）、希腊（1.4）。其实加拿大和意大利的经济水平和城市化水平在世界上算是较高的，但是它们却比更富的邻近国家要逊色一筹。

3. 20 世纪七八十年代崛起的那些东亚国家或地区人口也排在世界低生育率最前列。比如，日本（1.4）、亚洲"四小龙"的韩国（1.2）、中国香港（1.1）、中国台湾（1.0）、新加坡（1.3）。它们除在经济发展上都是后起之秀以外，在语言文化上的共同点则是同属儒家文化圈。

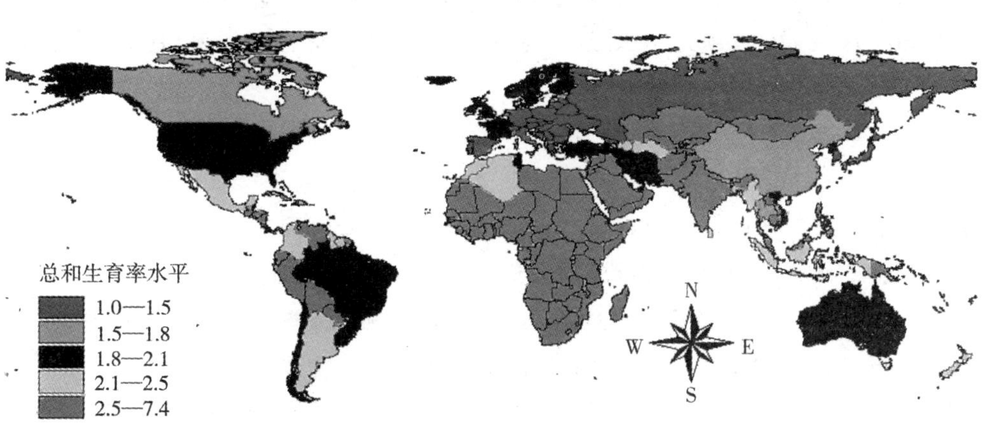

图 3—1　2009 年世界低生育人口分布图

资料来源：Population Reference Bureau, 2009 World Population Data Sheet, http://www.prb.org/publications/Datasheets/2009wpds.aspx。

依据以上归纳的低生育率人口分布特征，便不难发现中国同时兼备上述三类低生育率人口的特征，即刚从计划经济转向市场经济，社会保障体系不够健全，近年发展很快然而在地缘上经济水平又不如日本和亚洲"四小龙”，中国本身就是儒家文化的发源地，而儒家文化圈内其他几个国家和地区目前都名列世界低生育率最前列。此外，中国还有强大的计划生育宣传和行政干预。所以，要是从这些新的视角来看，那么中国出现低生育率的可能性还会小吗？

（三）中国未来人口长期发展以什么生育率为好

要回答未来人口长期发展以什么生育率为好，首先要确定判断标准。是以现行生育政策为准？还是以完成政府中长期经济规划需要为准？或者以社会和谐与人口发展规律为准？

多年实行计划生育使很多人习惯于用现行生育政策作为是非标准来衡量一切，反而忘了政策和策略都要依时期阶段而变。实际上，要制定人口长期战略是不能以现行生育政策作为判断标准的，因为它要解答的就是现行生育政策是否还能继续下去的问题。

根据以人为本的理念和科学发展观，那么上述判断标准就应该是以社会和谐和人口规律为原则。但是这个原则并没有具体解答未来人口长期均衡发展应取什么生育率水平为好的问题。而这个问题才是一个重大的人口战略决策问题，然而关于这个问题的研究至今几乎仍是空白。

《国家人口发展战略研究总报告》（2007）提出，在2033年以前稳定在1.8左右的生育率目标为好，但是并没有进行认真论证。这个目标生育率是为保证新的经济翻两番目标推算出来的，它还可以保证总人口不突破15亿上限。但是，它没有考虑以往多年实际生育率可能远低于1.8水平的风险，对更为长远的人口老龄化和人口负增长问题也没有考虑。

实际上，在计划生育的现行政策、管理和宣传等社会环境都不变的条件下，未必能实现这种目标生育率。现行生育政策要求平均每对夫妇生育1.47个孩子（郭志刚等，2003），要比这个目标生育率低得多。一些城市和发达地区农村的调查结果表明，育龄妇女的生育意愿也远低于这个水平，要是从育龄妇女近期生育计划和实际生育行为看则生育水平更低（侯亚非、马小红，2008；江苏生育意愿和生育行为研究课题组，2008），甚至不愿生育的比例也有明显提高的现象（上海市人口计生委，2009）。这些情况并不奇怪，社会经济环境的变化已经使中国生育转变“进入了生育成本约束驱动阶段”，“成本提高导致了人们的生育意愿不能完全实现”，而“新一代人是中国传统生育文化的彻底终结者”（李建民，2009）。因此，能否将生育率提高到并维持在上述目标水平远不是想象的那样简单，应当多设计几套方案和对策作准备。

这个目标生育率能否适合作为未来人口发展的控制目标的问题并没有得到回答，因为仅凭总人口不会超过15亿和之后下降较缓慢这两点并不能取代对未来人口老龄化、人口和劳动力负增长方面的社会经济视角的评估。从人口长期均衡发展角度，必须要做更长期的人口预测与分析，否则不足以体现未来人口老龄化等方面的问题。特别是，不论这种长期目标确定在什么水平，都必须首先经过十分详尽的多方面论证才可行。

同时，这个目标生育率对实际生育率更低的可能性并未加以考虑。如果以往实际生育水平显著更低，那么人口预测结果就会过高估计人口总数，而对人口老龄化和人口负增长情况则会严重低估。所以，尽管这个中期目标生育率给达到新的经济翻两番和不突破15亿总人口目标留足了余地，但是它对应对低生育率的负面影响和人口老龄化的形势考虑不足。换句话说，我们应当更多地从群众的角度，根据实际情况让个人、夫妇和家庭在生育方面尽量宽松一点，这同时也就是在争取人口保持长期均衡发展的可能。

（四）长期持续过低生育率会有什么样的人口后果

我国面对低生育率的反应与其他低生育率国家的情况十分不同。在世界其他地方，低生育率引起了政府和公众的强烈震惊，随之而来便会产生大量研究和相应对策。而我国出现低生育率已经多年，虽有迷茫但波澜不惊，还是迟迟无法理解和正视低生育率的事实。这种状况如果持续下去，将会贻误人口决策的战机。

国内的人口研究和宣传机器还在强调中国人口的增长，强调人口对经济、社会、生态、资源、环境的压力，强调出生漏报和生育率底数不清，呼吁继续坚持现行生育政策，主张先尽快达到人口零增长再说。一种很普遍的观点认为，只要经济发达了，人口问题就好办。显然，这种观念对未来急剧人口老龄化对社会发展形成的巨大挑战和威胁认识不足。其实，人口结构本身就是一种社会的生态、资源、环境，也必须认真加以保护，人口自身发展的内在规律必须得到充分尊重，否则便会产生人口安全方面的巨大风险。

在以前人口快速增长阶段，我们用稳定人口模型的人口加倍时间来反映人口内在的增长速度。而现在面对未来人口缩减，国际上已经有人开始采用人口减半时间来反映内在的人口负增长速度。Morgan 和 Taylor（2006）根据联合国公布的各国生育率数据计算过相应的内在人口负增长率，其中也包括日本与中国。按日本 1.33 的总和生育率计算，其内在人口减半时间将为 46 年；按中国为 1.70 的总和生育率，内在的人口减半时间将为 75 年。然而，我们知道中国人口调查的生育率其实远低于 1.7，与日本的水平差不太多，那么从以上推算结果可知，中国内在的人口减半时间将更为短促。

Lutz 等人（2003）在美国《科学》杂志发表了对欧盟国家人口的测算结果。研究表明，2000 年时欧盟人口达 3.75 亿，其人口正在零增长的转折点。如果将欧盟人口当前为 1.5 的总和生育率延续到 2020 年再提高到更替水平，那么这 20 年低生育率形成的人口负增长惯性将使 2100 年欧盟总人口比 2000 年时立即将生育率提高到更替水平的模拟结果少 8800 万人。这一数量差别达到了当前欧盟人口的四分之一，充分显示了长期处于低生育率所积累的人口负增长惯性的巨大影响。

然而，中国也早就进入低生育率了，而且中国迅速的人口转变留给我们一个非常畸形的人口结构，所以人口负增长惯性的问题要比欧盟人口更大。中国在面临人口正增长惯性几近消耗殆尽、人口总量即将转入缩减之时，人口宣传讲的还是正增长惯性，整个社会还不知道什么叫作人口负增长惯性，而相应的人口研究还少得可怜。

人口原理告诉我们，生育率越低，持续时间越长，是可以更快取得人口零增长和较低的总人口峰值，但是所积累的负增长惯性也会更大，因而未来人口老龄化和负增长的问题也就越大。所以，追求尽快达到人口零增长是要付出代价的。其实，当前面临的人口问题就是在人口数量和人口结构之间进行成本核算。人口负惯性就是维持过低生育率而欠的账，现在还不用还，但是将来一定要还。所以，我们必须要搞清楚，现在借的债将来得还多少账，在目前情况下继续借债还值不值得，但是千万不要以为借了债可以不用还。

也就是说，现在的低生育率不仅决定近期人口发展，而且也决定了未来相当长一段时期的人口发展。所以，我们不能只顾一味追求缩短到达人口零增长的时间和降低未来总人口峰值，还必须高度关注持续更长时间的过低生育率会导致未来非常剧烈的人口负增长和非常严重的人口老龄化。本书将在第十四章通过多方案人口预测结果来展示这些人口后果。

更重要的是，必须尽快调整现行生育政策，采取措施改变生育率过低的现状。否则，贻误了时机，后果将无法补救。一方面是过快的人口老龄化将挑战我国社会经济的承受能力，威胁到可持续发展；另一方面，对于一个已经过于老龄化的人口是没有什么好办法的，因为人口结构中已经蕴藏了巨大的人口负增长惯性。因此，解决人口问题只能提前应对，进行缓解，避免问题发展到危险状态。

（五）如何兼顾人口自身均衡发展与资源环境生态压力

我国人口发展战略要遵循两条基本的要求：一是要促使人口逐步走向自身的均衡发展，二是要使人口与社会、经济、资源、环境、生态等方面相协调。这两条都是为了达到可持续发展的目的。但是，无论从理论上还是在实际中，这两个要求之间往往存在着显而易见的矛盾。比如，从人口均衡发展要求就不能长期处于生育率过低的状态，否则既会导致严重人口结构老龄化，也会增大经济和社会运行的风险，但是从资源环境生态角度却要求减轻人口规模压力。

以往人口发展研究无不强调人口发展的这两个基本要求，但是往往以“既要……也要……”的表达便回避这两个要求之间产生矛盾时到底应当怎么办。当然，人口研究不应当也不可能真正回避这个矛盾。其实，矛盾是正常而普遍的现象，面面俱到地罗列各种人口问题和各种原则并不能自动产生解决矛盾的清晰思路。这时就需要我们抓住其中的主要矛盾，才能更好地解决问题。我们还应当认识到，主要矛盾和次要矛盾并不是固定的，它们之间会随着不同历史阶段而发生转化。

我国将计划生育作为国策首先起因于人口与经济之间的尖锐矛盾，后来又逐渐吸收了国际上的可持续发展理论，转向强调人口增长对资源、环境、生态的压力。采用人均指标来反映经济、资源环境及其他方面的状况，便能立刻反映出各个方面所体现的人均水平或人口压力。事实上，这种人均观念在以往计划生育宣传中起过很重要的作用。同时，这种人均观念也能体现出，在以往三十多年大力控制人口的时期中，人口均衡发展要求基本上是服从于经济与其他方面要求的，比如独生子女政策显然并不符合人口均衡发展的要求，只是那时因为人口数量增长问题极为突出和尖锐，并且还因为那时在人口与其他方面的协调中几乎也只有人口数量控制更具有可操作性。

当中国人口进入低生育率时期后，人口老龄化从发展前景正在变为现实。因此我们认为，人口自身均衡发展的要求已经上升为这个新时期的主要矛盾。换句话说，人口结构问题的重要性已经超越了人口数量问题。

第一，以往的人口控制实际上只是人口增量（出生）控制，已经取得巨大成功。这一成功的背景是以前生育率很高，有很大的下降空间。但是现在面临的却是太低的生育率，这标志着生育率转变不仅已经过正，甚至已经过度，所以生育率不仅没有潜力下降，而且亟待得到有效提高，以应对人口老龄化。这就意味着，今后出生人数不能再像前三十多年那样大幅度减少，也就是说，今后人口与资源环境的协调将主要依托于经济结构与经济增长方式的调整和资源环境方面的保护和治理。

第二，以前降低生育率和出生数的策略之所以不能再继续，是因为独生子女政策的要求和限制严重违反人口自身均衡发展规律。所以，新时期的人口工作必须及时地从以前矫枉过正的状态转向正常状态，即果断地调整计划生育取向，将过低的生育率转向更替水平，以免导致人口结构方面的更大损伤。

第三，人口对资源环境等方面的压力问题仍会在我国长期存在，这是一个不争的趋势。但是我国已经生育率过低，而且即使采取措施，生育率也不太可能再回到高生育率轨道，因此人口总量减少已成定势。所以，在这两者关系的发展方向上并没有改变，人口压力仍是走向缓解，真正的改变只是人口适应多方面协调与可持续发展从原来的急风猛进方式转向和缓均衡方式而已。

如果我们对人口发展的阶段性变化和主要矛盾的转化认识不清，很容易产生“毕其功于一役”的急躁，并且会简单地认为只要经济发展了，未来人口问题就好办。解决人口问题绝不是这样简单，绝不能只将人口视为一个作为分母的数字，必须要看到这个抽象的人口数字背后是支撑中国经济发展的劳动力和潜在劳动力，是数以亿万计的个人和家庭及他们的生活，是当代中华文明的重要载体和中华民族繁荣强盛的根本。并且，这个总人口数只是人口的特征之一，人口还有结构、分布等其他方面的特征。其实，人口结构本身就是一种社会的生态、资源、环境，也必须加以保护，人口自身发展的内在规律也必须得到充分尊重，否则同样会产生人口安全方面的巨大风险。

（六）不应将适度人口的学术观点误解为当然的远期人口目标

二十多年前有一些人口研究曾经提出中国未来最佳人口规模为七亿（宋健等，1982）。这种将中国人口减少到某种适度人口的观点曾经风行一时，影响极大。作为一种远期中国人口发展战略目标的学术观点，本来无可厚非。但即使在当时，这种以适度人口理论为基础的学术观点也并未取得一致赞同，学界对此观点多有异议。比如，邬沧萍教授（1985）曾特别区分了直接以减少人口为目标和以人口零增长为目标这两种人口发展战略的不同，明确表示反对这种以减少人口为目标的观点，认为这一战略观点不符合实际，因而他肯定了逐步实现人口零增长的战略选择。后来，刘铮教授（1992：4）在他对中国人口发展战略的研究中也曾明确表示，“不同意减少人口的战略”，同样认为“零增长是我国人口发展的必然趋势”。

在二十多年前，这两种战略选择之间的差别还不太容易看清楚，因为它们在当时的近期目标完全吻合，都是尽快促使生育率下降以控制人口的过快增长。然而在今天的低生育率的情况下，这两种战略选择之间的重大差别就格外凸显出来了。

减少人口的战略目标必然要求更长期地维持独生子女政策和尽可能低的生育率，以使中国总人口规模在尽可能短的时期内（一百年内，甚至几十年内）缩减到某种适度人口（比如七亿）。而这一观点所主张的适度人口数大多是仅考虑了经济、资源、环境因素限制下的人口容量，但是却往往忽略了人口进程中的社会因素和人口因素。

近几年又有个别学者提出了更为苛刻的人口缩减目标（李小平，2007；程恩富，2010），虽然所主张的人口目标在数量上有所不同，其实只是接力和翻新了多年前的老观点。在他们眼中，人口结构严重老龄化并不构成问题，只要社会经济继续发展，这些人口问题便自然能够解决。也就是说，人口结构问题完全可以由外部因素加以解决，而不需要做人口自身调整的应对。正因为如此，他们将人口老龄化代表社会进步的这个一般性的命题荒谬地推到了极端，完全否认人口老龄化还有过度问题，否认其同样会构成重大社会安全隐患。

实现人口零增长战略则并不急于一蹴而就地达到某个适度人口目标，而是在确保人口未来不再增长时就及时调整那些矫枉过正的生育限制要求，使生育率回升到更替水平。这样做是为了不使生育限制过度，防止过度的人口少子化和老龄化，使人口发展转入更为正常、均衡与和谐的轨道。

需要指出的是，将中国人口减至适度规模不过是少数学者的学术观点而已，并且更多地体现了他们自己的一种主观价值判断。这种观点虽然在社会上影响很大，然而从未在学术界尤其是人口学界得到广泛接受，更从未得到国家明确认定并作为中国人口的长远发展目标。

危险的是，现实中的确存在一种很强的倾向和力量，急于要将中国人口发展向那个目标或那个方向推进。不管这种势力是有意识的还是无意识的，这样做的结果都很危险。多年以前在生育率很高、人口增长很快的人口形势下，国家都并未接受这种急于缩减人口的长期人口战略建议，那么在当前我国处于生育率过低和人口急剧老龄化、各方面的负面影响日益凸显的情况下，这种以减少人口规模为主要目标的战略建议就更显得脱离实际和违背人口客观规律。

我们必须明确，这种适度人口规模目标根本不是理所当然的人口发展战略。它只是简单地提出了一个人口数量目标，并未对要达到这个目标的各方面情况与发展过程进行认真的研究和论证，因而无从体现人口规律，也就谈不上构成一种人口发展战略。从其价值取向的角度来看，这种观点奉行唯科学主义，但是缺乏历史感，对社会规律和人民群众的利益和要求全无敬畏之心，是犯了急性病，要在人口领域再搞一场“大跃进”运动。但是，欲速则不达，过急反而招损，在人口发展当中也是一样。

六　小结

我国人口发展已经进入低生育率的新时期，但是人们对此重要变化还没有深刻的感知，很多认识和观念还停留在以前高生育率阶段。这种情况不仅导致对低生育率本身的怀疑和否定，而且也阻碍对于低生育率的成因、后果及其发展规律的研究与认识。并且更严重的是，这种认识滞后和低生育率迷茫状态已经影响到了人口工作与时俱进，一再贻误本应更早进行的生育政策调整，而且影响了国家数个五年人口规划和新时期的人口发展战略的正确制定。

低生育率时期出现的一系列新现象、新问题亟待认真研究和加以应对，然而人口工作和人口研究却跟不上人口形势的发展和需要，其主要原因并不在于客观上存在困难，而是因为决策者和研究者自己的主观认识与客观实际差距巨大、脱节严重。因此，人口研究亟须与时俱进、解放思想，本着实事求是的科学态度，破除和清理那些已经不适合时代发展的惯性思维模式和旧的观念认识，扩展眼界，尊重实际，学习和吸收国际、国内低生育率研究的理论成果，才能在思想认识方面跟上时代发展的步伐，摆脱消极守成的状态，开创积极进取和创新的局面。

参考文献

陈卫:《低生育率中的外来人口分母效应》,《人口研究》2005 年第 4 期。

陈卫、吴丽丽:《中国人口迁移与生育率关系研究》,《人口研究》2006 年第 1 期。

丁峻峰:《浅析中国 1991—2000 年生育模式变化对生育水平的影响》,《人口研究》2003 年第 2 期。

程恩富:《激辩新人口策论》, 中国社会科学出版社 2010 年版。

段成荣、杨舸:《中国流动人口状况》,《中国的社会服务政策与家庭福利国际研讨会论文集》, 中国人民大学人口与发展研究中心, 2008 年 3 月。

高峻、高尔生:《中国育龄妇女不孕率及其影响因素分析》,《中国卫生统计》2005 年第 1 期。

国家人口发展战略研究课题组:《国家人口发展战略研究总报告》, 中国人口出版社 2007 年版。

郭志刚、张二力、顾宝昌、王丰:《从政策生育率看中国生育政策的多样性》,《人口研究》2003 年第 5 期。

郭志刚:《从近年来的时期生育行为看终身生育水平》,《人口研究》2000 年第 1 期。

郭志刚:《中国的低生育水平及其影响因素》,《人口研究》2008 年第 4 期。

顾宝昌、郑真真、马小红、杨菊华、周云:《人口与发展论坛: 生育意愿、生育行为和生育水平》,《人口研究》2011 年第 2 期。

侯亚非、马小红:《北京城市独生子女生育意愿研究》,《北京社会科学》2008 年第 1 期。

江苏生育意愿和生育行为研究课题组:《低生育水平下的生育意愿研究》,《江苏社会科学》2008 年第 2 期。

李建民:《中国的生育革命》,《人口研究》2009 年第 1 期。

李小平:《减少人口总量是最优选择》,人民网,2007 年 2 月 17 日,http://finance.people.com.cn/GB/5407493.html。

刘铮、张象枢、李建保等:《中国人口发展战略》,山西人民出版社 1992 年版。

穆光宗、涂肇庆、陈友华、李建民、陆杰华、原新:《马寅初人口科学论坛:"超低生育率"现象分析》,《市场与人口分析》2005 年第 4 期。

上海市人口计生委:《生育意愿调查(2009 年 5 月)》,《上海早报》2009 年 10 月 23 日。

宋健、田雪原、于景元、李广元:《人口预测和人口控制》,人民出版社 1982 年版。

涂晓雯、高尔生、刘英惠、楼超华:《初婚妇女原发性不孕率的影响因素分析》,载《1997 年全国人口与生殖健康调查论文集》,中国人口出版社 2000 年版,第 232—237 页。

邬沧萍:《我国人口发展战略初探》,《人口研究》1985 年第 5 期。

杨书章、王广州:《生育控制下的生育率下降与性别失衡》,《市场与人口分析》2006 年第 4 期。

郑真真:《中国育龄妇女的生育意愿研究》,《中国人口科学》2005 年第 4 期。

周长洪、黄宝凤:《育龄妇女理想生育意愿及其影响因素分析》,载国家计划生育委员会计划财务司、中国人口信息研究中心编《1997 年全国人口与生殖健康调查论文集》,中国人口出版社 2000 年版,第 81—87 页。

Bongaarts, John and Griffith Feeney, "On the Quantum and Tempo of Fertility", *Population and Development Review*, 24(2), 1998, pp. 271 – 291.

Bongaarts, John, "Fertility and Reproductive Preferences in Post – transitional Societies", In R. A. Bulatao & J. B. Casterline (eds.), *Global Fertility Transition*, New York: Population Council, 2001, pp. 260 – 281.

Bongaarts, John, "The End of Fertility Transition in the Developed World", *Population and Development Review*, 28, 2002, pp. 419 – 444.

Caldwell and Schindlmayr, "Expanations of Fertility Crisis in Modern Societies: A Search for Commonalities", *Population Studies*, Vol. 57, No. 3, 2003, pp. 241 – 263.

Kohler, Billari and Ortega, "The Emergence of Lowest – low Fertility in Europe during the 1990s", *Population and Development Review*, Vol. 28, No. 4, 2002, pp. 641 – 680.

Lutz, W., B. C. O'Neill, S. Scherbov, "Europe's Population at a Turning Point", *Science*,

Vol. 299,2003,pp. 1991 – 1992.

Morgan,S. P. and M. G. Taylor,"Low Fertility at the Turn of the Twenty – first Century",*Annual Review of Sociology*,32,2006,pp. 375 – 399.

Population Reference Bureau,2009 World Population Data Sheet,http://www. prb. org/Publications/Datasheets/2009/2009wpds. aspx.

Zhao,Zhongwei and Zhigang Guo,"China's Below Replacement Fertility: A Further Exploration",*Canadian Studies in Population*,Vol. 37. 3 – 4,Fall/Winter,2010,pp. 525 – 562.

第四章
对以往若干出生漏报及生育率估计的评论

人口研究最重要的任务就是把握总体人口形势，为制定宏观决策和开展实际工作提供可靠的参考信息。所以，“人口统计”毕竟不是“会计”，并不需要准确到分毫不差（顾宝昌，2002）。即使人口数据有一定缺陷，通过形成多种假设、用多方数据分析比较、不断用新资料加以检验的方式仍然可能对人口状况及发展趋势做到大体的把握。这种研究方式其实也是整个社会科学研究的一般过程。所以，虽然准确的生育率水平一时较难搞清楚，但是把握人口大体水平和变化趋势是完全可以做到的。应该认识到，“任何数据都有许多的误差，有误差的数据，即使是误差较大的数据还是可以用的数据。如何去修正和运用这些数据就要看统计学家、人口学家和其他社会科学家的本事了”（游允中，2002）。

多年来的低生育率迷茫使人口研究陷在一个人口统计怪圈中，即“调查显示低生育率结果→将其归因于出生漏报并调高生育率→继续严格控制人口→再次见到低生育率结果”。在这个人口统计怪圈中，出生漏报和生育率的间接估计是其中的一个重要环节。缺了这个环节，上述怪圈便不能形成循环，维持严格生育限制不变也就缺乏理由和根据。所以，虽然多年来实际出生漏报量到底有多大从来没有搞清楚过，然而为维持现状不变提供理由和根据的种种人口间接估计才会应运而生、层出不穷。它的功能主要是为维持现状不变提供一种表面上说得过去的理由，而它是否真的符合科学研究规则或是否真的符合实际则反而并不太重要。所以，它往往是满足政府主管部门需要的“急救章”，并不需要经过严格学术论证和学术批评，大不了就再去寻找另一种形式的估计，甚至可以只在内部使用，结果是神龙见首不见尾，只需要出示一个“经研究”得到的结论即可，完全避开了学术监督与批评。

然而，前面对人口研究流行观点的分析已经表明，人口研究面对的问题根本不是单纯的数据质量问题，数据质量和生育率水平的争议其实体现的是对人口趋势与对策的重大争论。至于人口数据结果令人难以相信，其中既有数据质量缺陷问题，也有人们主观上不肯相信的问题。以往人口研究中只强调数据缺陷问题，并夸大了它对统计结果的影响。随着人口形势发展，越来越多的证据使我们看到后一方面的问题也很大，其严重性甚至可能超过了前者。换句话说，调查的极低生育率虽然有一定质量问题，但是在很大程度上能够反映实际情况，而人们拒不相信，其实反映出人们的思想认识问题。中国古代有一则“邻人偷斧”的寓言很形象地说明，人对客观事物产生成见后，主观意念可以附加到他的观察中，便能“看出”本来事实上并不存在的许多东西。当然，这种严重的成见也同样能导致人们“看不见”本来已经很清楚的事实。

一　人口研究中思想方法问题的共性

以往有不少关于出生漏报和生育率间接估计的研究，它们在方法上不同、数据上不同、存在的问题也不同，然而特别值得注意的是，这些研究的结论却很一致，都能得到很高的出生漏报率结论和1.8左右的生育率估计。并且它们还有另一个共同点，即都是先入为主地认为很低生育率的调查结果“难以理解”“难以置信”“根本不可能”，才来进行研究的。

其实真实的生育率还是未知数，那么为什么事先就能认定很低生育率“根本不可能”呢？这主要是因为很低的生育率统计与研究者的个人经验和局部观察之间不吻合，与传统人口理论也不太吻合，而又找不出或者是不愿意去找其他的解释原因，因此就“只能”将很低的生育率归因于出生漏报了。因此，这些研究在很大程度上是在寻找根据以便将生育率调整到主观上能够接受的水平，甚至表现出急功近利，而对所用数据是否确凿、所用方法是否得当并不顾忌。

学界主流看法和官方观点形成的舆论压力对这种倾向起着很大的推波助澜作用。但是，研究人员在此情况下是否有定力、不跟风、讲真话，做到不唯书、不唯上、只唯实，是学风的反映。此外，这还涉及研究中的思想方法问题，下面结合人口研究实际谈谈这个问题。

科学研究是一项有目的、有计划的实践创新活动，目的不明确或目标导向过偏的研究当然就容易劳而无功或者产生错误。

首先，一种社会现象背后可能同时存在多种原因或多种影响因素，研究目的就是发现那些比较重要的影响因素，确定它们作用的方向、强度和影响机制。如果在生育率研究尚未开始前就已经断定它只能出于漏报原因，那么整个研究的关注点便一定会囿于这种思维定式。当实际上生育率很低真的只有这一种原因时，那么由于其定向正确可能使研究更加有效，然而当实际上低生育率还存在其他多种重要影响因素时，上述这种定向就成了偏见，研究就会由于视野过窄而丧失发现能力。科学发展史中这种典型事例有不少，在实验已经显露出非常有意义的现象而研究者自己没有看到甚至是视而不见，结果与重大发现失之交臂。所以，一个早熟的研究往往结不出丰硕的成果。

其次，面对新情况、新问题时，思维定式会导致研究人员固执地重复那些导向错误并屡经失败的研究，阻碍研究者打开眼界、转换思路、另辟蹊径。这种思维定式不仅会使研究者忽视不断学习和总结经验教训，甚至会导致无视、曲解、阻碍其他方向的研究探索及其发现。

科学发展史中还能够清楚地看到新老研究范式的更替。所谓研究范式就是一种基本观点和基本方法构成的体系。在科学发展中，当一种范式适合所处的发展阶段时，它就会有力地促进科学发展。但是当科学发展进入新的阶段时，原有范式就会落伍，反而成为科学发展的桎梏，新的范式就会应运而生。也就是说，我们的思想、观点与方法必须要与时俱进。从事科学研究的人，不仅需要努力，而且要开阔视野，善于接受批评与建议，不时用更新的材料去重新检验自己以前的结论，认真总结经验教训，坚持正确的，改正错误的，一定不能文过饰非，这样才能保持清醒的头脑，使自己的研究跟上时代发展的步伐。

中国人口发展已经进入低生育阶段，有很多传统理论、观点、经验正在过时，以它们为准绳去判断新形势下的新问题很容易出错。种种迹象表明，人口和计划生育主管部门在 2000 年以后不再下大力气去搞实际核查来搞清出生底数，也没有去深究极低生育率的原因，而是将计生统计和调查数据束之高阁，不理不睬。于是，支撑1.8生育率指导口径的证据就只能越来越依赖于间接估计的结果了。本来，人口学的间接估计方法主要是应用于缺乏人口数据的场合，而中国有很多人口调查数据，然而应用间接估计反而越来越多。这种奇怪现象的原因就是上述两难局面，其原因就是政府主管部门拒绝相信生育率很低，而又十分需要能支撑1.8生育率口径的证据。所以，就出现了很多结论前导的“研究”，自然其结论大体相同。然而，科学研究的本质决定它不能是一种命题作文，否则就丧失了科学探索的本来属性。

即使如此，采用间接人口估计的研究本身仍然具有很高学术价值和重要实际意义。问题是，现有林林总总证明出生漏报很严重、真实生育率很高的间接估计研究，总体而言其证据并不确凿，数据也有缺陷，那么其结论也不一定可靠。甚至还有一些间接估计则明显是应运而生的“急救章”和“硬估计”，方法和逻辑存在明显错误，结论当然更不能被接受。

这样一些间接估计研究虽然存在明显缺陷，但迎合了政府主管部门的需要，反而成为主流学术观点，具有很大的社会影响。有一些并不公开的内部研究，结论怪异，还不知道研究是怎么做的，但结论已经通过体制上呈下达，对舆论和决策均产生了很大的误导。总之，结果已经用了，研究的同行评价却还没做，或者就是开个评审会走走过场。然而，没有经过同行讨论和评价的研究成果，不过是一家之言，无从判定其科学价值和可靠性。这种现象反映出，人口研究的学术环境很不正常。

因此，本书专门设立此章分别对我们见到的几种比较有代表性且影响较大的此类研究做一些简要学术点评，指出它们在哪些地方不符合科学研究规范，因而其结论有误或并不可靠。

二　依据以往公布出生统计做间接估计不过是重申当年的调整假设

最早的间接估计是根据20世纪90年代各年人口变动调查公布的出生数来评估2000年人口普查结果。20世纪90年代各年公布的出生数和出生率都来自人口变动抽样调查的估计，但它们并不是实际调查原始结果，都经过了较大幅度的统计调整和拔高。于学军、王广州（2004）曾将此称为“加水”。那么“加水”幅度有多大、是否有道理，得先理论一番才能作为参照用来评价普查数据。

国家统计局工作人员撰文探讨过人口变动调查的状况与问题，其中介绍了1993年和1994年人口变动调查的出生漏报情况及其统计调整情况（贾同金、赛音，1995）：

> 1993年与1994年经对100多个调查小区，3万人左右的事后质量抽查，都取得了较好的成果。1993年人口出生漏报率为6.9%，影响全国人口出生率1.12个千分点；1994年人口出生漏报率为6.4%，影响全国人口出生率0.98个千分点，这两年事后质量抽查的人口出生漏报率远高于第四次人口普查和1987年1%人口抽样调查，对调查误差基本做到了比较好的量化，为科学修正数据奠定了基础。

值得注意的是，他们提供的这两年人口变动调查的事后抽查的出生漏报率并不是很高，远不像当时人口学界估计那样高，正如张广宇、原新（2004）所说，其出生漏报率远远低于同期计生委抽查的计生统计的出生漏报率。

更重要的是，这篇论文还介绍了这两年调查对出生率的修正情况：

> 1993年上调了2.51个千分点，1994年上调了2.38个千分点。按道理讲，抽样调查结果反映的是一个区间范围，使用抽样误差的上限修正，我们已是尽了最大的上调幅度。

也就是说，当时公布的出生数和出生率的实际调整除按事后质量抽样的出生漏报率进行偏差调整外，同时又按抽样调查的随机抽样误差尽最大可能单方向地调高了出生数和出生率。

其实，他们在字里行间透露出一个信息。国家统计局迫于外界压力，甚至将随机误差当作系统性偏差来对调查结果加以调整，明知已经违反了抽样调查原理，却无奈地尽量提高修正的出生数和出生率。

国家统计局公报的1993年和1994年的出生人数分别为2126万和2104

万，出生率分别为 18.09‰和 17.70‰，这就意味着出生率的一个千分点大约对应 118 万出生。按上调千分点数来调整，那么这两个年份的出生就要分别增加 295 万和 283 万。根据匡算，仅按事后质量调查出生漏报率的调整量分别为 126.3 万和 116.5 万，大约仅占总调整量中的 41%—43%。也就是说，另外 55% 以上的调整量其实并无实据。如果这种调高幅度小于调查的真实出生漏报（它不同于事后质量抽查的漏报），那么修正的出生统计会更接近真实情况。但是如果这种调高幅度大于真实漏报，那么修正的出生统计就会出现系统性偏高。由于每年修正出生数要代入计算本年年末总人口，然后再作为下一年年初人口基数推算下一年年末总人口，所以这种系统性偏高影响并不是一次性的，它们还会在随后各年不断积累，使偏高幅度越来越大。

我们无法断定修正的出生统计到底属于哪种情况，但是无论如何不能排除修正统计出现系统性偏高的可能性。因此，如果用以往统计公布出生人数来反推人口普查的出生漏报和生育率估计时，就可能是将这种修正本身的偏差直接当作了出生漏报，进而高估生育率。换句话说，这种间接估计的本质只是在重申当初人口变动调查修正统计对出生漏报的假设而已，对研究真正的出生漏报和真实生育率的意义都不大。

这种做法的另一个问题是在方法论上有本末倒置之嫌。本来人口普查的目的就是为了重新核准人口总量与结构，达到重新洗牌的目的。所以，本来应该是普查结果更权威，并用于纠正年度抽样调查的误差才对。因为，人口普查收集数据是通过点人头取得的，而统计公报虽然依据人口变动调查数据，然而要经过一系列统计调整才能得到全国总体的出生数，而这个出生数其实本质上已经是个估计数字了。

这种做法的真正价值只是揭示出以前统计公报的出生数与后来人口普查结果存在不一致，但是并不能评判到底是哪一方出了错。但是此类研究对这个重要问题完全不加以考虑便直接判定统计公报结果正确、普查结果有错。虽然研究者没有明说，其实这时判定对错的真正标准就是简单比较两边数字的大小，较大一方便正确，较小一方便错误。这种逻辑完全不符合科学研究规范，但是很适合人口研究中那种对出生数或人口数宁大勿小的氛围。

这种方法虽然有问题，也不断招致学术批评，但在人口研究中却成了一种经典方法。在对 2010 年第六次人口普查数据进行评价与分析时，这个方法还在继续应用，其内在的逻辑判断缺陷也没有改正，照样得出结论。

三 用妇女平均子女数当作总和生育率估计是一种错误

另一种间接估计也是在 2000 年普查以后流行过几年。但是这种证明违背了人口学原理，因而招致学术批评，后来便几乎见不到了。

这种方法是直接用调查数据中 35—39 岁年龄组妇女的平均生育子女数作为总和生育率的估计，试图证明其在 1.8 左右，并进而证明出生漏报极为严重。但是这个方法本身在理论和经验两方面都根本站不住脚。

首先，总和生育率反映的是本年当中育龄妇女的生育情况，而 35—39 岁妇女的子女则多是早就出生了，所以这两个指标之间并无太大关系。更重要的是，这种估计与经验数据之间是直接矛盾的（图 4—1）。比如 1982 年全国人口普查的总和生育率为 2.87，而相应的 35—39 岁组妇女平均子女数高达 3.81，两者相距甚远。1987 年全国 1% 人口抽样调查时，总和生育率为 2.59，但同期的 35—39 岁组妇女平均子女数则是 2.88，还是显著高出。实际上，由于平均子女数主要反映多年以前的生育情况，所以在生育率下降过程中这个指标往往是显著高于同期总和生育率。

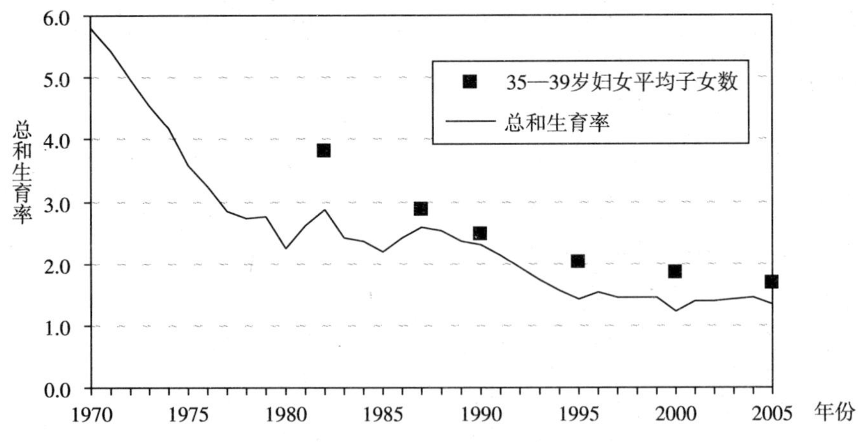

图 4—1 中国历年 35—39 岁妇女平均子女数对比同期总和生育率

图4—1清楚地表明，除了1990年“四普”时这两个指标的差值（0.16）稍小以外，其他年份的差值几乎都在0.3以上。之所以1990年时两者之差稍小，其实正是因为此前大约10年间总和生育率没有延续以前的下降趋势，而是处于徘徊波动之中而已。然而，1990年以后总和生育率进入新一轮下降，因而导致1995年和2000年时这两个指标之差又变得较大。我们还能看出，由于1995年以后总和生育率已经处于极低水平，下降幅度很小，甚至略有回升，所以2005年时的两者相应差值又变得略小一些。然而，2005年全国1%人口抽样调查的总和生育率为1.34，而该调查的35—39岁妇女的子女数则已经下降到1.67，于是即使按这个平均子女数所做的间接统计也已不能再支持1.8总和生育率的官方口径了。因此，这个方法即使没有遭到学术批评，也已经没有什么实用价值了。

总之，这两个指标本来便是从根本不同的侧面来反映生育现象，而且在生育率转变中这两个指标值之间又根本没有稳定的数量关系。那么，无视人口学原理，无视更多年份的经验统计，仅仅根据1990年全国人口普查时这两个指标值比较接近，便以这种偶然现象当作科学规律来进行所谓的间接估计，在方法上完全是错误的，其结论也必定是误导的。

四　某调查证明小普查严重漏报是因统计口径不可比

以往几年，人口研究中类似的“硬证明”层出不穷。比如，一个内部研究报告里根据自己组织的千村调查中35岁以下妇女的平均子女数远高于2005年全国1%人口抽样调查的相应统计数来证明后者的年轻妇女存在严重出生漏报。然而，研究者提出这项研究结果过于匆忙，以至于没有发现所用研究证据存在明显的常识性疑点。

人所共知，现在即使农村的青年妇女中早婚早育现象也已经很少，20岁以前结婚的是凤毛麟角，20—24岁组的已婚比例也不到50%。但是，这个研究自己调查的“农村妇女”的平均子女数曲线居然从15岁起就已经大于1.0了！也就是说，该调查所有的农村15岁妇女全部都已生育过，而这根本不合常识。

这种统计结果反映出该研究调查的并不是所有育龄妇女，而是那些已婚并有子女的育龄妇女。实际上，该研究是以研究农村儿童吃防疾糖丸情况的名义进行调查的，所以采用的是从儿童追访其母亲的调查方式，于是调查到的当然都是有子女的育龄妇女了。所以，该研究是在用自己调查的“有子女的妇女”的平均子女数与全国调查的农村“所有妇女”的统计结果进行比较，由于统计口径并不对应，因而这两者之间完全没有可比性。

这里仅用2005年全国1%人口抽样调查数据统计的不同口径的平均子女数曲线来展示这个研究存在的口径不可比错误（图4—2）。图4—2中提供了两种不同口径的农村全部妇女的年龄别平均子女数，一种是按居住于农村（县）的妇女来统计，另一种则是选择所有农业户口的妇女，不管其居住在哪里。这两种口径的结果非常近似，由于在20岁以前已婚的极少，因而年龄别平均子女数几乎为0。从20岁起，随着大量结婚，平均子女数才开始显著增长。然而，选择2005年调查数据中居住于农村并且申报曾经生育过的育龄妇女，绘出她们的平均子女数曲线，其实与上述那个调查研究提供的曲线差不多，由于排除了年轻妇女中的未婚者和已婚未育者，尽管在15—20岁时已经有孩子的妇女人数极少，但是各年龄组的平均子女数注定是大于1的。

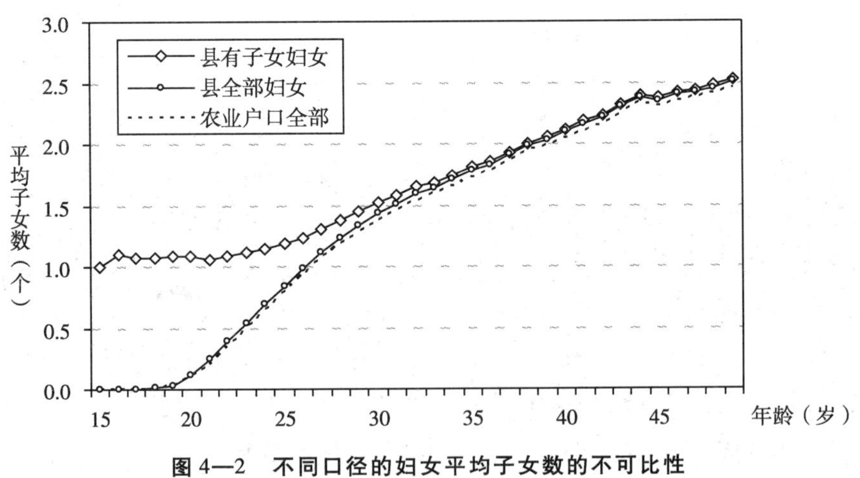

图4—2　不同口径的妇女平均子女数的不可比性

注：本图各曲线为2005年全国1%抽样调查样本数据的统计结果。而该调查的所谓“农村妇女的平均子女数”其实是“农村有子女妇女的平均子女数”，曲线与本图中的“县有子女妇女”曲线很接近。

所以，即使是同一个调查，按不同选择对象来进行统计便会有十分不同的结果。这本来是个再正常不过的事情。然而，上述研究却根据自己调查的“有子女妇女”的统计与2005年全国1%调查的“全部妇女”的统计硬做比较，并以不同统计口径结果在30岁以下的差异作为证据，居然得出了全国调查的生育有严重漏报的结论。这实际上是研究者由于不慎而犯了一个统计错误，闹出了笑话。然而，就在同一个研究中，研究者犯了不止这一个错误，而是一而再，再而三地在同一研究中出现好多个类似的低级错误。

五　用回归方法从平均孩次估计总和生育率的内在缺陷

上述内部研究还建立了各年人口变动调查或人口普查的全国所有育龄妇女平均孩次（即平均曾生子女数）与总和生育率（TFR）的简单回归方程。如前所述，35—39岁组妇女平均孩次实际上反映的是以往生育水平，与此类似，所有育龄妇女的平均孩次一方面依赖于各年龄组以往的生育水平，另一方面还要依赖于育龄妇女内部的年龄结构（即各年龄组所占的比例），因此这个指标与时期总和生育率之间仍然没有密切的内在关联。假设两个没有多大内在联系的变量之间存在因果联系并牵强地建立回归方程本身在方法论上并不合理，再用这样一个不合理的回归方程估计总和生育率则是错上加错。

（一）该研究中回归方程本身的统计问题

只要稍微对所用数据再深入地分析一下，便能看到历年全国育龄妇女的平均孩次与时期总和生育率之间并不存在稳定的数量关系，它们之间的关系随着时间阶段发生显著的变化。图4—3是这两个变量的散点图，其中虚线是对所有年份散点作出的笼统回归线，而贯穿不同时期的散点则是各时期的回归线。

比如，1975—1981年间，这两个统计指标的值都大于2。1984—1992年间，平均孩次的值已经低于2，而总和生育率值的绝大多数还高于2。1995年以后，两个指标的值都小于1.5了。从散点图中可见这三个阶段的散点各

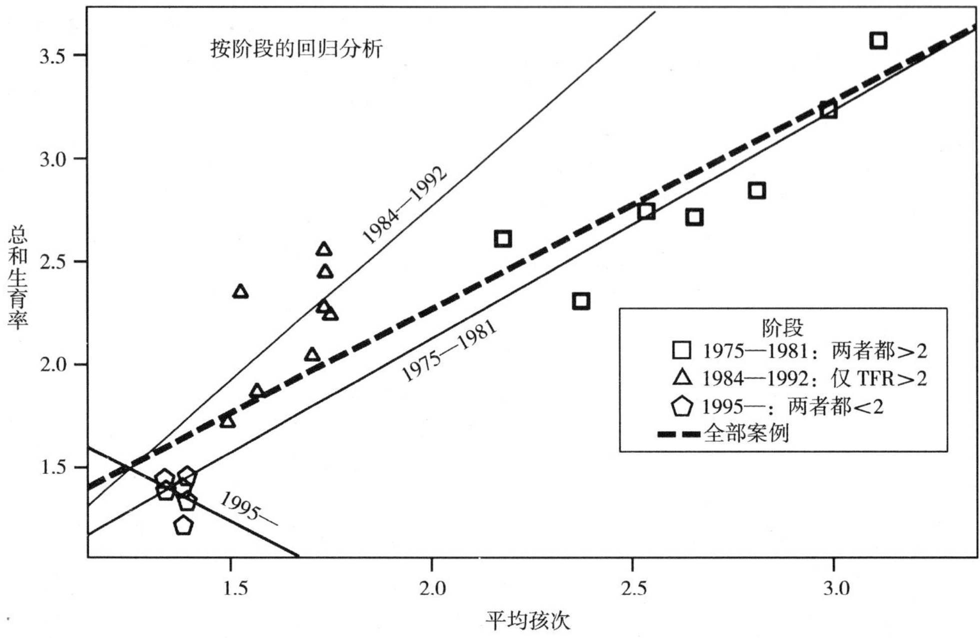

图 4—3 变量之间回归关系存在显著阶段性

自有明显的数量特征。按时期对散点分组作回归来描述平均孩次与总和生育率之间的关系，便可以看到不同时期回归线的斜率的差别很大，较早的两个阶段的回归斜率还是正值（即回归线左低右高），而在 1995 年以后，两者之间回归斜率已经变成负值（即回归线是左高右低）。这就清楚地表明，在这两个变量之间并无稳定关系可言。但是，笼统地用所有案例作回归分析却忽略了这种时期差别，取得的笼统回归线（图中粗虚线）与 1974—1981 年间的回归线相对比较接近，说明它其实更多地反映了计划生育早期的情况。从图中还可以看出，1995 年以后的散点实际上压缩在图左下角的一个极小的范围里，因而它们对笼统回归线形成的影响自然也就很小。如果忽视这些情况，将笼统回归线看作所谓的“一般趋势”则是对回归方法的滥用，再将近期的育龄妇女平均孩次值套用到这个笼统的回归方程中来估计近期的总和生育率，那么便会人为地高估近期总和生育率，因为图中已经可见这些散点都显著低于笼统的总回归线。换句话说，这种做法实际上是在借用这两个变量在二十多年前的关系来估计现在的情况。如果再将这条回归线用于趋势外推估计未来，那自然更没有道理。

此外，应用回归分析的一个条件是回归误差项无序列相关，然而在应用时间序列数据时会经常出现因这个条件不满足而导致回归结果产生有效性和可靠性方面的问题（郭志刚，1999：77）。实际上，对这套数据回归的Durbin - Watson 统计量检验表明，这套数据中的序列相关非常显著，因此不符合回归分析的条件，不能简单地应用回归分析。

（二）该研究应用回归估计当前生育率时的问题

该研究建立的上述笼统回归方程本身已经问题很多，然而又根据这个不合理的方程来估计总和生育率，进而又产生了更多问题。

即便该回归方程没有任何问题，它也是针对“全国所有育龄妇女”的平均孩次与总和生育率关系的统计描述，然而该研究将自己调查的平均孩次数值套用到这个回归方程上来估计总和生育率则是很不恰当的，因为该调查的对象并不是“全国所有育龄妇女”，而是“农村已有子女的育龄妇女”。即：原回归方程是“全国”口径，却要应用于“农村”口径；原回归方程是“所有育龄妇女”口径，却要应用于“已有子女的育龄妇女”的口径。跨越这些不同口径的估计，实际上是假定这两方面的不同口径之间没有差别。但是，这两个潜在假定都明显脱离实际，一方面，“所有育龄妇女”中含有大量未婚未育者，所以其平均子女数当然会显著小于“已有子女的育龄妇女”。另一方面，直接将全国口径回归直接转接农村口径便是无视城乡差别和城乡与总体的差别。该研究所说的农村人口到底是指农业户籍人口，还是指现在农村居住的人口并不太清楚，但从其调查方式上看则极可能是后者，于是便又忽略了农村外出流动、已经进城的人口，而许多统计研究已经表明这部分人的生育率要比仍留在农村的人低得多。总之，不加讨论和分析就简单跨越不同的统计口径、用这样一个回归方程来估计农村生育率是过于轻率了。

并且，该研究当然也不可能意识到这样估计的总和生育率在口径上并不是农村育龄妇女的生育率，而是农村已有子女的妇女的生育率，数值上将不仅会高于农村的总和生育率（TFR），而且会高于农村的已婚妇女生育率（TMFR）。该研究由此估计出 2000 年以来中国农村的总和生育率在 1.8 左右，则显著高于 2005 年全国 1% 人口抽样调查公布的农村（县）常住人口的总和生育率（1.65），更是远高于根据 2005 年全国 1% 人口抽样调查样本统计的农业户籍人口的总和生育率（1.54）。

（三）在总和生育率上加进度效应就不再是时期总和生育率估计

该研究在生育率估计上已经一再出现错误，导致估计偏高，其农村的时期总和生育率估计也不过在 1.8 左右。然而，城镇的总和生育率要比农村低得多，所以上述偏高的农村生育率估计还是不能证明全国的总和生育率水平在 1.8 左右。于是，该研究画蛇添足地继续犯了第三个统计错误，以便最终证明“农村实际上是平均和普遍生育了两个孩子”，为全国总和生育率约为 1.8 提供支持。

该研究试图根据总和生育率的进度效应理论来进一步提高其总和生育率的估计值，但这完全是基本概念上的误解。总和生育率在以往人口研究中兼有两个作用，一是反映时期当中的生育水平，二是反映妇女的终身生育水平。从人口原理可以证明，对于一个生育年龄模式长期不变的人口而言，这两种水平之间非常接近。然而对于一个处于转变之中的人口，总和生育率必然受到时期年龄别生育模式变化的影响，因而偏离于妇女的终身生育水平。进度效应的表现就是总和生育率受生育年龄模式变化而发生的这种偏离。人口学在几十年前早就知道这种现象，但是一直没有较好的方法来测量估计进度效应。后来，Bongaarts 和 Feeney（1998）提出了一种简便有效的方法，可以估计这种进度效应的幅度。郭志刚（2000）曾用这种方法计算了中国 20 世纪 90 年代中总和生育率的进度效应大约在 0.3，因此首次在出生漏报解释之外找到了另一种原因来解释人口调查的生育率为什么如此之低。然而，这个进度效应解释的是时期生育率与终身生育率之间的背离，而不是用来证明低生育率是个虚假错误的统计结果。实际上，郭志刚根据总和生育率存在较大进度效应的研究结果，反而认为中国出现的很低生育率具有很大的真实性，并认为 20 世纪 90 年代后期中国的总和生育率很可能在 1.5 以下，而终身生育率也很可能低于 1.7 了。

该研究引用郭志刚（2000，2004）对中国生育率进度效应幅度的估计，直接在自己调查估计的 1.77 的农村总和生育率之上再加 0.3 的进度效应，说中国农村时期总和生育率（去进度效应后）的估计值应在2.1左右（1.77+0.3）。于是，这就表明该研究潜在的目的真的是为全国总和生育率在1.8左右的官方口径提供“支持证据”。但是，这样的估计完全是对进度效应调整的一种曲解和误用。因为在总和生育率基础上加上生育进度效应是为了估计终身生育率，而不是在估计什么“真实的”时期生育率。而这个研究却用了“农村时期总和生育率（去进度效应后）”这样一种模棱两可的说法来替代终身生育率，非常容易误导，使人以为这个“2.1左右”说的是当前农村真实的生育水平。事实上，该研究已经十分明确地说出了这个结论，即“农村实际上是平均和普遍生育了两个孩子”。而我们知道，这个估计的取得方法已经存在一系列严重的问题，所以这个结论是极不可靠的，同时也是非常具有误导性的。

本来估计时期生育率本身并不涉及进度效应问题，而该研究之所以出现这种画蛇添足的错误，在很大程度上是出于“命题作文”的导向。

六　追踪“五普”低龄队列人数来证明出生漏报的方法缺陷

在另一个关于数据质量评价研究（翟振武、陶涛，2010）中，研究者利用人口统计年鉴公布的2001—2007年同队列人口的数据、再根据各年调查的抽样比推出总体相应人数，用以追踪比较2000年人口普查低年龄人口数在后来年份调查中的变化。结果表明，2000年普查0—4岁组人口为6898万，而这批人的数量在各年的相应年龄组中逐渐上升，2007年7—11岁组人口数已经上升至8169万，7年间上升了近1300万。因此，该研究认为这证明了2000年普查以及近年人口调查中的低年龄人口数据都确实存在大量漏报。

这个研究采用的方法正好与前面点评第一种研究相反，它是在用后来的人口调查作为标准来评价2000年普查低龄人口的数据质量。这一研究的确在分析思路和结论上都提供了很多信息，并且从结果上看起来同一批出生人数在后来调查中不断上升也符合漏报出生慢慢会随时间逐渐显现的规律。但是从我们重新用同样方法做了这种分析后的结果来看，该研究所发现的这种现象并不能视为2000年普查及近年人口调查存在大量低龄人口漏报的确凿证据，因为其他原因也会导致同样现象的产生。不过由于这个研究只局限在对“五普”低龄人口做了追踪计算，所以才导致研究者看不到这种现象其实主要是出于另外一个原因。

每年人口变动调查公报的抽样比是一个总抽样比，然而对于不同群体的抽样比其实是不同的，而这个研究在反推总体人数时则假定了每个年龄组抽样比都等于总抽样比。如果沿用这个研究同样的方法追踪更多的年龄组，并且比较更多年龄段的同批人数变化，便可以清楚地看到上述研究结论中的方法缺陷。为了节省篇幅，图4—4中仅提供了其中3个年份人口变动调查按单岁年龄同批队列复原的人数差别曲线图，其中反推总体人数时就用各年人口变动调查的总抽样比。图中曲线代表复原队列人数减去“五普”相应队列人数的绝对差值，处于0线以上的就是增加人数，在0线以下就是减少人数。

当用同一方法推广到更多队列比较时，除了“五普”低龄队列人数确实是越冒越多以外，我们还能清楚地看到同批人数冒增现象并不只是“五普”的低龄人口。以2007年人口变动调查的子图为例，2007年调查的40—70岁（2000年为33—63岁）队列人数居然也是显著增加的。因此，用同批人数冒升代表出生漏报的推理逻辑在这就完全行不通了，因为这些人早就出生了，为什么也被“五普”漏报了呢？特别是其中很多已经都是老年人了，死亡率也比较高，这些年龄的同批人数为什么也不降反升呢？

这几个图中都是到了特别年老的同批人数才是下降的，这是因为高龄死亡率很高的影响，是正常现象。最重要的是，这几个图中青壮年年龄段（比如2007年调查的17—39岁，在2000年为10—32岁）的队列人数都有显著缩减，其缩减程度远远超过了正常死亡率的影响。显然，这些人在人口变动抽样中被大量漏报了，而从他们的年龄特征来看极有可能就是流动人口。他们在近年人口变动调查中大量缺失便意味着相应同批人的抽样比其实大大低于抽样调查的总抽样比，那么少儿人口和其他更大年龄的人口在抽样比上就正好相反，必然会大大高于总抽样比。正因为如此，当这个研究应用总抽样比对人口变动调查的少儿人数还原为总体的相应人口规模时就会因为用了相对较低的总抽样比作为还原计算公式的分母而导致显著高估了队列总体人

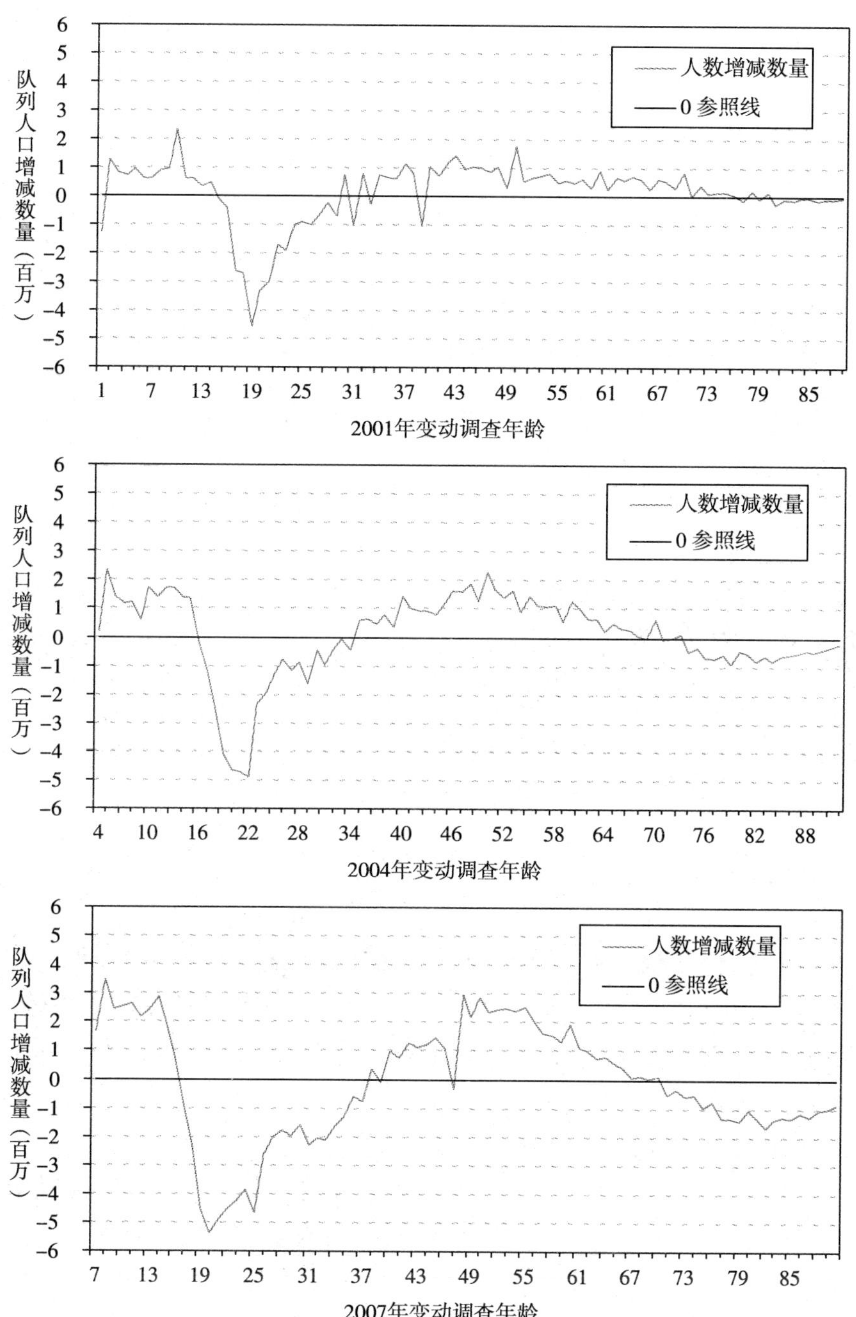

图 4—4　各年人口变动调查复原的年龄别总人数与“五普”相应队列人数的差别

数。在这里，总抽样比是一个小数，当它作为分母时，其值越小那么反推的相应总体人口数值越大。实际上，在统一用总抽样比还原各年龄组人口时有相辅相成关系，即青壮年人口低估了多少，少儿人口与更大年龄的人口就会相应高估出多少。

因此，这个研究发现的2000年普查0—4岁组人数在后来调查中不降反升并不说明一定是“五普”出生漏报的问题，而该研究所计算出的这批人在7年之间冒升出近1300万人的结果在很大程度上是由于方法不当严重高估的结果。至于“五普”低龄队列人数的冒升是随着后续年份调查而不断显现，仍然可以用同样的逻辑加以解释，那就是因为近年来人口流动日益加剧，因而后来的人口变动抽样调查对这部分人口的遗漏量也越来越大。比较三个年份的子图，便可以十分清楚地看出这种情况。于是，越晚调查的少儿人口实际抽样比的值就会比总抽样比的值大得越多，以至于再用较小总抽样比的值反推少儿总体人数时就会更偏大，自然显得低龄队列越冒越多。

所以，该研究所发现的这种现象既不能证明2000年普查存在大量低龄人口漏报，更不能推广到近年人口调查都存在着严重出生漏报。相反，沿着该研究的方法思路再推进一步，倒是能够反映出近年人口调查中遗漏青壮年人口的问题是越来越突出了。

七 小结

以上列举了几种证明“出生漏报严重”、“越来越严重”和“生育率在1.8左右”的间接估计研究。我们可以看到，这些研究在面对中国生育率非常低时，认定低生育率只能是出生漏报的结果。于是，便采用各种方法来证明出生漏报，而且一定要将出生漏报率估计到能使生育率调整到1.8才行。

这种主观偏向的害处是以偏概全，在尚未开展认真研究，轻率地排除了产生低生育率的其他可能性。这种主观偏向继而又导致过分夸大出生漏报的幅度和影响。另外，这种主观偏向还决定了研究的短、平、快特点，只要有利于证明出生漏报的迹象都会被抓住加以利用，比如仅用1990年时35—39岁组妇女平均子女数与总和生育率很接近便认为可以用前者来估计后者，又如注意到“五普”低龄队列在后来年度变动调查中的膨胀便断言漏报越来越严重，实际上只要再细心一点，便不难发现这些结论来得唐突。这种主观偏向还会在另一些研究场合将与估计无关的因素生拉硬套地加到估计中来，比如用进度效应来调整总和生育率。这类错误或有缺陷的人口统计研究之所以层出不穷，是因为有其应运而生的社会背景。研究过于急功近利，便将科学原理、数据确凿、方法得当等科学研究的基本要求全都置于脑后了。

这些研究违反了科学研究的原则，其结论是错误的或者是不可靠的。更重要的是，它构成了近年来人口统计怪圈中非常重要的一环，是生育率迷茫的重要原因之一，对把握人口形势和制定对策产生了很大的误导作用。

实际上，存在数据和方法问题的人口研究不只以上评论的这些。其中，应用依据教育部小学生入学人数的生育率间接估计可以取得更高的生育率，因而这类研究也就获得了较大影响。而 2006 年人口与计划生育调查的奇高生育率结果在社会上产生了更为巨大和恶劣的严重误导影响。它的偏高生育率与间接估计无关，而是因为调查本身的问题产生了极为严重的样本数据偏差所致。本书后面将用专章来分别对它们进行专门的分析和评价。

参考文献

郭志刚：《社会统计分析方法——SPSS 软件应用》，中国人民大学出版社 1999 年版。

郭志刚：《从近年来的时期生育行为看终身生育水平》，《人口研究》2000 年第 1 期。

郭志刚：《对中国 1990 年代生育水平的研究与讨论》，《人口研究》2004 年第 2 期。

顾宝昌：《人口统计同样需要与时俱进》，《人口研究》2002 年第 3 期。

贾同金、赛音：《人口变动情况抽样调查现状与问题分析》，《人口研究》1995 年第 5 期。

游允中：《2000 年前后世界各国所举行的人口普查》，《人口研究》2002 年第 3 期。

于学军、王广州：《中国 90 年代以来生育水平研究》，载国务院人口普查办公室、国家统计局人口和社会科技统计司编《第五次全国人口普查科学讨论会论文集（下册）》，中国统计出版社 2004 年版。

翟振武、陶涛：《低年龄人口数据质量的分析与评价》，《中国人口科学》2010 年第 1 期。

张广宇、原新：《对 1990 年代出生漏报和生育水平估计问题的思考》，《人口研究》2004 年第 3 期。

Bongaarts, John and Griffith Feeney, "On the Quantum and Tempo of Fertility", *Population and Development Review*, 24 (2), 1998, pp. 271 – 291. 《生育的数量与进度》（中译文），《人口研究》2000 年第 1 期。

第五章
对根据教育统计数据估计生育水平的探讨

一　研究背景

20 世纪 90 年代以来，困扰我国人口学界的一个重要问题就是数据质量问题。普查和抽样调查中存在的漏报和瞒报对正确测量我国生育水平、认识当前我国人口形势提出了挑战。虽然人口学界已经形成一个共识，即我国的生育水平在 20 世纪 90 年代初落到更替水平以后继续下降，但是对于具体下降到了什么水平，还有不同的意见。意见大体可以分为两种，一种认为生育水平已经下降到了 1.5—1.6 左右，甚至更低（如郭志刚，2004；Cai，2008；Retherford et al.，2004；张光宇、原新，2004；Zhang and Zhao，2006）；另一种认为生育水平还在 1.8 左右（如国家人口发展战略研究课题组，2007；翟振武、陈卫，2007；于学军、王广州，2004）。在这样的背景下，使用其他数据对人口数据进行检验，从而避开人口数据中存在的问题，并估计生育水平就显得更有价值。

崔红艳和张为民在 2002 年提出利用教育统计数据来估计人口普查中的漏报情况。将教育部公布的每年小学入学人数与 2000 年普查中的相应年龄人数进行对比，可以估计出 2000 年普查中婴幼儿的漏报情况，并以此来推断普查质量。通过对比 1996—2000 年小学入学人数与普查相应年龄人数，崔红艳和张为民（2002）发现 5 年来实际入学人数比普查回推人数累计多出 1208 万。按照同样的思路，张为民和崔红艳（2004）利用 1997—2002 年小学入学人数数据，估算出 2000 年普查中 4—9 岁漏报了 1996 万，占该年龄段普查登记人数的 18.94%；如果 0—3 岁人口也按此比例漏报，则漏报

1018 万。两者相加，2000 年普查 0—9 岁人口漏报可能多达 3014 万。

崔红艳和张为民这项估计的可靠性建立在四个重要假设之上：（1）教育统计数可靠、准确；（2）小学入学率为 100%；（3）小学入学年龄统一为 6 岁；（4）普查时点 11 月 1 日与教育统计时点 9 月 1 日的时点差异对各年龄人口数的影响可以忽略不计。张为民和崔红艳（2004）已经注意到假设（3）即“小学入学年龄统一为 6 岁”不完全成立，入学人数不等于 6 岁学生数，而是涉及几个年龄人数，入学人数连续多于回推入学人数是可能的，因此，4—9 岁漏报 1996 万的估计可能偏高，按同一比例推算 0—3 岁人口得出 0—9 岁总漏报 3014 万也相应偏高。

梁中堂（2003）使用与张为民和崔红艳（2004）类似的方法估计了 2000 年普查中的漏报数：4—16 岁的共为 3578 万，其中 4—9 岁 2813 万。梁中堂（2003）的估计比张为民、崔红艳（2004）高 41% 的最主要原因是梁中堂（2003）没有采用入学率为 100% 的假设，而是根据 1995 年人口抽样调查的数据对入学率进行了调整。梁中堂（2003）同时使用大量篇幅来论证教育统计数据比人口普查数据要更可靠。

翟振武和陈卫（2007）认为用教育部每年公布的招生人数来推断 6 年出生数存在问题。他们发现“教育统计的小学在校生人数在 9 岁或 10 岁达到该队列的最高纪录，用其值校正普查人口数最有利用价值”。他们根据 1988 年、1990—2003 年的教育统计中的在校学生数对 1991—2000 年的出生人数进行了回构，并推算了 1991—2000 年的总和生育率，“估计结果显示，1990 年代后期我国的总和生育率在 1. 7—1. 8”。

用教育统计数据来回推出生人口数和生育水平在技术上很简单：入学人数和出生人数的关系可以用以下两个公式相联系：

学龄人口 = 出生人数 × 死亡率 × 统计时点调整因子　（1）

入学人数 = 学龄人口 × 入学率　（2）

在实际的计算过程中，式（1）中的死亡因素和普查时点与教育统计时点的差异调整主要是技术问题，人口学有规范的、系统的解决方法，当然我们应该注意我国人口数据中婴幼儿死亡率漏报可能对估计带来的影响。在使用式（2）时我们需要考虑以下三个问题：（1）小学的入学年龄问题；（2）小学入学率的问题；（3）教育统计数可靠性的问题。因为这三个问题涉及数据质量，需要详细的分析。以下分析主要集中在对这几个问题的探讨。最后我们根据对数据质量分析的结果，对 20 世纪 90 年代以来的生育水平进行估计。分析的数据来源是历年《中国教育统计年鉴》中公布的分年龄的招生数、在校生数，以及历次人口普查和人口抽样调查数据。

二　小学入学年龄和学龄儿童的年龄分布

如果小学入学年龄基本保持不变，而且每年的出生数也相对稳定，在招生数和入学率都准确的前提下，我们可以用每年的招生数来估计相应年份的出生数。这两者之间的关系就像人口学中通常用到的时期生育率和终身生育率之间的关系：当生育模式相对稳定的时候，时期生育率可以较好地估计终身生育率，但是在生育模式经历急剧变化的时候，再用时期生育率来估计终身生育率就容易产生大的偏差。

过去几十年，因为社会经济的发展和教育改革的深入，我国的基础教育经历了急剧的变化，其中有三个方面的变化对入学人数和入学率产生直接影响。一是小学的入学年龄从七周岁（或以上）向六周岁靠拢；二是由于人口年龄结构和生育水平变化引起的学龄人口的起伏，这个起伏从 20 世纪 90 年代开始的总趋势是不断下降；三是小学适龄儿童入学率不断上升。以上三个因素的共同作用，导致简单地使用每年的招生数来估计相应年份的出生数会产生很大的偏差。

就像张为民和崔红艳（2004）以及翟振武和陈卫（2007）指出的那样，入学人数不等于 6 岁学生数。根据 1986 年通过的《中华人民共和国义务教育法》第五条的规定："凡年满六周岁的儿童，不分性别、民族、种族，应当入学接受规定年限的义务教育。条件不具备的地区，可以推迟到七周岁入学。"① 因为我国的教育体制改革和义务教育推广按照因地制宜的方针逐步推行，所以，以六周岁为入学标准年龄的实行也是一个渐进的过程，这一点

① 2006 年版的《中华人民共和国义务教育法》将此条修订为第二章第十一条："凡年满六周岁的儿童，其父母或者其他法定监护人应当送其入学接受并完成义务教育；条件不具备的地区的儿童，可以推迟到七周岁。"

也反映在教育部执行的统计标准中。1991 年以前的小学入学率是 7—11 岁中在校生人数的比例，1991 年以后则按照各地不同学制年限来定义学龄人口。如当地小学学制为六年，规定入学年龄为 6 岁，小学学龄人口就为 6—11 岁。

表 5—1 是 2003—2010 年全国小学分年龄招生人数。我们可以看到，6 岁儿童占总招生人数的比例，从 2003 年的 45.6%，逐年上升到 2010 年的 71.0%。平均入学年龄从 2003 年的 6.54 岁逐步下降到 2007 年的 6.27 岁。虽然我们没有 20 世纪 90 年代的分年龄的招生数据，但是不难推断，20 世纪 90 年代 6 岁入学的比例肯定要更低，平均入学年龄要更高。即使到了 2010 年，6 岁入学的儿童还是只占全部招生数的 71% 新入学的小学学生中不仅包括大量的 7 岁儿童，而且还有一定比例的 8 岁及以上的儿童。因此，用教育部公布的小学招生人数显然不等于六年前的出生数。

表 5—1 **全国小学分年龄招生人数（2003—2010）**

年龄别	2003 年	2004 年	2005 年	2006 年	2007 年	2008 年	2009 年	2010 年
5 岁及以下	469324	454713	472561	505212	501579	458705	393827	363756
6 岁	8339123	8752608	8870632	10075640	10836921	11021954	11000546	12011462
7 岁	8802591	7690391	6881578	6255328	5638519	5127899	4679899	4280453
8 岁	546985	450840	386915	361560	304212	283872	247630	214272
9 岁	91255	79088	66674	60662	53247	43446	39718	33025
10 岁	26608	23190	20691	19089	15155	12735	10201	8578
11 岁	10093	10143	9124	8050	5519	4392	3372	2849
12 岁	5275	5538	5086	4857	3737	2561	1913	2088
13 岁	1796	2122	2378	1809	1416	906	489	305
14 岁	598	879	1147	872	206	401	239	136
15 岁及以上	227	616	654	493	161	279	144	83
合计	18293875	17470128	16717440	17293572	17360672	16957150	16377978	16917007
6 岁入学比例	45.6%	50.1%	53.1%	58.3%	62.4%	65.0%	67.2%	71.0%
平均入学年龄	6.54	6.49	6.45	6.39	6.35	6.32	6.30	6.27

资料来源：《中国教育统计年鉴》（2003—2010）。

注：计算平均入学年龄按周岁计。5 岁或以下入学的统一算作 5 岁，15 岁或以上入学的统一算作 15 岁。

以小学招生人数来推断六年前的出生数不仅受到入学年龄本身的影响，而且还受到入学时间调整进度的影响，其效果和时期生育率在终身生育率不变的情况下受生育时间变化的进度效应相类似。表 5—1 显示我国的学制在逐步由 6 岁入学向 7 岁入学调整，入学时间的提前会造成过渡期招生人数的"堆积"。这种由入学时间调整造成的进度效应可以用表 5—2 中的简单例子来说明。

为方便起见，我们假定每年出生 100 人且保持多年稳定不变，同时忽略死亡的影响，且假定入学率为 100%。在学制不变的情况下，理论上每年会有 100 个小学生入学。因为学制的调整，入学年龄逐渐由 7 岁入学向 6 岁入学转变。我们假定在十年中间，学制调整以每年 3% 的速度从 30% 在 6 岁入学、70% 在 7 岁入学向 60% 在 6 岁入学、40% 在 7 岁入学过渡。在表 5—2 中的第 1 年，6 岁和 7 岁入学的人数各为 30 人和 70 人。接下来的第 3 年到第 11 年中，在同年出生的 100 人中，6 岁入学的人数每年增加 3 人，相应晚一年到 7 岁入学的人数则减少 3 人。虽然每年的出生人数保持在 100 人不变，但在第 3 年到第 11 年中，每年的入学总人数却是 103 人，而不是 100 人。直到第 12 年，6 岁和 7 岁入学的比例和上一年一样时，合计入学人数才恢复和出生数相一致。也就是说，因为学制的调整，在调整的过程中，导致每年的入学人数比相应出生人数要多 3%。因此，如果用总入学人数来估计出生数，学制的变化一项就会导致在第 2 年到第 11 年间高估出生数 3%。

表 5—2　**入学年龄提前的进度效应和学龄儿童减少对用招生数估计出生数的影响**

年份	6 年前出生数	6 岁入学人数	7 岁入学人数	合计入学人数	估计偏差	偏差比例
1	100	30				
2	100	33	70	103	3	3.0%
3	100	36	67	103	3	3.0%
4	100	39	64	103	3	3.0%
5	100	42	61	103	3	3.0%
6	100	45	58	103	3	3.0%
7	100	48	55	103	3	3.0%

续表

年份	6年前出生数	6岁入学人数	7岁入学人数	合计入学人数	估计偏差	偏差比例
8	100	51	52	103	3	3.0%
9	100	54	49	103	3	3.0%
10	100	57	46	103	3	3.0%
11	100	60	43	103	3	3.0%
12	100	60	40	100	0	0
1（1995）	2532	760				
2（1996）	2525	833	1772	2605	81	3.2%
3（1997）	2462	886	1692	2578	116	4.6%
4（1998）	2201	859	1576	2434	233	9.5%
5（1999）	2030	852	1343	2195	166	7.5%
6（2000）	1947	876	1177	2053	107	5.2%
7（2001）	1944	933	1071	2004	60	3.1%
8（2002）	1953	996	1011	2007	54	2.8%
9（2003）	1829	988	957	1945	115	5.9%
10（2004）	1747	996	842	1837	90	4.9%
11（2005）	1672	1003	751	1754	83	4.7%
12（2006）	1729	1090	669	1758	29	1.7%

注：假设出生人数多年不变，入学年龄在10年间以每年3%的速度从30%在6岁入学、70%在7岁入学向60%在6岁入学、40%在7岁入学过渡，入学率为100%，死亡影响忽略不计。

除了学制变化，学龄儿童的数量变化也会导致估计偏差。以1995年到2006年的招生数为例，我国的小学招生数减少了差不多三分之一，从2532万下降到1729万。表5—2的下半部分不再使用假设的每年固定的出生数，而是使用国家统计局公布的出生数。如果我们假定，所有这些新入学的儿童都是6岁和7岁的儿童，而且我国的小学入学时间也经历了和表5—2上半部分中假设的变化，即以每年3%的速度从30%在6岁入学、70%在7岁入学逐步向在6岁入学靠拢。如果用招生数去估计6年前的出生数，学制变化和学龄儿童数量减少相结合会造成相当大的误差。在某些年份，两者相结合产生的估计偏差高达9.5%！

虽然这个例子中的学制变化速度和我国在过去十几年经历的变化并不一致，但还是可以从中看出学制由7岁入学向6岁入学对估计出生人数造成的影响。需要强调的一点是，从表5—1可以看到，我国小学生入学年龄向6岁靠拢并没有像该例子中那样停止在60%在6岁入学。

以上例子说明，简单地使用教育部公布的小学入学人数来推断6年前的出生数的方法是相当成问题的。因为我们知道我国的入学年龄在从7周岁向6周岁靠拢，而且20世纪90年代以来出生人数不断下降，以上两个因素的共同作用，导致用每年的招生数会高估6年前相应年份的出生数。不仅如此，虽然表5—2中假设所有儿童都在6岁或7岁入学，但实际情况是还有相当一部分儿童在8岁或更晚才入学。以1997年出生，2003年6岁的儿童为例，根据表5—1，1997年出生（2003年时为6岁）儿童的实际入学年龄时序为：5岁及以前（2002年以前）为49.0万，6岁（2003年）为833.9万，7岁（2004年）为769.0万，8岁（2005年）为38.7万，9岁（2006年）为6.1万，还有超过2万人在10岁以后（2007年以后）入学，也就是说，1997年出生儿童的总入学人数不超过1700万。而2003年的总招生数为1829.4万人，比以上累计超出7.7%。

我国小学入学年龄变化和学龄儿童人口年龄结构两个因素决定了，如果简单地使用小学招生数来回推6年前的出生数，会大大地高估当年的出生数和生育水平，从而误导我们对人口形势的判断。翟振武、陈卫（2007）已经注意到了招生数不能回推到6年前出生数的问题。他们提出了利用教育统计中的分年龄小学在校生人数来估计生育水平。这里需要强调的是，与使用每年招生人数回推出生数相类似，用分年龄的小学在校学生数来估计生育水平也必须回答两个问题：小学入学率的问题和教育统计数可靠性的问题。因为入学率不可能超过100%，在基数高估的情况下再乘以入学率的作用，会更进一步地高估出生人数和生育水平。下面我们对这两个问题分别进行阐述。

三　小学入学率的问题

根据联合国的定义，小学入学率指的是上小学的学龄儿童人数与法定小学学龄儿童总数之比。也就是说，计算小学入学率需要同时知道在学和不在学的学龄人口数。学校和各级教育部门能直接调查和掌握的是每年的在校学生数，也就是分子，但是如果没有可信的人口普查或者户口登记资料来提供法定学龄儿童人数，也就是分母，是不可能正确计算儿童入学率的。教育部发展规划司统计处处长戴井岗在2006年教育统计工作会议上的讲话很有启示①：

> 我们也借国家统计局巡查之机，向国家统计局提出了几个问题进行协商。…… 另一个是关于学龄人口的统计问题，希望国家统计局给予大力支持。去年11月，第五届全民教育高层会议在北京召开，联合国教科文统计所提交了《全民教育全球监测报告》，我们发现，联合国教科文统计所测算的中国“小学入学率”与我国测算的结果有很大差异。这一问题，早在2003年周济部长率团参加在印度召开的第三次全民教育高层会议上已经向联合国教科文提出了明确的意见，认为数据不能真实地反映我国基础教育取得的巨大成就，在国际、国内都会造成不利影响。大家知道，“小学入学率”是反映一个国家基础教育发展状况的重要指标，国际组织和世界各国都很关注这个指标。联合国教科文统计所根据我部上报的小学在校学生数和联合国人口署提供的我国分年龄人口估算数（按妇女总和生育率1.8推算）计算出我国2002年“小学入学率”为91.7%。我国按照联合国的计算口径，用我国自己推算的分年龄人口数（按妇女总和生育率1.6—1.7推算），2002年我国的“小学入学率”应为97.6%；与联合国教科文的统计结果相差6个百分点。造成我国与联合国教科文统计所出现差异的根本原因是二者使用的分年龄人口数不同。联合国教科文使用的是联合国人口署根据我国1990年第四次人口普查结果估算的小学学龄人口数，我们使用的是国家统计局根据2000年第五次人口普查结果推算的小学学龄人口数。根据周部长的指示精神，我们曾多次与联合国教科文统计所进行交涉。教科文统计

① 教育部教育管理信息中心：《戴井岗同志在2006年教育统计工作会议上的讲话》，2006年12月12日，http：//emic. moe. edu. cn/edoas2/website18/level3. jsp？ id = 1170053429486064。

所强调，他们的数据来源有两个途径：一是按照联合国的规定，只能使用联合国人口署提供的人口数据，而我国国家统计局没有给联合国人口署提供“五普”分年龄的人口数，因此只能使用根据“四普”推算的人口数。二是由我国国家统计局直接给他们提供人口数。我们也多次同国家统计局人口社会司协商此事。由于我国“五普”低年龄人口数不准确（反推妇女总和生育率为1.2），学龄人口数甚至低于在校学生数，计算出来的小学入学率超过百分之百（102.8%），国家统计局无法向外提供。根据国家统计局人口社会司的意见，我们把“五普”漏报的3000万人全部补贴在0—9岁年龄段上，同时又进行了适当的修正，提出了一套适中的分年龄人口方案。国家统计局明确表示，同意我们对人口数的调整，但是不同意由国家统计局提供给国际组织。这种结果，对我国基础教育取得的巨大成果产生了很大的影响，我们给国家统计局建议，在公布2005年全国1%人口抽样调查数据（含文盲率的统计数据）时，必须先期与我部进行沟通，我们会提供教育统计的各年龄段学龄人口供国家统计局参考，以解决我国人口数据使用上存在的矛盾，同时也解决国际组织对我国小学入学率计算偏低的问题。

从上面所引用的戴井岗的讲话可以看到，国家统计局、教育部和国家人口计生委三个部门对人口数、生育率数据的不同使用使得小学入学率的计算和用教育数据来估计出生数和生育水平成了鸡和蛋之间的关系：不知道学龄儿童数就不可能计算入学率，而不知道入学率就不可能用小学在校学生数来估计人口数（出生数），因为学龄儿童数就是用以前对应年份的出生数做一下死亡折算。联合国教科文组织计算的2002年我国小学入学率仅为91.7%，远低于教育部公布的96.7%，其原因就在于对小学学龄人口的不同估计。

在2003—2007年的《中国教育统计年鉴》中，连续多年9岁和10岁的在校学生数和学龄儿童人数完全一致。可是即使是在完全入学的情况下，也不可能出现在校学生数和学龄儿童人数完全一致，因为总是有学生因为各种原因退学、转学，以及统计误差的存在。这样的结果只能说明，教育统计中公布的小学入学情况有关的数据并不完全是统计的结果，而是事后调整的结果。因此也提醒我们在使用教育统计数据的时候，尤其是使用入学率的时候要格外小心。我们必须寻找更为客观的入学率数据。

人口普查和人口抽样调查中有关6周岁及以上的人的受教育情况和学业完成情况的问题同时提供了计算学龄儿童入学率需要的分子和分母，因此可以用来估计我国学龄儿童的入学率。表5—3是根据1990年、2000年和2010年三次普查数据计算的分年龄（6—14岁）小学和初中在校学生比例。其中1990年根据1990年普查的1%样本计算，2000年和2010年根据普查公布的长表数据计算。在1990年，在校学生占同年龄人口的比例随着年龄增长，在10岁时达到峰值（94.3%），然后随着进入初中的学生增加，小学在校学生比例开始下降。[①] 2000年的情况与1990年相似，但随着九年制义务教育的推行，学生的入学年龄明显提前，而且入学的比例也比10年前有了显著增加。在校学生比例在9岁时达到峰值（98.6%），随后开始由小学向初中转移。与1990年相比，2000年我国学龄儿童进入初中的比例也有了极大的提高。2010年普查显示我国的适龄儿童入学比例进一步提高，6岁儿童的在学比例就已经达到了88.4%，9岁时达到峰值98.6%[②]，以后逐步缓慢下降，到14岁时还维持在94.8%，说明我国的九年制义务教育已经实现了基本普及。

表5—3中根据普查计算的分年龄入学率有一个问题，就是6岁儿童的入学率和教育部公布的数据相比明显偏高。从表5—1和我们前面的计算可以看到，在2003年，6岁儿童进入小学的比例最多不超过同龄人的50%，远低于2000年普查的78.9%。其原因很可能是因为普查问卷中对受教育程度的分类不包括学前教育。过去几十年我国的学前教育有了长足的发展，2000年在幼儿班（包括学前班）人数已达2244.18万人。可是人口普查的受教育程度选项中并没有学前教育一项，只有未上过学、扫盲班和小学等，同时人口普查表填写说明中对“未上过学”的定义是：从未接受过国家或

---

① 1990年普查的标准时间是7月1日，而我国的新学年要从9月1日才开始，因此普查中反映的入学率是1989—1990学年的情况。但对于小学中间一些年龄组，如9岁、10岁组，如果不考虑失学率，1990年7月1日的情况应该和1990年9月1日的情况相近。2000年和2010年普查的标准时间是11月1日，反映的情况和教育部统计的9月1日情况接近。

② 表5—3中因为四舍五入，8岁和9岁的在校率都显示是98.6%，实际是9岁更高一点。8岁为98.59%，9岁为98.63%。

其他办学机构实施的各级各类教育的人。幼儿班、学前班显然不是扫盲班，而且通常附设在正规小学中，因此可能有相当一部分人把接受学前教育的幼童归入小学一类。

表5—3　　人口普查提供的分年龄小学和初中在校学生比例

年龄(岁)	1990年			2000年			2010年		
	小学(%)	初中(%)	总计(%)	小学(%)	初中(%)	总计(%)	小学(%)	初中(%)	总计(%)
6	41.0	0.0	41.0	78.9	0.0	78.9	88.4	0.2	88.7
7	75.3	0.0	75.3	96.2	0.0	96.2	97.4	0.3	97.7
8	91.0	0.0	91.0	98.2	0.0	98.2	98.3	0.3	98.6
9	93.8	0.0	93.8	98.5	0.1	98.6	97.7	0.9	98.6
10	94.3	0.0	94.3	97.8	0.8	98.6	96.6	1.9	98.5
11	91.5	1.3	92.8	91.4	6.7	98.1	88.5	9.5	98.0
12	80.2	7.6	87.9	65.7	30.9	96.7	57.1	40.2	97.4
13	56.8	24.5	81.2	32.3	61.0	93.3	25.1	70.5	96.7
14	30.8	39.4	70.2	14.3	70.3	84.7	9.0	81.0	94.8

资料来源：1990年根据1990年普查1%样本计算，2000年和2010年根据普查长表数据计算。

从表5—3可以看出，我国学童的入学比例在1990年到2010年的20年间有了大幅度的提高，但是不足以描述进步的轨迹。表5—4根据1990年、1995年、2000年、2005年、2010年各次普查和抽样调查计算的6—14岁人口分年龄中"未上过学"的比例。表5—4表达的信息和表5—3类似，未上过学的比例随着年龄的增长逐步降低，到10岁时基本已经降到最低点。而且在1990年到2010年的20年间，全国学龄儿童中未上过学的比例迅速减少，其减少在20世纪90年代初有一个加速的过程。表5—4的"未上过学"比例并不是百分之百减去小学入学率或在校率，因为有小孩辍学失学的现象。根据2010年普查，6—9岁的儿童中，失学或辍学的比例（上过学但不在校）仅为不到1%。如果我们假设忽略辍学失学现象，把所有上过学的儿童全部归为在校，表5—4就提供了同时期分年龄的在校比例的上限。

表 5—4　　人口普查和人口抽样调查提供的分年龄未上过学人口比例

年龄（岁）	1990 年（%）	1995 年（%）	2000 年（%）	2005 年（%）	2010 年（%）
6	58.7	31.6	19.9	16.4	10.5
7 岁	24.2	6.8	3.5	2.9	1.5
8	8.8	2.6	1.5	1.2	0.6
9	5.6	1.7	1.0	0.9	0.4
10	4.4	1.6	0.8	0.7	0.4
11	4.0	1.6	0.7	0.7	0.4
12	4.2	1.7	0.7	0.7	0.3
13	4.5	1.8	0.7	0.7	0.3
14	4.7	2.1	0.8	0.7	0.3

资料来源：1990 年、2000 年、2010 年人口普查，1995 年、2005 年 1% 人口抽样调查。

通过对从 1990—2010 年数据的比较，表 5—4 不仅从反面提供了学龄儿童入学率变化的轨迹，而且提供了同时期在校比例的上限。表 5—3 和表 5—4 也证实了翟振武、陈卫（2007）的观察：我国儿童在 10 岁达到入学率的最高值，因此对校正普查人口数最有利用价值。利用表 5—3 和表 5—4 提供的数据，我们可以估计其他年份的曾入学比例和在校学生比例。

因为 10 岁儿童是入学的峰值年龄，而小学入学率的计算需要包括所有小学学龄儿童，可以肯定小学入学率应该要比 10 岁儿童的入学比例要低。图 5—1 比较教育部公布的全国小学学龄儿童净入学率和人口普查和小普查（表 5—3 和表 5—4）估计的 10 岁儿童的曾入学比例和在校比例。普查时点之间用虚线连接以显示变化趋势。从图 5—1 中可以看出，教育部公布的全国小学学龄儿童入学率除了 1992 年和 2001 年的两次下跌，历年呈逐步上升趋势，从 1985 年的 96.0% 上升到 2006 年的 99.3%。类似的逐步上升趋势也可以在普查数据中看到。根据普查数据计算的 10 岁儿童曾入学率和教育部公布的学龄儿童净入学率非常接近，但 10 岁儿童的在校比例要比教育部的净入学率要低约 1 个百分点。因为 10 岁是儿童的入学峰值，曾入学比例不考虑失学或辍学的情况，因此图 5—1 表明，教育部公布的小学入学率存在高报的问题。当然，随着社会经济的发展和九年制义务教育的推行，我国的基础教育已经接近完全普及，教育部公布的入学率和实际的差距空间也在不断减小。

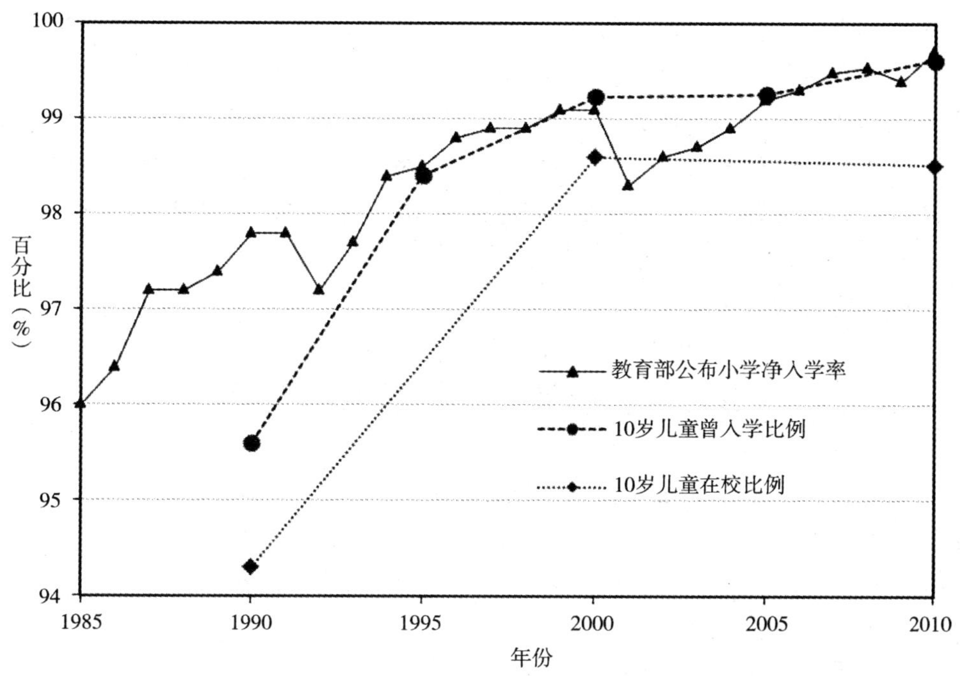

图 5—1　教育部公布的小学净入学率和普查中 10 岁儿童在校和曾入学比例

综上所述，教育部公布的小学入学率存在高报的问题。当然如果我们只看 10 岁这样的小学入学峰值年龄，其在校比例虽然低于教育部公布的整体水平，但是差距并不是很大。与张为民、崔红艳（2004）不同的是，翟振武、陈卫（2007）没有采用小学入学率为 100% 的假设，认为教育统计有超报问题。他们认为教育部公布的小学入学率为 98% 是偏高的，因此采用了 95% 的入学率来估计 20 世纪 90 年代的生育水平。① 但是他们并没有交代这个 95% 的由来。上述研究表明，20 世纪 90 年代小学入学峰值年龄的在校比

① 翟振武、陈卫（2007）在行文中还同时使用了 97% 和 96% 的入学率来估计普查漏报，但他们对生育水平调整计算和讨论只使用了 95%。

例虽然低于教育部公布数，但总体应该高于 95%。从三次普查得到的在校比例可以推断，10 岁儿童的入学率在 20 世纪 90 年代有一个快速上升的过程，从 1990 年的 94.3% 上升到 2000 年的 98.6%。和 2000 年相比，2010 年的 10 岁入学率略有下降，为 98.5%，说明义务教育和其他社会政策一样，要达到真正的全面普及，最后的一两个百分点往往是最难的。

入学率的准确性取决于两方面的因素：分子和分母。分子由教育部门直接统计掌握，分母则需要由统计/计生部门提供，所以就造成使用教育统计估计生育水平存在的鸡和蛋的问题。在给定分子条件下，分母本身就是要估计的出生数，所以假定较低的入学率就决定了较高的出生估计数。换句话说，这时出生数已经不是真正意义上的估计，而是一个预设条件的必然推定，假定较低的入学率就是预设了较高的出生漏报率。

四　教育统计数据可靠性的问题

利用教育统计数据对人口统计数据进行检验的起因是人口统计数据中存在瞒报和漏报的问题，因此被认为不可靠。但是如果没有很好的人口数据，怎样才能知道教育统计数据的正确性和可靠性呢？这就是教育统计的分子问题，即教育统计中的招生数或在校数的准确性问题，以前的研究只说是“纯净”的，但基本是推论证明，并未提供实际情况的检查校验。

翟振武、陈卫（2007）通过对河南省鹤壁市、山东省菏泽市、河北省霸州市三地的实地考察，发现在理论上存在将小学生入学或在校人数高报的可能性并没有转化为现实。他们认为高报的动机不明确，教育统计“严密而周全”，上报的程序很严格，因此在校生人数具有“纯净性、真实性和可靠性”。但是，近年来教育部门弄虚作假，虚报学生数以骗取国家补贴的事情屡屡见诸报端，从上述小学净入学率的高报情况可以看出，教育统计也同样存在数据质量问题。人口数据的质量问题实际上是我国近一个阶段统计工作中弄虚作假、虚报浮夸的一个缩影。下面我们从利益驱动、管理手段、社会背景三个方面来探讨教育数据的质量问题。然后通过对数据的一致性检验来看教育统计的质量问题。

首先，我国义务教育的经费来源和在校学生数直接挂钩使地方教育部门和学校有高报和虚报在校学生数的经济动力。《中华人民共和国义务教育法实施细则》（1992 年）第二十七条规定：“省级人民政府应当制订实施义务教育各类学校的经费开支定额，并制订按照学生人数平均的公用经费开支标准、教职工编制标准和校舍建设、图书资料、仪器设备配置等标准。”第二十八条规定：“地方各级人民政府设置的实施义务教育学校的事业费和基本建设投资，由地方各级人民政府负责筹措。用于义务教育的财政拨款的增长比例，应当高于财政经常性收入的增长比例，并使按在校学生人数平均的教育费用逐步增长。”以上规定往往也体现在各省和各地相应制定的地方性政策法规中，比方说《河北省义务教育经费筹措使用管理条例》第四条明确规定：“各级人民政府用于实施义务教育财政拨款的增长比例，应当高于财政经常性收入的增长比例，并使按在校学生人数平均的教育费用逐步增长，保证教师工资和学生人均公用经费逐步增长。”上述财政拨款规定导致，至少在 1992 年以后，地方的教育部门和学校为了争取更多的财政拨款，会倾向于多报、虚报在校学生数。1995 年 9 月 14 日，国家教委、财政部发出《关于进行〈国家贫困地区义务教育工程〉项目规划和可行性研究的通知》，启动了“国家贫困地区义务教育工程”。从 1995 年至 2000 年，中央财政拨出 39 亿元支持贫困地区义务教育的发展。“十五”期间，国家实施了第二期“国家贫困地区义务教育工程”，再次投入中央专款 50 亿元。中央财政的巨大投入，更使得地方的教育部门和学校为了争取更多的财政拨款，会倾向于多报、虚报在校学生数。比如，2007 年 11 月 28 日的《人民日报》报道了广东省专项资金审计发现有 25 个县虚报农村免费义务教育学生数 25 万多人，多获得财政补助资金 1000 多万元。海南省三亚市审计部门在 2007 年对全市 31 所学校进行的审计中，发现不少学校都存在多报在校生及寄宿生人数，截留挪用“两免一补”资金的现象。有 4 所学校的校长因此被立案调查。云南省教育厅副厅长和福生在 2008 年全省教育统计工作会上的讲话中提到：“数据不实、虚报瞒报、弄虚作假现象依然存在，个别地方还十分严重。在农村义务教育经费保障机制改革专项检查中发现少数县区多报或少报在校学生数，某县在 2005/2006 学年初少报小学生 10884 人，差异率 12.74%，多报初中学生 2669 人，差异率 6.83%，多申领经费 79.91 万元；另一个县 2005 年、2006 年两年共计多报初中、小学在校生 15553 人，多申领经费 228.05 万元。”以上这些例子都说明，近年来教育数据已绝对不再是“纯净的”，地方的教育部门和学校出于自身利益，人为造成教育数据的偏差。国务院和教育统计部门也因此三令五申强调教育统计的严肃性。

其次，用教育指标作为地方政府和干部的考核手段，也促使教育统计数据可能出现高报和虚报的现象。教育指标如入学率、升学率是对各级干部考核的重要内容之一。比方说，广东建立县级党政主要领导干部基础教育工作实绩考核指标体系，其中就包括小学适龄儿童入学率，初中三年巩固率等量化指标。在这样的政策和考核体系下，近些年来，统计数据中存在的种种问题在教育统计中也同样存在。新华社 2004 年 12 月 13 日报道了青海省化隆县为了提高升学率，骗取教师编制指标，虚增在校学生数。很多地方为了应付“两基”（基本普及九年制义务教育，基本扫除青壮年文盲）达标工作而采取各种非常措施，其中就包括多报和虚报在校学生数。

再次，改革开放以来，流动人口的大量增加也为教育数据的收集和管理增加了困难，增加了重报的可能性。某大学研究生利用 2009 年寒假回乡的机会对农村小学入学情况、登记与上报程序及相关情况进行了定性访谈，涉及省份有山东、河北、湖南、湖北、四川等。调查发现，农村小学多报在校学生数的情况比较普遍，其原因不仅有多报在校学生数可以增加学校经费，另一个更重要的原因是学龄儿童随父母外出流动造成的管理上的困难。学龄儿童随父母外出流动情况在不同地区差别很大，有的地区多，有的地区少，调查接触到的多的地方有三分之一儿童外出。虽然按规定小学生入学后要进入学校登记，外出时要办理退学手续、开转学证明，但是很多儿童外出流动时并不打招呼、不办理退学手续和转学证明。学校对正式退学、转学儿童，会在相应登记后备注。但对没有办理手续者，因为学校不了解具体情况，就只好假设他们还会重新回来就学，因此很容易产生流动儿童在流出地和流入地两地小学重报问题。从时间上看，这种重报问题应当随着全国流动人口总量的提高而增多。但是，这个问题在以往用教育统计推算出生数的估计中并未被注意到，自然也未曾被付诸实际检验。

所以，从利益驱动、管理程序、社会背景等方面的实际情况来看，教育统计和我国其他行业的统计类似，不可避免地也存在着各种问题。如果人口数据中，尤其是出生和婴幼儿瞒报、漏报是因为与计划生育相关的一系列经济和行政利益如罚款、考核等驱动的结果，类似的利益驱动在教育统计中同样存在。因为利益驱动方向的不同，和人口统计中的瞒报、漏报相反，教育统计中更可能存在的是高报、虚报的问题。与之相类似，流动人口的增加容易引起人口统计中的少报和漏报，但会造成教育统计中在校学生数的多报和重报。翟振武、陈卫（2007）强调教育统计有严格的程序，“在各个环节没有漏报、瞒报、多报的可能性”。但是严格的程序并不能保证数据的准确。不说别的，人口计生委系统就有严格的报表程序，但并不能制止瞒报和漏报的问题。因此对于教育数据的使用，我们不应该用一种简单盲目的态度，事先就认定教育数据是正确可靠的。

当然，对教育数据质量更有力的说明还需要通过不同数据的比对。但这就又回到了鸡和蛋的问题：我们求助于教育数据的原因是因为对人口数据的质量有怀疑，但没有高质量的人口数据就不可能对教育数据的质量进行验证。当然我们对普查人口数据质量的怀疑主要是在婴幼儿和低龄阶段。对于较高年龄组，通过各次普查和人口抽样调查反复比对和人口学的检验，呈现出相当高的一致性，有很高的可信性（Banister and Hill，2004；张为民、崔红艳，2002）。翟振武、陈卫（2007）发现对于2000年普查中19—22岁男性人口，普查数据低于教育数据约3%—7%。[①] 他们的解释是20世纪80年代初“男性入学率高”。可问题是，最高的入学率也不可能超过100%。因此更为合理的解释是教育数据的多报。需要强调的是，翟振武、陈卫（2007）的上述比对还是在他们对教育数据进行入学率调整以前。以比对发现的教育数据高出普查数据3%—7%，再加上他们使用的95%的入学率产生的调整部分，教育数据将高出普查数据达8%—13%。也就是说，如果我们把教育数据当作黄金标准，那么2000年普查中19—22岁这一年龄段男性的漏报在8%以上，这和众多对普查数据检验的结果是有很大差别的。如果在校学生多报在2000年19—22岁的同龄组存在，我们有理由怀疑在校学生多报的问题在其他年份也很可能存在。即使不考虑教育数据中在校学生数可能多报的问题，仅以低估了的95%的入学率来估计生育水平，也一定会高估生育水平。

① 翟振武、陈卫（2007）在比较时很可能使用了不包括军队人口的“五普”年龄性别结构。但是即使加入军队人口，那几年的教育数据依然高于普查数据。

教育数据中存在的质量问题也可以从对教育数据内部一致性检验中看出来。即便在100%的入学率的前提下，由于每年总有学生因各种原因失学、退学或发生意外的，所以每一年龄的小学在校生人数应该略小于同年龄人群以往各年的累计招生人数。比方说2007年10岁儿童的在校人数，应该略小于以下儿童的总和：2007年新招的10岁儿童，2006年新招的9岁儿童，2005年新招的8岁儿童，2004年新招的7岁儿童，2004年新招的6岁儿童和2003年在校的5岁儿童。但是根据教育部公布的2003—2007年招生数和2007年在校学生数来看（表5—5），2007年10岁的在校学生数要比历年的招生累计数多2.3%。这就说明，在不考虑失学、死亡等因素的前提下，在教育部公布的1997年出生的人的在校情况时，至少存在着2%以上的多报、重报。[①] 在11岁以后，因为开始有学生升入初中，所以公布的在校生人数开始小于历年累计招生数。

表5—5　　2007年分年龄小学在校生人数和历年招生数累计的差别

年龄别（岁）	公布在校学生人数	累计历年招生人数	差别	差别比例（%）
6	11408596	11355741	52855	0.5
7	16197876	16203221	-5345	0.0
8	15985110	15902486	82624	0.5
9	16812126	16533429	278697	1.7
10	17367095	16981921	385174	2.3
11	17264838	17564347	-299509	-1.7
12	8521182	18305456	-9784274	-53.5

资料来源：《中国教育统计年鉴》（2003—2007）。在计算历年招生累计时，5岁及以下在校生统一算作5岁入学。

上述分析表明，教育数据同样存在各种各样的质量问题，教育部提供的在校学生数和入学率都存在多报、高报的情况，因此并不能不加鉴别地用作

① 当然在理论上也存在着上述差别是由于历年招生数的少报和漏报造成的。但是根据前面对造成教育统计质量问题原因的讨论，我们可以肯定这样的可能性非常小。

估计生育水平的黄金标准。在利用教育统计数据推断生育水平的时候必须考虑教育数据中存在的质量问题。

五　用在校小学生人数估计 1991—2000 年的生育水平

虽然教育统计和其他统计资料一样，存在着各种各样的问题，但是作为一个相对独立的数据来源，在充分理解数据质量和估计方法所需要的假设的前提下，应用教育统计对估计生育水平有重要的参考价值。下面我们根据教育部提供的 2001—2010 年分年龄在校小学生人数对 1991—2000 年的生育水平进行估计。其基本步骤如下：首先，我们利用在校学生数、入学率和教育统计中的高报比例，推算出相应年龄的学龄人口数；然后，我们利用生命表，反推出这些人口出生当年的出生数；最后根据出生数和 20 世纪 90 年代生育的年龄模式，将总出生数分解为按母亲生育年龄的出生人数，并计算出总和生育率。具体估计方法和翟振武、陈卫（2007）基本一致。主要的区别有三点：一是我们使用最新的教育数据；二是在使用教育数据中，我们根据以上分析，考虑入学率和高报比例对估计的影响；三是我们统一以 10 岁的在校儿童人数作为估计基础。因为教育统计的标准时间是每年的 9 月 1 日，我们用内插法把统计数字调整到日历年。

考虑到教育数据中在校小学生人数存在的多报问题，我们需要对公式（2）进行一个简单的调整而成为公式（3），其中的 E 就是实际在校和公布在校学生的比例。

$$\text{学龄人口} = \frac{\text{实际在校人数}}{\text{在校比例}} = \frac{\text{公布在校人数} \times E}{\text{在校比例}} \tag{3}$$

根据以上分析，我们采取两种方案利用教育统计数据出生数和生育水平进行估算。第一个方案假设教育数据中的高报忽略不计，也就是说 $E=1$，然后将在校学生数根据在校学生比例进行调整，以推导出该年龄的人口总数。第二个方案，我们假定在校生的多报比例为 2%，也就是说 $E=0.98$。在考虑死亡因素时，方案 1 用 1990 年普查为基础的生命表，方案 2 用 2000 年普查为基础的生命表。第一个方案可以称作生育水平估计的高方案，因为我们没有排除在校学生数的高报因素，而且采用的是较高的死亡率。但是第二个方案却不一定是下限，就像表 5—5 所示的那样，教育统计的高报比例很有可能高于 2%。

表 5—6 是利用上述方法估计的 1991—2000 年的出生数和总和生育率。从表中可以看出，在 20 世纪 90 年代初下降到更替水平之下以后，其下降的趋势非常明显，在 20 世纪 90 年代末下降到了 TFR = 1.6，甚至更低的水平。2000 年的总和生育率略高于 1996—1999 年，这可能因为 2000 年恰逢千禧年和龙年，有一些家庭为了讨彩头赶在这一年生孩子，但根据以往的经验，这往往只是一个小的堆积，并不意味着生育的反弹，这也可能是近年来流动人口的迅速增加大大提高了教育数据中多报、重报的在校学生数。

表 5—6　　**1991—2000 年出生数和总和生育率估计**

年份	出生数（万人）		总和生育率	
	方案 1	方案 2	方案 1	方案 2
1991	2364.92	2305.73	2.09	2.04
1992	2211.47	2156.11	1.91	1.86
1993	2110.09	2057.28	1.80	1.75
1994	2024.63	1973.96	1.71	1.67
1995	1973.65	1924.25	1.67	1.63
1996	1903.84	1856.19	1.63	1.59
1997	1841.00	1794.92	1.61	1.57
1998	1773.49	1729.10	1.59	1.55
1999	1718.10	1675.09	1.58	1.54
2000	1725.43	1682.25	1.63	1.59

资料来源：中华人民共和国教育部发展规划司《中国教育统计年鉴》（2001—2010），人民教育出版社。

注：方案 1 假设教育统计中的多报、重报忽略不计，用表 5—3 中的在校学生比例和 1990 年普查生命表进行估计，方案 2 假设教育统计中的多报、重报比例为 2%，然后根据表 5—3 中的在校学生比例用 2000 年普查生命表进行估计。

即使是忽略教育数据中的多报问题的方案 1，我国的总和生育率在 20 世纪 90 年代后期已经下降到了 1.6，甚至以下，就像我们前面强调的那样，方案 1 是 20 世纪 90 年代生育水平的上限。但是，方案 2 的结果并不是 20 世纪

90年代生育水平的下限。我们在方案2当中只简单采用了教育统计中10岁的在校学生有大约2%的多报或重报。而我们在表5—5中已经看到，2007年10岁的在校学生多报、重报就超过2%，当然对于教育数据中的重报问题尚需其他数据的进一步印证。以上两个方案的计算都表明，我国的总和生育率水平在20世纪90年代后期已经下降到了1.6，甚至更低的水平。

六　小结

教育数据和其他统计数据一样，也存在质量问题，如果我们不加鉴别地简单用教育数据作为估计生育水平的“黄金标准”，必将得出错误的结论。受到我国小学入学年龄变化和学龄儿童人口年龄结构两个因素的影响，使用教育统计中的招生人数来估计六年前的出生人数会高估生育水平。同样，忽略教育统计中的高报、重报问题也会高估生育水平。当然，教育统计作为一套独立的数据来源，在充分理解其局限性的前提下，对我国的生育水平估计有很大的参考价值。而且，从教育统计估计出的生育水平和基于其他数据的估计结果之间的相似性要大于差异性：我国的总和生育率水平在20世纪90年代快速下降，而且在90年代的后期下降到了1.6，甚至更低。

辨别总和生育率是在1.6以下还是在1.8左右有助于我们正确认识我国当前生育变化的趋势和人口变化的整体形势：我国现在面临的是自20世纪90年代生育率不断下降的大趋势。生育率下降的根本原因是改革开放以来，我国社会经济大环境变革造成人们的婚姻家庭和生育观念的彻底转变。这个转变的过程和趋势与世界发达各国尤其是东亚地区曾经经历的从高生育率到低生育率，再到超低生育率的变化方向一致，只是我国生育率下降的速度更快、范围更广。在生育率不断下降的总趋势下，我们应该对过低生育率带来的社会、经济各方面的问题未雨绸缪，及时地进行必要的调整。

参考文献

于学军、王广州：《中国90年代以来生育水平研究》，载国务院人口普查办公室、国家统计局人口和社会科技统计司编《第五次全国人口普查科学讨论会论文集（下册）》，中国统计出版社2004年版。

于学军：《对第五次全国人口普查数据中总量和结构的估计》，《人口研究》2002 年第 3 期。

国家人口发展战略研究课题组：《国家人口发展战略研究总报告》，中国人口出版社 2007 年版。

崔红艳、张为民：《对 2000 年人口普查人口总数的初步评价》，《人口研究》2002 年第 4 期。

张为民、崔红艳：《对中国 2000 年人口普查准确性的估计》，载国务院人口普查办公室、国家统计局人口和社会科技统计司编《第五次全国人口普查科学讨论会论文集》，中国统计出版社 2004 年。

张广宇、原新：《对 1990 年代出生漏报和生育水平估计问题的思考》，《人口研究》2004 年第 2 期。

梁中堂：《2000 年中国人口总量和妇女生活水平研究》，《中国人口科学》2003 年第 6 期。

王金营等：《中国省级 2000 年育龄妇女总和生育率评估》，《人口研究》2004 年第 2 期。

翟振武、陈卫：《1990 年代中国生育水平研究》，《人口研究》2007 年第 1 期。

郭志刚：《关于中国 1990 年代低生育水平再讨论》，《人口研究》2004 年第 4 期。

郭志刚：《对中国 1990 年代生育水平的研究与讨论》，《人口研究》2004 年第 2 期。

郭志刚：《近年生育率显著"回升"的由来》，《中国人口科学》2009 年第 2 期。

Robert D. Retherford 等：《中国的生育率：到底下降了多少?》，《人口研究》2004 年第 4 期。

Banister, Judith and Kenneth Hill, "Mortality in China 1964 - 2000", *Population Studies*, 58, 2004, pp. 55 - 75.

Cai, Yong, "An Assessment of China's Fertility Level Using the Variable - r Method", *Demography*, 45 (2), 2008, pp. 271 - 281.

Zhang, Guangyu and Zhao Zhongwei, "Reexamining China's Fertility Puzzle: Data Collection and Quality over the Last Two Decades", *Population and Development Review*, 32, 2006, pp. 293 - 321.

第六章
2006 年计生调查的“生育率反弹”是因为样本严重有偏

一　2006 年计生调查的前前后后

中国人口进入低生育率时期后，所有全国人口调查取得的生育率水平都极低。但是，方方面面对调查统计的出生漏报严重性存在着不同认识，实际上已经对全国真实生育水平失去了把握。在人口方面的实际工作和舆论宣传中，国家人口计生委一直坚持着 1.8 的总和生育率口径，但苦于这个官方口径并没有实际调查统计数据的支持，只能依赖于一些人口间接估计结果。但是，2006 年人口与计划生育调查的结果却显现出，在 2004 年至 2006 年间，全国总和生育率出现迅速飙升，立刻在全国掀起轩然大波。

2006 年人口与计划生育调查的主要数据公报（国家人口和计划生育委员会发展规划司，2007）中报告说：

> 人口低生育水平继续保持稳定，但近年有所回升。2004 年、2005 年和调查前一年（2005 年 9 月至 2006 年 8 月）全国育龄妇女的总和生育率分别为 1.59、1.74 和 1.87，总和初婚率分别为 1.23、1.16 和 1.11，一孩总和生育率分别为 1.07、1.23 和 1.32，表现出一定程度的初婚堆积和出生堆积。

一石激起千层浪，打破了多年来低生育率迷茫的沉闷。这个调查的初步结果刚一出炉，国家人口计生委就立即将这个结果在政府系统上传下达，并召开了新闻发布会通过媒体传播到全社会。于是，政府系统内和整个社会上一片震惊，“人口形势严峻”、“生育率反弹”的论调充斥在政府文件和报纸杂志上，而且一呼百应，全国各地纷纷报警生育率回升。

国家人口计生委在2006年制定的《全国“十一五”人口和计划生育事业发展规划》中强调：“‘十一五’时期，人口和计划生育事业迎来新的发展机遇，也面临着前所未有的严峻挑战。”

这个调查结果也惊动了中央最高层决策者。在2006年12月17日发布的《中共中央、国务院关于全面加强人口和计划生育工作　统筹解决人口问题的决定》中要求，“必须清醒地看到，我国人口发展呈现出前所未有的复杂局面，低生育水平面临反弹的现实风险”，指出“稳定低生育水平是新时期人口和计划生育工作的首要任务”，特别强调要“千方百计稳定低生育水平”。

这个调查结果对人口研究也自然产生了非常大的影响。这个调查结果为那个1.8的官方生育率口径提供了第一份直接调查取得的重要证据，它的分量当然远远大于其他应用间接估计的功效。于是，它的出现一度中止了人口学界对于实际生育率水平的争论，因为事实胜于雄辩，既然实际生育率水平确如以前官方口径一样，于是研究重点迅速转向配合计生部门加强计划生育工作，刹住生育率反弹的势头。

二　对此次调查结果的疑问

此次调查数据并未像以往那样公开向研究单位或研究人员提供，也全然见不到对这次生育率回升的认真研究，仅发表了一个主要数据公报和一本调查数据集①，这与以往各次全国人口调查后便相应产出一批研究成果形成了鲜明对照。其实，这个生育率回升的调查结果并没有澄清实际生育率方面的争论，也没有真的解决对人口发展形势的认识问题。如果认真地思考一下，反而令人产生一系列新的疑问。

第一，2006年人口和计划生育调查显示近年生育率反弹并且水平直冲到1.8以上，这个结果是否真的表明这次调查数据质量提高了，因而取得了

① 张维庆等主编：《2006年全国人口和计划生育调查数据集》，中国人口出版社2008年版。

更真实的全国生育率水平呢？换句话说，这个调查结果是否可以证实，以前那些全国人口调查确实是因为数据质量极差才导致了生育率很低的虚假结果呢？即使仅从 2006 年计生调查提供的前几年的生育水平来看，也表明事实并非如此。因为 2006 年调查结果仅表明全国总和生育率（TFR）在 2004—2006 年发生显著飙升，但以前各年份统计却与其他人口调查的很低生育率并无二致。因此，既不能认为这个调查的数据质量显著优于以前的人口调查，也不能认为这个调查的生育率结果可以否定以往调查的结果。

第二，根据此次调查，国家人口计生委得出了“近年生育率回升”的判断。这个判断其实与以前所持的“生育率稳定在 1.8 左右”的说法无法协调一致，产生了逻辑上的悖论：如果认为以往总和生育率一直稳定在 1.8 左右，那么 2006 年调查取得的 1.8 结果，其实并不能被说成是生育率回升。而如果承认“近年生育率回升”的说法其实就等于接受了以前其他人口调查显示的极低生育率是正确反映了事实。但是，实际上国家人口计生委既坚持生育率稳定在 1.8 左右的说法未改，又上报下传近年生育率严重反弹。然而，广大群众、干部、研究人员等往往只看到这个调查的结果，并没有意识到这两种说法在人口判断上存在的这个悖论，反而产生一种错觉，以为这个调查真的证明了多年以来总和生育率一直稳定在 1.8 左右。

第三，从人口研究来说，就算接受近年生育率回升的说法，那么它到底是出于什么原因？是计划生育失控了？那么失控的重点人群是谁？重点地区在哪？它是出于前几年若干省份取消了二孩生育间隔要求因而形成了二孩生育堆积？或是近年来社会的某种原因导致了一孩生育堆积？抑或是因为富人超生或流动人口超生？然而，这一系列问题在长达两年多的时间里并没有得到具体分析和回答。

总之，2006 年计生调查反映的生育率反弹发生十分突然，两三年中总和生育率就提高了 0.5，这个变化幅度远远超过一般时期中正常波动范围。这个调查与 2005 年全国 1% 人口抽样调查在时间上相差还不到一年，然而这两个调查所取得的 2005 年总和生育率的水平却大相径庭，2006 年计生调查得到的是 1.74，而 2005 年全国 1% 人口抽样调查的结果却只有 1.33，差异之大远远超过抽样误差范围。

在这种情况下，到底应该相信哪一种结果？此外，2006 年人口和计划生育调查本身采用了新的调查对象口径和方法，那么这些改变到底是纠正了以往调查的偏差，还是它自己产生了偏差？这些都是需要人口研究认真搞清楚的重要问题。

三　不同来源的生育率比较

先对2006年计生调查数据计算的各年份总和生育率与其他来源的统计进行比较（图6—1）。可以看出，在2003年及以前各年，不同来源的总和生育率存在一定差别，但几乎全都处于1.5以下，就是2006年调查的这些年份的生育率也并不例外，其水平甚至还低于国家统计局公布的各年人口变动调查结果。[①] 所以，2006年调查结果不仅没有否定以往调查生育率很低的结果，反而是再次加以肯定。

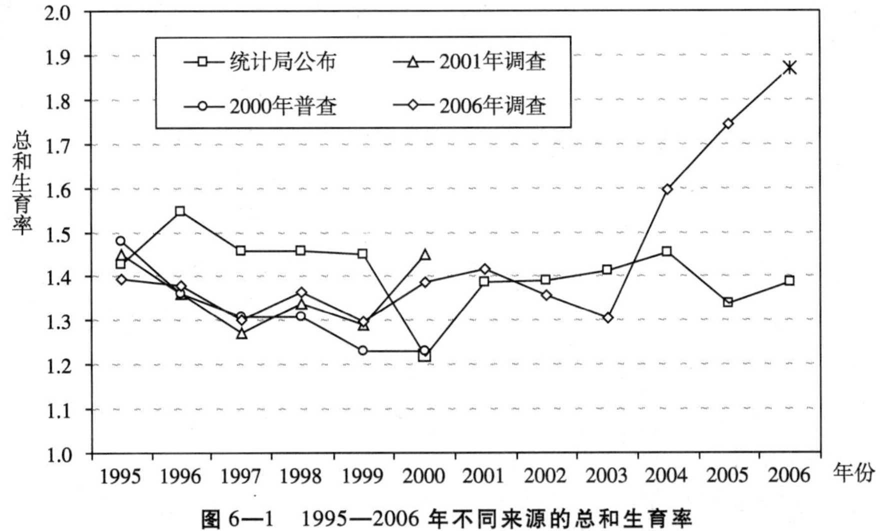

图6—1　1995—2006年不同来源的总和生育率

资料来源：1. 统计局公布：用历年《中国人口统计年鉴》中各年人口变动调查的年龄别生育率计算。2. 2000年普查：郭志刚（2004）用2000年人口普查1‰样本数据用母子匹配法估计。3. 2001年调查：丁峻峰（2003）用2001年全国计划生育与生殖健康调查数据计算。4. 2006年调查：用2006年全国人口和计划生育调查数据计算。其中2006年值引自调查主要数据公报。

---

① 由于该调查局限于调查时15—49岁的妇女，因此应用该调查样本汇总较早年份时就会缺失越多的高龄生育信息。在汇总1995年的生育率时，缺失为40岁及以上。但育龄妇女在这个年龄段的生育已经极少，所以信息缺失并不会对统计结果有明显影响。

在 2001—2006 年间，只有两种数据来源结果。图 6—1 中国家统计局公布的全国人口变动调查生育率在 2001—2004 年缓缓提高，因而其 2004 年的回升并不明显，而且在 2005 年又下降到 1.4 以下。[①] 而 2006 年计生调查的生育率先在 2002 年和 2003 年连续下降，然后从 2004 年开始一路飙升，与国家统计局来源的统计分道扬镳。该调查的总和生育率在 2004 年一下就跳到 1.6，在 2005 年又飙升到 1.74。该调查的主要数据公报还特别说明，调查前一年（2005 年 9 月至 2006 年 8 月）的总和生育率高达 1.87。曲线比较表明，2006 年全国人口和计划生育调查在 2004—2006 年的生育率变化趋势和数值水平与国家统计局的人口变动调查及 2005 年 1% 人口抽样调查截然不同。

四　2006 年计生调查的方法及简要讨论

2006 年全国人口和计划生育调查是国家人口计生委在 2006 年举行的，由中国人口与发展研究中心具体实施，现场调查在 2006 年 9 月完成。

《2006 年全国人口和计划生育调查技术文件》（内部文件，2006）规定：“住户调查对象为家庭户、非企事业单位集体户、企事业单位集体户中的全部人口，个人调查对象为上述住户中调查时点 15—49 岁的育龄妇女。采用县、居委会/行政村、户三阶段的概率比例抽样，第一阶段抽取县，第二阶段抽取居委会/行政村，第三阶段抽取住户。预计抽取 1200 个居委会/行政村，在每个抽中的居委会/行政村调查 40 户，合计调查 48000 户，总人口约 17 万人，其中育龄妇女 4.3 万人左右。”

于是，我们发现 2006 年计生调查在调查方法上与以往全国人口调查确有一些不同之处。

以往人口调查都是只分为家庭户和集体户两种，而 2006 年计生调查的第一个新特点是又区分出了一个新类“非企事业单位集体户”。本次调查的第二个新特点是，规定个人调查对象为抽中住户中在调查时点上在家的

① 2005 年并没有做人口变动调查，而是进行了全国 1% 人口抽样调查，因此该年总和生育率就是 2005 年 1% 人口抽样调查的统计结果。

15—49 岁的育龄妇女。

以往全国人口调查都是以离开本户或到达本户半年时间为界限，决定外出人口或外来人口是否在本户进行调查登记。也就是说，以往人口调查通常以常住人口作为调查口径，于是根据调查样本计算的统计指标也都是常住人口口径的统计指标。① 而本次调查则是以现有人口作为调查口径。这是本次调查与以往不同的一个重要的调查方法变化。

作为人口抽样调查，都是要通过样本统计指标来推断总体参数水平。因此，人口抽样调查最重要的原则是调查的样本构成应该与总体人口分布情况非常接近，这是取得的样本能够对总体具有足够代表性的保证。那么 2006 年计生调查采用现有人口为调查对象口径，就意味着调查样本以及相应各种统计结果也都是现有人口口径。重要的是，只有该调查登记的现有人口数据样本能够保证与总体基本相近，该调查的统计结果才能对总体情况具有代表性。

数据分析的确能够反映出 2006 年计生调查的样本分布的确在很多方面都很奇怪。为了简洁，没有必要在此一一列举这个样本分布各方面的特别之处。下面先对这次调查的生育率回升表现出的特点加以分析，然后再将这些特点与这个调查样本的相应分布特点联系起来，就能够把握这个调查之所以反映出生育率反弹的真正原因。

五　该调查的生育反弹主要反映在最近两年的一孩生育堆积上

由于这个调查是在 2006 年 9 月进行的，所以直接用样本中 2006 年的生育信息并不能反映 2006 年全年的情况。所以，本节的分析引用《2006 年全国人口和计划生育调查数据集》（张维庆，2008）中各完整年份的分孩次生育情况的数据来加以分析。表 6—1 提供了该调查的 2001—2005 年的分孩次总和生育率，并同时提供 2005 年全国 1% 人口抽样调查的相应统计作为比较。

---

① 2005 年全国 1% 人口抽样调查第一次采用对抽到的户中全部户籍人口和全部现有人口进行“双口径”登记。在后期样本数据处理中，再通过每个人的信息来具体判断其是否属于常住人口，并将非常住人口删除掉。因此，2005 年全国 1% 人口抽样调查公布的所有统计指标仍然是按常住人口口径的统计结果。2010 年全国人口普查沿用这种“双口径”调查登记方法和后期数据处理与统计方法。

表 6—1　　　　**2006 年计生调查的各年份总和生育率**

总和生育率	2006 年计生调查					2005 年小普查
	2001 年	2002 年	2003 年	2004 年	2005 年	
一孩 TFR（1）	0.932	0.918	0.850	1.070	1.227	0.891
二孩 TFR（2）	0.385	0.362	0.390	0.460	0.467	0.384
多孩 TFR（3+）	0.089	0.067	0.059	0.056	0.042	0.063
合计 TFR	1.406	1.347	1.299	1.586	1.736	1.338

资料来源：张维庆等主编《2006 年全国人口和计划生育调查数据集》，中国人口出版社 2008 年版；《2005 年全国 1% 人口抽样调查资料》，中国统计出版社 2007 年版。

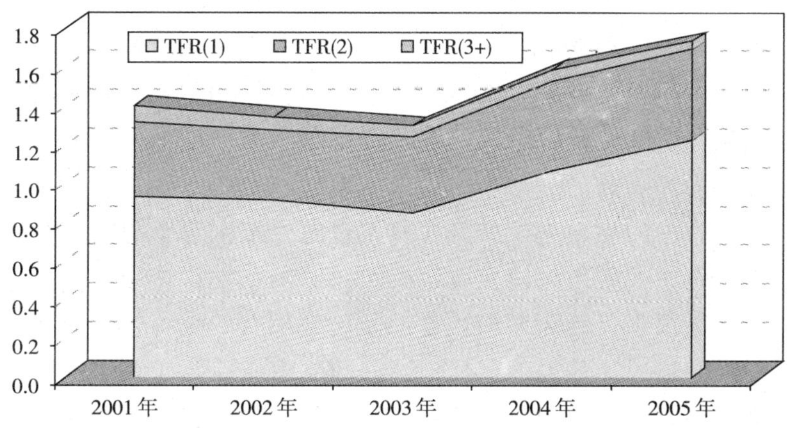

图 6—2　2006 年人口调查的各年份分孩次生育率堆叠图

资料来源：张维庆等主编《2006 年全国人口和计划生育调查数据集》，中国人口出版社 2008 年版。

图 6—2 是 2006 年人口与计划生育调查数据集提供的分孩次总和生育率的堆叠图，可以更为直观地反映该调查的生育率变化特征。从中可以概括出以下几点：第一，总和生育率回升的主要原因其实是近年一孩总和生育率［TFR（1）］的显著提高，即这三年的统计值分别为 1.07、1.23 和 1.32。第二，一孩总和生育率回升看起来好像是近年发生了显著的一孩生育堆积现象，即一孩总和生育率值出现大于 1，甚至是显著大于 1 的现象。第三，这种现象是距离调查时点越近就越严重。比如，2003 年及以前一孩总和生育率都在 0.94 以下，2004 年已经提高到 1.070，而 2005 年则跃升到 1.227。

此外，根据这次调查的数据公报，2005 年 9 月至 2006 年 8 月的一孩总和生育率又提高到了 1.32。这个现象很重要，要想搞清 2006 年调查生育率回升的原因，就应该专注于分析这次调查中严重的“一孩生育堆积”现象。

此外，从图 6—2 还可以看出其生育率总的反弹幅度虽然非常大，但是其中二孩总和生育率提高得并不明显，而多孩总和生育率则一直在持续下降，所以这样的生育率升高的孩次模式并不像是计划生育失控的结果。

六 该调查的样本严重有偏

全国人口与计划生育调查与以往人口调查不同，不再以“常住人口”作为调查对象口径，而是以“现有人口”为调查口径。这在调查方法上是一个重大变化。但是这样调查取得的样本结构是否保证与总体情况大体相似，以前并没有实际经验。所以，该调查反映生育率反弹会不会出于调查有偏，是非常令人怀疑的。

既然该调查中的生育率反弹其实只不过是一孩生育率的提高，那么便应该将注意力锁定在那些最可能生育第一个孩子的妇女群体中。在中国，不结婚就生育的情况很少，绝大多数生育都是已婚妇女的生育，而且结婚后一两年就进行初育的情况比较普遍。所以，一孩生育应该与较为年轻的已婚妇女的关系最为密切。但是，当我们研究一孩生育率时，就不仅要关注生育了一孩的妇女，还要关注那些没有生育的妇女，因为她们是生育率的分母的组成部分。下面的分析将年龄和婚姻状况这两个因素结合起来对该调查的样本分布加以分析。

《2006 年全国人口与计划生育调查数据集》（以下简称“数据集”）不仅提供了作为调查对象的育龄妇女年龄和婚姻状况分布（数据集的表 1－23－1），而且提供了调查涉及户中全部女性家庭成员的相应分布（数据集的表 2－9－2）。只要将数据集中的表 2－9－2 作为表 1－23－1 的背景信息使用，通过对比可以知道两个口径之间的差别。

图 6—3 提供了这两种口径的育龄妇女的分布对比，结果发现作为本户家庭成员的育龄妇女有很多都因不合现有人口口径（即调查时不在家）而没有实施调查询问。她们主要是 30 岁以下的妇女，而且其中很大比例是未

婚者。这样的年龄和婚姻状况特点与“外出打工妹”极为对应。

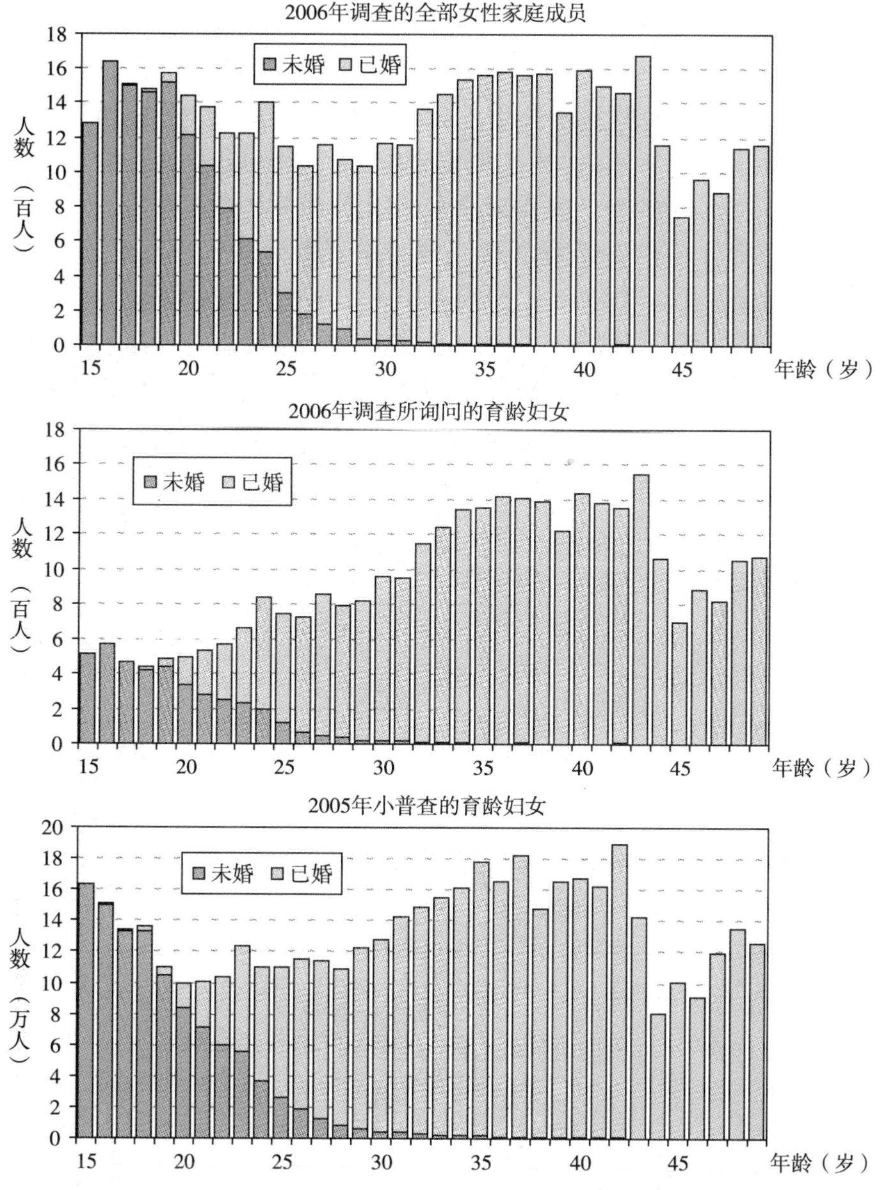

图 6—3　不同来源与口径的育龄妇女年龄和婚姻状况分布的比较

资料来源：《2006 年全国人口和计划生育调查数据集》、《2005 年全国 1% 人口抽样调查资料》。

图6—3还提供了2005年全国1%人口抽样调查（俗称“小普查”）公布的育龄妇女年龄和婚姻状况分布，在此作为全国总体情况的参照，并且它是“常住人口”统计。虽然2006年计生调查和2005年小普查的时点相差10个月，但是这么短的时间内人口不会有重大变化。通过比较可以说明，2006年计生调查所真正收集的数据样本“丢失”了很多年轻且未婚的妇女，而她们正是那些已经外出而又不太可能生育的人。

为了更容易看清2006年计生调查“丢失”的是未婚年轻人，图6—4对2006年计生调查样本和2005年小普查样本的育龄妇女年龄别未婚比例曲线加以比较。结果表明，2006年计生调查样本的未婚比例显著低于2005年小普查结果。在相差最大的20—24岁组，2006年计生调查的未婚比例只有32.4%，而2005年小普查的相应比例高达57.4%，前者比后者居然低了25个百分点。这样大的偏差自然导致2006年计生调查的生育率的分母被大大缩小，而生育率则会被严重夸大。

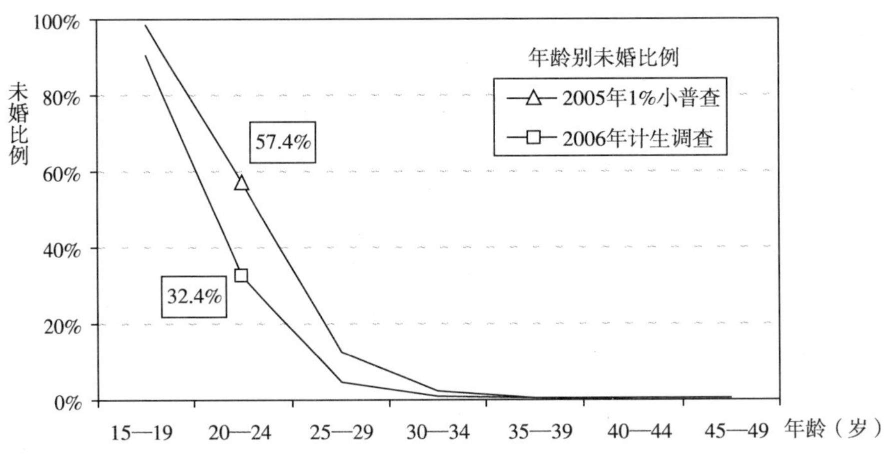

图6—4　2006年计生调查的年龄别未婚比例显著偏低

资料来源：《2006年全国人口和计划生育调查数据集》、《2005年全国1%人口抽样调查资料》。

这种样本分布偏差与该调查反映的“近年生育率回升”及其“一孩生育堆积”现象完全契合。图6—5提供的2006年调查的各年份年龄别一孩生育率（数据集的表1－38－1）曲线表明，该调查反映的2003年及以前各年份的年龄别生育率其实与 2005 年小普查的相应水平极为接近，但 2006 年调查的 2004 年和 2005 年的生育率曲线则正是在 20—24 岁和 25—29 岁远高于以前各年的一孩生育率。至于 15—19 岁组的差别不明显，主要是因为这个年龄段的女性绝大多数尚未成婚，因此其生育率绝对水平太低，以至于 2006 年调查的样本偏差没有得以充分显现。所以，我们可以断定，2006 年计生调查由于其样本存在严重偏差导致其反映出严重一孩生育堆积，并进而错误地反映出近年总和生育率的显著"回升"！

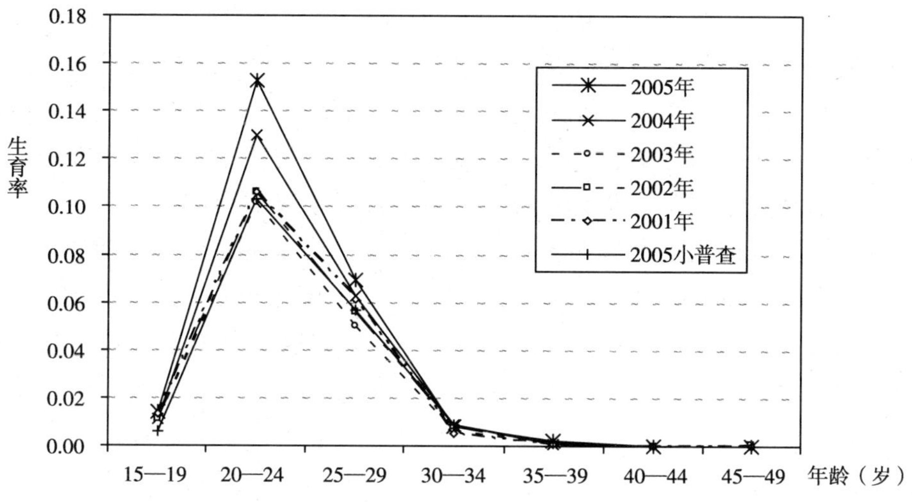

图 6—5　2006 年人口调查的各年份年龄别一孩生育率

资料来源：《2006 年全国人口和计划生育调查数据集》、《2005 年全国 1% 人口抽样调查资料》。

七　该调查生育率的偏差幅度及其矫正结果

已知的样本偏差是可以通过统计调整来取得一个无偏的生育率估计的。如果按宽松口径加以调整（郭志刚，2009），可以将 2006 年计生调查的 2005 年总和生育率从原来的 1.736 降为 1.497，而同年的一孩总和生育率也从原来的 1.227 降到了 1.024。于是，不仅该年总和生育率的飙升不见了，而且一孩总和生育率的严重生育堆积也几乎消失了。而按严格口径的统计调整（郭志刚，2010），则可以将该调查的2005年总和生育率直落为1.31，而同年的一孩总和生育率则降到了0.86。按从严口径的调整结果来看，其实2006年计生调查的生育率不仅没有飙升，甚至比2005年全国1%人口抽样调查的总和生育率（1.33）还要略低，并且该调查原来呈现的“一孩生育堆积”现象也完全消失。所以，2006年调查因为大量遗漏年轻未婚妇女的偏差导致其总和生育率统计偏高了16%—33%，导致其一孩总和生育率统计偏高了20%—43%。其中，在对整体生育率水平影响最大的20—24岁组中，这种偏差导致总和生育率和一孩生育率都偏高了58%。

那么，为什么2006年计生调查的较早年份生育率会与其他全国调查统计水平差不多呢？其原因是，调查样本对近期迁移流动的选择性只能突出近期生育结果，而不会影响样本案例以前的生育情况。比如，在一个妇产医院做调查便会存在极强样本选择性，凸显分娩期妇女的特点，导致调查的总和生育率值高到难于想象，还会伴随严重的一孩生育堆积特点，但是并不会使这些住院产妇以前的生育水平提高。此外，这种样本偏差是在生育率越高时影响才越大。图6—4能够反映出，2006年计生调查样本在15—19岁和30岁及以上也存在未婚比例有偏，然而图6—5从一孩生育率上反映的偏差却相对不太明显，就是因为这些年龄组的一孩生育极少。所以，对一个近乎于0的生育率即使偏高200%后也还是与0的差别不大。出于同样的道理，由于近年来全国处于低生育率，二孩总和生育率基本处于0.4以下，而多孩总和生育率则不到0.1（参见表6—1），因此该调查的样本偏差对其二孩生育率略有可见影响，而对其多孩生育率的影响根本看不出来。

八　小结

2006年人口与计划生育调查呈现的“近年生育率回升”既不说明其调查质量高，也不说明近年真有什么显著生育率反弹，只不过是因为该调查样本结构有偏导致了生育率偏差。实际上在该调查取得统计结果时已经知道之前不久刚刚完成的2005年全国1%人口抽样调查的极低生育率结果，然而政府主管部门对此不管不顾，对自己调查的异常结果没有经过任何研究和论证，便急切而轻率地宣布了“近年生育率回升”，掀起低生育率迷茫中最大的一次波澜，严重地误导了全国上上下下对人口和计划生育形势的认识与判断。

稍后，政府主管部门曾经组织人口学者对这次调查的数据进行研究分析。参加的学者通过研究发现该调查数据在许多方面表现异常，因而提出这个调查反映的"生育率严重反弹"存有严重疑点，必须谨慎对待。然而，政府主管部门反而将组织的数据研究草草收场，有关数据和研究成果封存。而全国上上下下包括人口研究和计划生育领域对此情况完全不知情，仍然处于一片"形势严峻"、"生育反弹"的紧张气氛之中，哪还能去正常地研究低生育率和探讨相应对策问题。

一个调查在技术方法上出现问题因而导致估计有偏其实是科学研究中的正常现象，但是借着这种异常的统计结果大张旗鼓地炒作却是不正常的，而且在研究已经发现这个调查结论存在严重误导时却封闭有关成果、阻挠继续深入研究则更是非常不正常的。事实上，这次调查的偏差估计加上政府主管部门组织炒作产生的严重误导影响至今仍未得到澄清。

在多年低生育率迷茫中，2006 年计生调查是个非常典型的事例，折射出人口和计生领域中在思想方法和工作方法上都存在着严重偏差和问题。

参考文献

丁峻峰：《浅析中国 1991—2000 年生育模式变化对生育水平的影响》，《人口研究》2003 年第 2 期。

国务院全国 1% 人口抽样调查领导小组办公室、国家统计局人口和社会科技统计司：《2005 年全国 1% 人口抽样调查资料》，中国统计出版社 2007 年版。

国家人口和计划生育委员会发展规划司：《2006 年全国人口和计划生育抽样调查主要数据公报（2007 年第 2 号）》，中国人口网，2007 年 4 月 29 日。

国家统计局人口和就业统计司：《中国人口统计年鉴》，中国统计出版社 1995—2006 年历年。

郭志刚：《对中国 1990 年代生育水平的研究与讨论》，《人口研究》2004 年第 2 期。

郭志刚：《近年生育率显著"回升"的由来——对 2006 年全国人口和计划生育调查的评价研究》，《中国人口科学》2009 年第 2 期。

郭志刚：《中国的低生育水平及相关人口研究问题》，《学海》2010 年第 1 期。

张维庆等主编：《2006 年全国人口和计划生育调查数据集》，中国人口出版社 2008 年版。

第七章

妇女生育子女数与独生子女状况的队列分析

对于处于迅速转变中的中国人口来说，妇女生育子女数可以从一个不同的角度来反映其所经历的生育过程以及相应的生育水平。另外，当前育龄妇女的子女数结构又是预测未来人口进程的基数数据。而与此类似，现有年轻人口中年龄别独生子女比例及其相应人口数量也可以反映出以往的生育转变，而且独生子女的比例与数量还是计划生育和人口规划的重要依据。本章将专门对这一方面进行研究分析和估计。

一 妇女终身子女数变化反映生育水平不断降低

根据2005年1%人口抽样调查数据对1941年至1970年出生的妇女所做的队列分析表明，越年轻妇女其终身生育子女数越少，呈现出依次递减的趋势（图7—1）。

比如，1941年出生队列的妇女在其32岁时（1973年）赶上全国实行计划生育，这时她们的生育高峰期几乎已经过了，但是显然计划生育仍然多少抑制了她们的高孩次生育，这个队列的终身平均生育数为3.66。而1970年出生队列在2005年调查时约为35岁，她们的生育进程已经完全处于现行生育政策之下，其平均生育数仅为1.54。虽然她们的生育尚未结束，但是根据人口统计规律，她们未来可能增加的平均生育数量几乎可以忽略不计。这就表明，这个队列的生育基本上符合了现行生育政策的要求，即平均每个妇

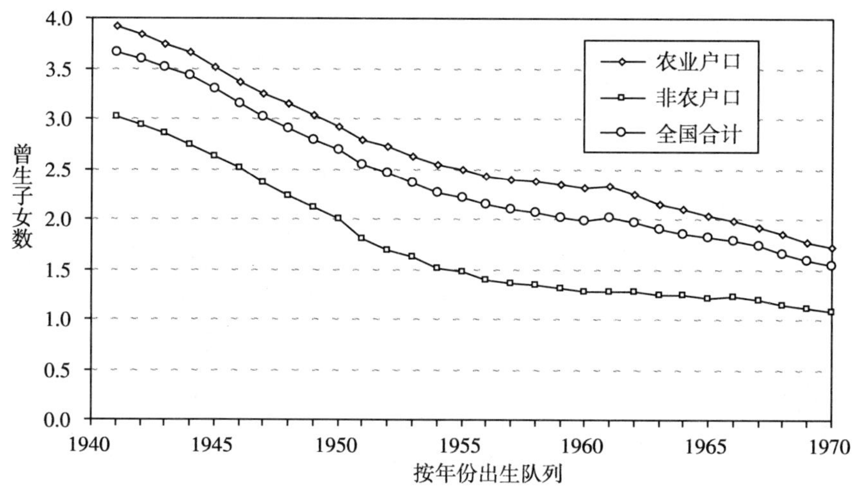

图 7—1　各出生队列妇女的曾生子女数

资料来源：根据 2005 年全国 1% 人口抽样调查样本数据计算。

女生育 1.47 个孩子（郭志刚等，2003）。

同时图 7—1 还显示出，无论是农业户籍妇女还是非农户籍妇女，终身生育数都同样按照队列依次减少。这里之所以按照户籍类型来划分城乡，是因为现行生育政策是与育龄妇女的户籍所在地挂钩的。[①] 1970 年出生的非农户籍妇女队列平均只生育了 1.09 个孩子，大体上符合了城镇计划生育的独生子女要求。而同一出生队列的农业户籍妇女则平均生育了 1.72 个孩子，根本不像以往传说的农村妇女平均有 2 个孩子，甚至都远低于宣传中所说的 1.8 的生育水平。当然，如果非要把那些更老的、受计划生育影响不大的出生队列加进来，也可以计算出农村妇女平均有 2 个孩子，不过这实际上是过去时的统计，并不代表现在正在发生的情况，更不能反映未来趋势。

纵观上述这些队列的终身生育数依次递减的趋势后，便很难再相信多年来全国生育率稳定在 1.8 左右的说法。而且从变化趋势来看，在以后的人口调查中一定会反映出更晚的出生队列将生育更少的孩子。

---

① 比如，对于从农村流动到城镇的妇女而言，她所要遵守的不是城镇现住地的生育政策要求，而是服从其原户籍地的生育政策要求。

二 中国现有独生子女的数量与变化趋势

我国的独生子女生育政策已经推行了三十多年，不仅导致了生育率降到很低水平，而且在城乡都产生了大批独生子女及独生子女家庭。但是，现在中国的独生子女到底有多大数量，一直并没有把握得很清楚。然而，独生子女及家庭的数量及比例不仅对计划生育工作具有重要意义，而且也是对未来人口发展预测与规划的基础数据。此外，现有独生子女的数量实际上是以往多年生育水平的产物，所以这个数量可以从一个新的角度反映出以往生育水平。

在以往的独生子女研究中，不少是根据国家计生委不时对外提供的零星独生子女数统计数据。但是，学者们也发现了这种数字并不是独生子女数，而是领取独生子女证的统计，并且往往并不包含当时 15 岁及以上的独生子女，因此“只是现实社会中实际存在的全部独生子女中的一部分”（风笑天，2006）。并且，实际上就是 15 岁及以下的少儿人口中也还存在一部分独生子女并不领取独生子女证，所以国家人口计生委提供的这种统计结果往往比实际情况偏低。

由于一直缺乏独生子女方面的直接数据，多年来人口学者在根据人口普查和人口抽样调查数据估计独生子女数量和比例上做出了不懈的努力（杨书章、郭震威，2000；郭志刚，2001；王金营，2001；宋健，2005，2006；杨书章、王广州，2007；王广州，2009）。如此多种的独生子女人数估计，一方面反映出政府部门、研究人员和社会公众对此项数据的关注，另一方面也反映出事实上这一统计数据来源多头，但并没有确切的统计出处和权威性。

三 终身独生子女的统计口径

问题的复杂性还在于独生子女这种属性本身的复杂性，其实它有两种不同口径（郭志刚，2001）。

一种独生子女口径是我们通常所指的终身独生子女属性。这意味着这些孩子的独生子女属性将保持终身不变。这种口径的独生子女才是计划生育工作和人口发展研究中真正关注的独生子女。另一种是所谓届时独生子女，是指到某一时点为止，没有其他兄弟姐妹的孩子。但是，这些届时独生子女将会随着其父母再生育出弟弟妹妹而转变为非独生子女。可以推断，同一出生队列的独生子女比例是随其年龄提高而不断下降的。换句话说，就是每一个二孩的出生，就意味着以前出生的一名独生子女变为非独生子女。

因此，届时独生子女属性容易识别，也容易收集数据；而终身独生子女属性很难识别。以至于往往需要通过一些统计方法和假设条件才能估计出终身为独生子女的人数。这两种独生子女口径之间存在一种统计关系：即一个届时独生子女的年龄越大，就意味着他再变化为非独生子女的可能性就越低。这是根据调查收集的届时独生子女数据推导估计终身独生子女数量的一个主要途径。

四　年龄别的届时独生子女比例

2005 年全国 1% 人口抽样调查问卷中新增了一个问项，通过询问所有 30 岁及以下的调查对象有几个兄弟姐妹，收集了届时独生子女数据。实际上，那些没有兄弟姐妹的人就是届时独生子女。图 7—2 提供了根据这次调查的样本数据统计出来的年龄别届时独生子女比例。可以看出，无论男孩、女孩，还是两性合计的届时独生子女比例的确都是随年龄而不断下降的。应当指出，这种下降趋势既包含父母一般性后续生育的影响，也包含着现行生育政策对他们的父母的影响，因为这些不同出生队列独生子女的父母年龄也不同，其生育过程受计划生育的影响也不同。比如，在 2005 年时的 25 岁及以上的年龄组中，男女独生比例之间的差距极小，这是因为在他们出生的年代(1980 年以前)，“只生一个好”还只是一种号召，并未成为强制性管理条例。在 23—24 岁的男女独生比例都有一个凸起，则显然与 1980 年 9 月《中共中央关于控制我国人口增长问题致全体共产党员、共青团员的公开信》号召“普遍提倡一对夫妇只生育一个孩子”有关。而在 20 岁左右的年龄组独生子女比例又略有下降则是与 1984 年后“开小口子”的生育政策调整有关。

图 7—2 中还可以看出，0 岁组女孩的届时独生子女比例明显高于同龄男孩。这种情况既与我国生育中的男孩偏好有关，也与全国农村大部分人口

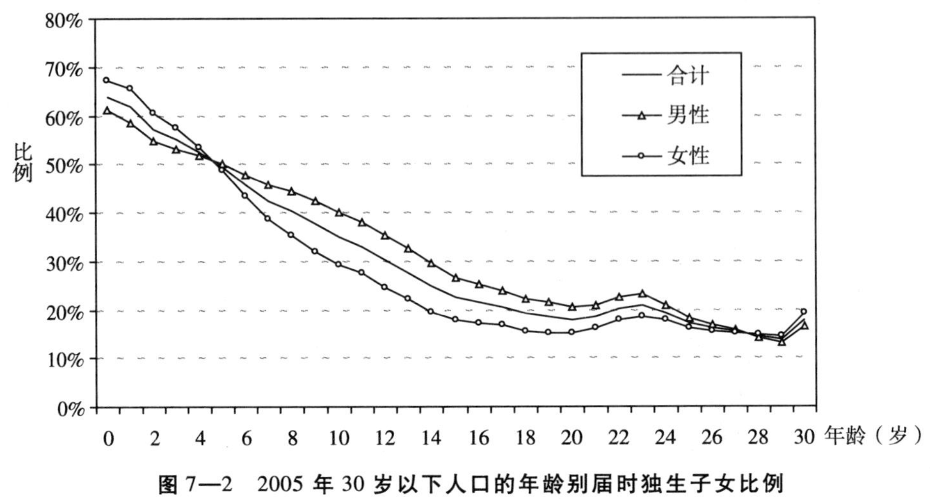

图 7—2　2005 年 30 岁以下人口的年龄别届时独生子女比例

实行“一孩半”生育政策有关。所谓“一孩半”生育政策是指，夫妇生的头一个孩子如果是男孩时就要求停止继续生育，如果是女孩就允许再生一个。于是导致每年出生的男孩中有相对更大的比例已经是第二个（甚至第三个）孩子了。但是，由于没男孩的夫妇更可能追求再生育一个男孩，而有男孩的家庭再继续生育的动力相对较弱，于是女孩出生时为唯一子女的相对比例优势很快就随着年龄的提高而发生逆转。所以，女孩届时独生子女的比例在 1—10 岁中下降速度相比男性要快得多。实际上，2005 年时 5 岁女孩的独生子女比例已经略低于同龄组中的男孩了（48.8% 比 50.0%），而 10 岁女孩的这一比例已经低于同龄男孩 11 个百分点（29.2% 比 40.1%）。10 岁组的届时独生子女比例已经历了 10 年的改变，如果生育政策方面没有大的变化，基本可以视为就是终身独生子女。如果假设条件再宽松一些，那么 7 岁组的届时独生子女比例也可以近似看作是该出生队列的终身独生子女比例了。

五　2005 年全国终身独生子女的数量估计

在进行估计时，将 7 岁或 10 岁以上年龄组各自的届时独生子女比例作为其终身独生子女比例，而 7 岁或 10 岁以下各年龄组的届时独生子女比例以后还会有所下降，但是可以按 7 岁组或 10 岁组的独生子女比例来估计这些年龄组人口中的终身独生子女人数。

此外，我们还需要解决另一个技术问题才能完成整个估计。根据本书第四章第四节对近年人口抽样调查数据的分析，年龄别抽样比实际上与调查的总抽样比存在很大差异。所以，不能根据 2005 年人口 0—30 岁估计的终身独生子女数简单地除以本次调查的总抽样比来推断全国 0—30 岁的终身独生子女总数。为了取得更为恰当的估计，本研究先根据历年《国民经济与社会发展统计公报》的各项人口指标从 1990 年人口普查基础上推导模拟了 2005 年全国分性别年龄组的总人口。然后，在这个全国分性别年龄别总人口估计的基础上，应用上述 0—30 岁组分性别的终身独生子女估计比例，再计算出 2005 年时全国 0—30 岁人口相应的独生子女数。

表 7—1 提供了分别按 7 岁和 10 岁的独生子女比例作为更低年龄组的假定的结果。按前一种假定得到的 2005 年时全国 30 岁及以下的独生子女人数为 1.61 亿，要比后一种假定的估计数多出 1000 万，其中独生子为 9467 万，独生女为 6653 万。后一种假定得到的独生子女人数更为保守，那么终身独生子女数也有 1.506 亿，其中独生子为 9017 万，独生女为 6040 万。值得注意，这两个估计人数都非常巨大，体现了长期实行独生子女政策的影响。

表 7—1 **对 2005 年 30 岁以下人口中终身独生子女数的估计** 单位：万人

推算方法	合计	男	女
7 岁以下按 7 岁独生比例推算	16120	9467	6653
10 岁以下按 10 岁独生比例推算	15057	9017	6040

表 7—1 对 2005 年时我国终身独生子女数量的估计数为 1.5 亿—1.6 亿，然而国家人口计生委在 2007 年所宣称的独生子女数却仅为 9000 万（《中国日报》，2007），可以看出两者之间存在着极大的差异。实际上，政府主管部门公布的独生子女数之所以那样低，无非有几种可能。首先，统计时采取了较低的年龄上限，那么很多年龄较大的独生子女就被排除掉了。除了年龄上限原因外，还有这个公布数字的基础数据到底是什么的问题。要是根据领取独生子女证的登记人数，那么存在有种种漏登情况。但要是根据人口模拟所做的估计，那么无疑是由于其依据了很高的出生漏报率和较高的生育率

估计。

总之，我们根据 2005 年 1% 人口抽样调查数据所做的估计可以大体确定，开展计划生育以来我国产生的独生子女数是介于上述两种估计结果之间，至于这两种估计中谁更接近于真实情况还有待新的调查数据和进一步的研究。

六 小结

在人口调查数据中，能够反映生育过程的信息实际上并不只限于每年的生育数和育龄妇女数以及相应的生育率统计。人口进程是一个整体的系统化的发展过程，因此人口不同侧面的指标之间具有高度的内在一致性。在生育水平争议很大的情况下，人口统计可以将反映人口不同侧面的指标联系起来观察，这样的分析有助于人们辨别生育率的时期波动与长期变化趋势，也有利于掌握生育率的总体情况和变化趋势。在当前情况下，生育率研究不能只将注意力局限于各次调查时的时期生育水平，还应当通过调查数据的信息挖掘，尽量将更多年份的时期指标联系起来观察和比较，才能更好地把握趋势性的变化。并且，除时期生育分析以外，比较不同队列的生育史轨迹也可以更有效地鉴别出生育率变化到底是时期波动还是一种基本趋势。

本章的分析结果表明，不同出生队列妇女的平均生育子女数正在显著地依次减少，而年轻人口中不同出生队列中的独生子女比例正在显著地依次上升。这个研究虽然并没有直接涉及生育率，却从另外的角度刻画出以往 20 年来中国低生育率不断深化发展，因此实际总和生育率根本不可能稳定在一个不变的水平上。

参考文献

风笑天：《中国独生子女：规模、差异与评价》，《理论月刊》2006 年第 4 期。

国务院全国 1% 人口抽样调查领导小组办公室、国家统计局人口和社会科技统计司：《2005 年全国 1% 人口抽样调查资料》，中国统计出版社 2007 年版。

郭志刚：《利用人口普查原始数据对独生子女信息的估计》，《市场与人口分析》2001 年第 1 期。

郭志刚、张二力、顾宝昌、王丰：《从政策生育率看中国生育政策的多样性》，《人口研究》2003 年第 5 期。

宋健：《中国的独生子女与独生子女户》，《人口研究》2005 年第 2 期。

宋健：《中国农村独生子女的数量与分布》，《中国人口科学》2006 年第 4 期。

王金营：《我国独生子女规模估计及其生育政策调整对未来人口控制的影响》，《西北人口》2001 年第 1 期。

王广州：《中国独生子女总量结构及未来发展趋势估计》，《人口研究》2009 年第 1 期。

杨书章、郭振威：《中国独生子女现状及其对未来人口发展的影响》，《市场与人口分析》2000 年第 4 期。

杨书章、王广州：《生育控制下的生育率下降与性别失衡》，《市场与人口分析》2006 年第 4 期。

杨书章、王广州：《一种独生子女数量间接估计方法》，《中国人口科学》2007 年第 4 期。

《我国独生子女数量达 9000 万》，《中国日报》网站，http：//www.chinadaily.com.cn/language_ tips/2007 -01/22/content_ 789410.htm，2007 年 1 月 22 日。

第八章
人口流动对当前生育水平的影响

一　研究的背景与目的

自新中国成立户籍管理制度直至20世纪80年代初期，流动人口数量相对很少。但是改革开放以后，流动人口数量经历了一个迅速增长的过程。1995年全国约有8000多万农村劳动力在外流动。2000年人口普查揭示，全国流动人口数量在1亿人以上（翟振武、段成荣，2006）。而2005年1%人口抽样调查公布结果则表明，全国流动人口数量已经达到1.47亿人。2010年第六次人口普查则表明，全国流动人口又增加到了2.21亿。

更深入的分析表明，流动人口中年轻力壮的劳动力所占比例越来越大。早期流动人口中男性多于女性的局面发生了根本改变，在15—39岁的青壮劳动力年龄组中甚至已经是女性多于男性。现在70%以上的流动人口都是已婚者，而且出现了流动方式家庭化。流动人口离开户口登记地外出流动的平均时间已经达到4.5年，表明很多流动人口是“流而不动”。流动人口主要流向是城市和城镇，这部分人已经占到全部流动人口的84%（段成荣等，2008a，2008b，2009）。

规模巨大的人口流动大潮对宏观社会层面产生了重大影响，与人口流动有关的许多方面已经成为研究的热门话题，然而人口流动对当前生育率的影响却一直没有定论。流动人口的主体是青壮年劳动力，正处于育龄阶段，其中占半壁江山的女性流动人口本身就是育龄妇女，并且其中的大多数正处于生育高峰期，后面的分析还将进一步揭示出：2005年育龄妇女中的流动人口已经占11.9%，而在生育高峰期的20—29岁育龄妇女中则占到19.8%。

在2010年时，育龄妇女中的流动人口已经占到19.8%，而在生育高峰期的20—29岁育龄妇女中流动人口则更是高达27.3%。既然流动育龄妇女已经占到如此高的比例，那么人口流动对当前生育水平的影响究竟如何？这是当前生育率研究中不可回避的一个重要问题。

当前，关于流动人口的生育情况，存在着两种截然不同的观点。一种观点可以用多年前的一个著名小品《超生游击队》来代表。这种观点认为，政府对流动人口的计划生育管理难度加大，甚至一些人本身就是出于超生目的而参与流动，因此流动人口可能是真实生育率较高而出生漏报比较严重的一个人群。

而另一种观点则认为近年来大量人口流动的主体代表了劳动力在经济产业部门的转换和城市化过程。流动人口的主体实际上应该是原来农村中年轻力壮、思想活跃、素质较高的一部分人组成，而流动的目的主要是追求较高经济收益和转变生活方式，因此这种人口流动应该促使了晚婚晚育和生育率的下降。

两种不同观点都是合乎逻辑的。但是应当指出，对流动人口的计划生育管理难度加大虽然是事实，然而却并没有直接涉及流动人口生育率问题，因为计划生育管理难度大并不等于生育率真的很高。然而关于流动人口生育情况的有代表性的定量研究并不是很多，因此实际情况到底如何至今并没有一致的结论。

陈卫、吴丽丽（2006）对以往人口迁移与生育率关系的很多研究进行了文献回顾，从中可以看到，这些研究已经分别从理论和实际角度揭示人口流动迁移促进了生育率的降低。然而，我们从中也可以归纳出能够进一步推进此类研究的几个重要方面。

首先，以往此类统计研究中的相当一部分并没有具体区分迁移人口与流动人口（两类之间的不同在于户籍是否随迁），而这两种人口在社会特征上又可能存在很大差别，那么随之而来的一个问题就是如果单独从流动人口来看生育水平究竟如何。但是，除了一些特殊设计的小规模调查以外，由于人口普查和其他全国大型人口调查数据提供的信息有限，因此在如何识别和划分流动人口方面一直难以操作，这个问题一直阻碍着我们对人口流动与生育率之间关系的深入分析。

其次，由于迁移流动都涉及区域划分，因此有关比较都必须选择一个参照地，比如是将流动迁移人口与流入迁入地相比，还是与流出迁出地相比，而这两种比较的意义是很不同的。当我们想看流入迁入人口对本地生育率影响时，应该将流入迁入人口的生育率与本地原有人口的生育率相比；而当我们想看流动迁移对生育率的一般影响时则应该用流出迁出人口的生育率与原居住地人口相比。然而，一般人口调查数据由于流动迁移信息有限，比较适于做前一种比较，但不太适于做后一种关于流动迁移对生育率的一般性影响的分析。

郭志刚（2008）曾提出另一种开发普查数据信息的分析思路，以反映人口流动对原籍地和现居住地生育率以及对全国生育率的影响。因为流动人口虽然居住地发生变化但并不改变其户籍状况，所以可将市镇人口看作原来的市镇居民加上流入市镇的农业户籍人口，而将县人口看作留在农村的农业户籍人口。于是这种方法虽未直接划分流动人口与非流动人口，却可以通过类别之差来间接反映人口流动对生育率的影响。但是，这种思路并未考虑在农村与农村之间流动的农业户籍人口的情况，其实是将其视为非流动人口。因此，这种思路虽然有助于研究乡→城人口流动对生育率的影响，然而却忽略乡→乡人口流动的存在，自然会带来一定的偏差。

二　研究的数据与方法

2005 年全国 1% 人口抽样调查数据包含了流动人口信息，然而从中筛选出流动人口却是一件很困难的工作。尽管可以根据调查的户口登记地情况（R6）、调查时点居住地情况（R7）和离开户口居住地时间的情况（R8）等信息识别出调查时不在户口登记地的人，但他们并不全是真正的流动人口，因为其中还包括着大量的城市里的人户分离人口，而他们在很多重要特征及生育率方面与真正的流动人口很可能存在着很大差别。

段成荣等（2008a，2008b，2009）根据该数据可提供的信息，提出了一种从 2005 年 1% 人口抽样调查数据中识别流动人口并从中剥离城市人户分离人群的操作方法。他们的研究思路很清楚，也很有道理。同时其分析结果也表明，在识别流动人口时如果不剥离城市人户分离人口便会给统计结果带来很大的偏差。关于上述研究思路和具体操作方法，请参见段成荣等的论文，这里不再赘述。本书中对2005年流动人口的分析直接引用了段成荣等提出的方法，从2005年全国1%人口抽样调查样本数据中识别出的流动人口，并剥离了市区人户分离人口。

对于2010年人口普查样本数据，则是在国家统计局工作人员的协助下，沿用统计部门识别流动人口的标准程序先对普查样本进行了处理，然后对识别出的流动人口进行生育方面特征的比较与分析。

需要说明的是，尽管一直存在对于人口普查和调查数据质量的严重质疑，本章分析并未对这两个样本数据进行任何统计调整，只是直接将分析结果原汁原味地提供出来。这并不意味着我们否认人口调查及其数据存在一定问题。但是，正如在前面章节所述，我们认为多年来对于人口调查数据质量的怀疑过度，而且导致各种各样缺乏确凿证据或方法有误的过分统计调整，其结果反而误导了对人口形势的判断和把握。所以我们坚持认为，人口调查数据总会存在一些缺陷，但是它们仍然能够基本上反映社会实际，仍然是判断人口形势的基础数据，也是检验不同人口判断的重要参照。所以，原封不动地提供数据分析结果，可以反映出调查结果的本来面貌，免去研究者加入的个人主观渲染。尽管这些结果可能存在一些偏差，但是对展示不同人口类型的生育率及其变化趋势是完全可以胜任的。

三　2005年流动人口生育率分析

根据2005年全国1%人口抽样调查数据样本，可以按照不同口径来比较处于流动状态的育龄妇女与处于非流动状态的育龄妇女在调查时点前一年（2004年11月1日至2005年10月31日）的生育率，以反映出人口流动对当前生育水平的影响。

我国户籍分为农业户口和非农业户口，大致对应着改革开放前的农村人口和城镇人口，而城乡的生育政策要求是不一样的，城镇基本实行独生子女政策，而农村的生育限制要比城镇宽松得多。另外，我国人口流动的主要流向又是从农村流向城镇。人口虽然可以流动，但却很难改变他们的户籍类型。按照现行计划生育管理要求，流动妇女在改变现住地后仍服从原籍地的生育政策。

因此，在研究人口流动对生育率的影响时应该按照户籍性质加以区分。如果我们将农业户籍的非流动妇女近似视为原来农村人口中仍然留在农村的人口，并且将其生育率与农业户籍流动妇女的生育率相比较，可以得出对原有农村人口而言，人口流动对生育率的影响究竟如何。同理，在非农业户籍人口中对流动妇女与非流动妇女的生育率进行比较又可以揭示出在原来的城镇人口而言人口流动对生育率产生了怎样的影响。

表 8—1 提供了 2005 年按户籍类型和流动属性划分的分孩次的总和生育率和平均生育年龄，表中最后两行还提供了全国的相应统计结果作为一个总的参照。

表 8—1　　2005 年按流动属性划分的分孩次总和生育率及平均生育年龄

户籍性质	指标	非流动妇女				流动妇女			
		合计	1 孩	2 孩	3 + 孩	合计	1 孩	2 孩	3 + 孩
农业户籍	TFR	1.635	1.012	0.535	0.088	1.188	0.839	0.304	0.045
	MAC	26.32	24.12	29.64	31.51	26.48	24.76	30.33	32.49
非农业户籍	TFR	0.895	0.798	0.090	0.008	0.934	0.797	0.126	0.011
	MAC	26.84	26.34	30.77	33.32	27.70	26.82	32.69	34.40
全国	TFR	1.427	0.964	0.400	0.064	1.137	0.838	0.262	0.037
	MAC	26.37	24.64	29.71	31.64	26.66	25.17	30.59	32.66

资料来源：根据 2005 年全国 1% 人口抽样调查的再抽样样本计算。

注：TFR 表示各孩次的总和生育率，MAC 代表各孩次的平均生育年龄。下同。

结果表明，全国流动妇女的总和生育率只有 1.137，这不仅显著地低于非流动妇女的相应水平 1.427，而且实际上已经达到了极低的程度，两者的总和生育率之间的差距已经高达 0.29。并且，我们还能看到流动妇女的各孩次别总和生育率都是低于非流动妇女的，在一孩、二孩、三孩及以上的三种孩次的总和生育率分别相差 0.13、0.14、0.03。于是我们看到，人口流动导致生育率下降主要是表现在一孩生育和二孩生育上。虽然这两种孩次的生育率之差的值差不太多，但是因为二孩生育率水平要比一孩生育率低得多，所以实际上人口流动导致二孩生育率的相对下降比例更大。

此外各孩次别的平均生育年龄（即表中的 MAC 一行；MAC 表示 Mean

Age at Child - bearing）的统计结果表明，流动妇女不仅在各孩次的生育率上较低，而且各孩次的生育都更晚，即各孩次平均生育年龄都显著地高于非流动妇女。其中，一孩生育年龄要高出 0.53 岁，二孩生育年龄要高出 0.88 岁，而三孩及以上的生育年龄要高出 1.02 岁。这个结果表明，处于流动状态的人口倾向于推迟生育，而推迟生育产生的时期进度效应会显著地降低当年的总和生育率。

图 8—1 中提供了 2005 年全国流动妇女和非流动妇女的分孩次的年龄别生育率曲线比较。从中可以看出，流动妇女在生育高峰期的年龄别生育率十分显著地低于非流动妇女，这反映出处于流动状态会有效地抑制当前的生育。从曲线比较还可以看出，流动妇女在低龄段的生育曲线略高于非流动妇女，反映出流动妇女中早育情况的确相对较多。然而，从一孩生育率曲线比较中可以看出，流动妇女的一孩晚育特点也很突出。流动妇女的早育问题的影响与其生育曲线显著较低相比是微不足道的，因此可以认为人口流动实际上已经在很大程度上降低了全国生育水平。

表 8—1 中还提供了按户籍性质分别统计的孩次别总和生育率及相应的孩次别平均生育年龄。结果表明，农业户籍非流动妇女的总和生育率为 1.635，处于相对较高的位置，然而农业户籍流动妇女的总和生育率却仅为 1.188，两者之间的差距高达 0.45，足以反映在原有农村人口中人口流动对降低生育率的巨大影响！将农业户籍中流动与非流动妇女的总和生育率差距分解到一孩、二孩、三孩及以上三种孩次，得到相应孩次别生育率差异的分布比例分别为 38.8%、51.6% 和 9.6%。于是，我们发现实际上生育率下降最大的并不是一孩生育率，而是二孩生育率，它已经占到生育下降幅度中的一半以上。

但是，人口流动的影响其实比想象的复杂。当我们从非农业户籍人口来看时，流动妇女的总和生育率（0.934）却略高于非流动妇女（0.895）。这个差异主要表现在非农业户籍中流动妇女的二孩和多孩总和生育率都略高于非流动妇女，只是在一孩生育率上差不多。尽管非农业户籍人口中人口流动反而略微提高了生育率，然而在这类户籍人口中，无论是流动妇女还是非流动妇女，其总和生育率都处于极低水平。并且，人口流动对非农户籍妇女生育率略有提高的影响，远远赶不上人口流动对农业户籍妇女生育率大幅度降低的影响。

从表 8—1 中所提供的按户籍性质与流动状态交互划分的各类别妇女在

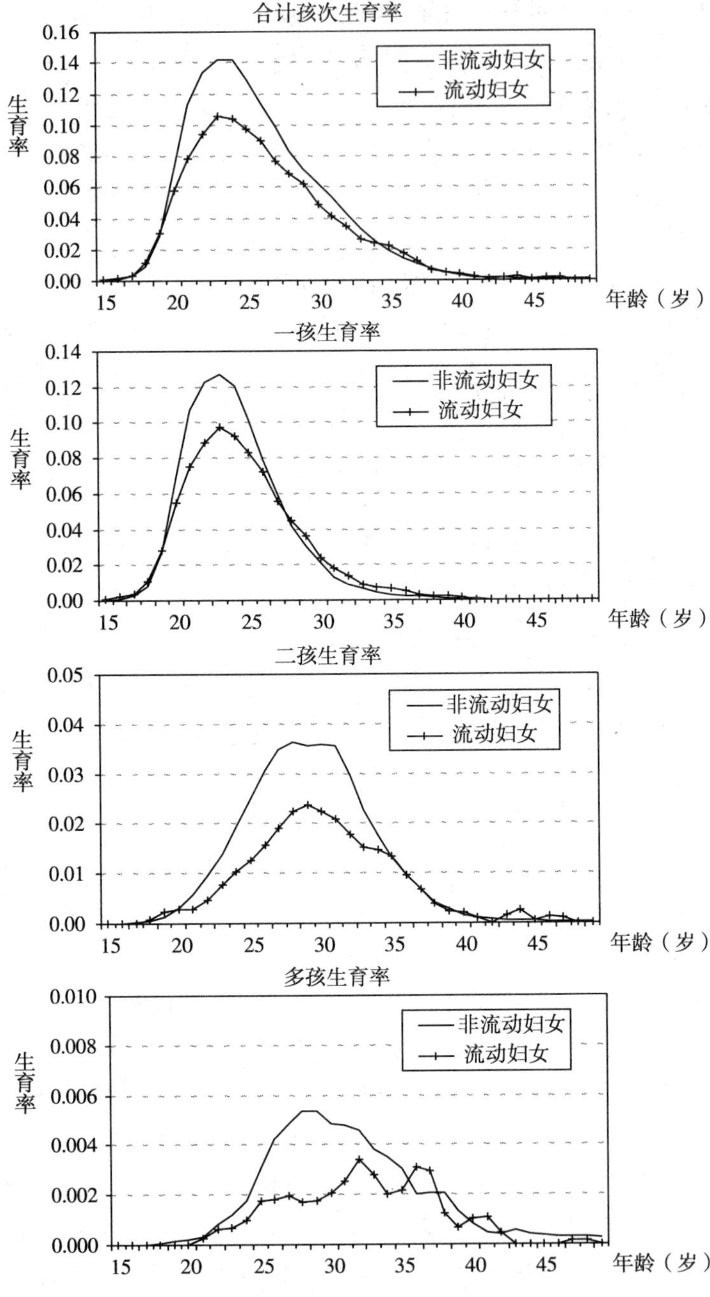

图 8—1 2005 年按人口流动属性划分的年龄别生育率

资料来源：根据 2005 年全国 1% 人口抽样调查的样本数据计算。

各孩次上的平均生育年龄来看，无论农业户籍还是非农业户籍，流动妇女的各孩次平均生育年龄都要显著高于非流动妇女。就农业户籍而言，流动妇女的一孩平均生育年龄要比非流动妇女高出0.6岁，在二孩和多孩平均生育年龄上的差异则更大。至于非农业户籍，流动妇女的一孩平均生育年龄比非流动妇女高出0.4岁，而在二孩和多孩的平均生育年龄却要高出更多。流动妇女各孩次的平均生育年龄显著高于非流动妇女充分反映出流动推迟生育的巨大作用，即使不考虑流动在减少终身生育数量方面的影响，仅仅从流动妇女推迟生育的角度也足以显著地降低时期生育率。

图8—2提供了按户籍性质与流动状态交互划分的四条年龄别生育率曲线。按生育率峰值所在年龄来看，农业户籍妇女与非农业户籍妇女存在着很大差别，农业户籍妇女的生育率峰值年龄要比非农业户籍妇女早2岁，而无论是农业户籍还是非农业户籍的妇女，是否流动在生育率峰值年龄上则并无太大差异。要是按生育率峰值水平来看，农业户籍的非流动妇女自成一类，显著高于其他三类。从表8—1中可以看到，农业户籍流动妇女的总和生育率（1.188）已经十分接近非农业户籍的流动妇女水平（0.934）和非流动妇女水平（0.895）。这三类育龄妇女的生育率都属于极低水平，她们便是当前全国极低生育率的承担者。实际上，即使是农业户籍的非流动妇女的总和生育率水平实际上也不过仅为1.635，并不是很高。

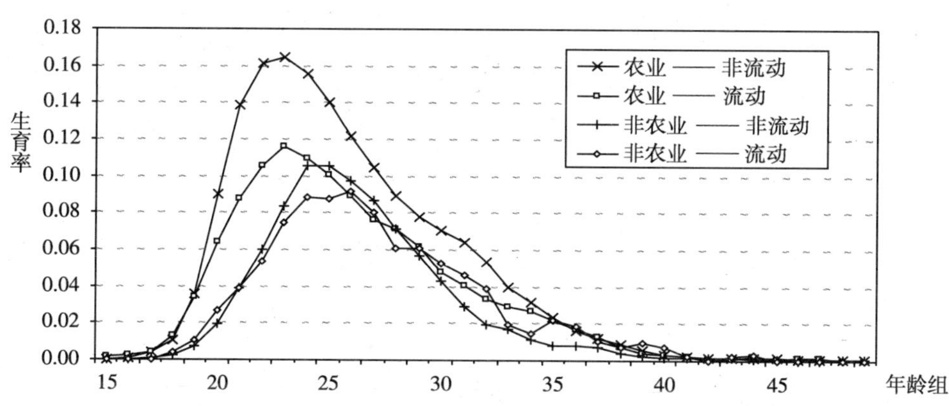

图8—2　2005年按户籍性质与流动状态的年龄别生育率曲线

资料来源：根据2005年全国1%人口抽样调查的样本数据计算。

从2005年全国1%人口抽样调查数据样本的育龄妇女构成来看，这三类极低生育水平的妇女合计共占到全部育龄妇女的36.2%。要是从生育高峰年龄段20—29岁育龄妇女来看，这三类所占比例则更是高达43.1%（见图8—3）。因此，从户籍性质加上人口流动状况交互分布比例来看，由于非农户籍的妇女以及农业户籍的流动妇女的合计比例如此之大，并且她们的生育率水平如此之低，因而当前很低的全国总和生育率统计是可以理解的。至于不少人口学者和计生工作者至今还因为实际调查所揭示的生育率甚至低于全国生育政策的平均要求而感到难以理解，以至完全否定人口调查的低生育率结果，主要是因为他们忽略了当前种种抑制生育率的因素（比如生育年龄推迟、胎儿性别选择流产等），也包括他们对人口流动导致生育率下降的显著影响估计不足，甚至在一定程度上仍然秉持着流动人口等于“超生游击队”的错误观念。

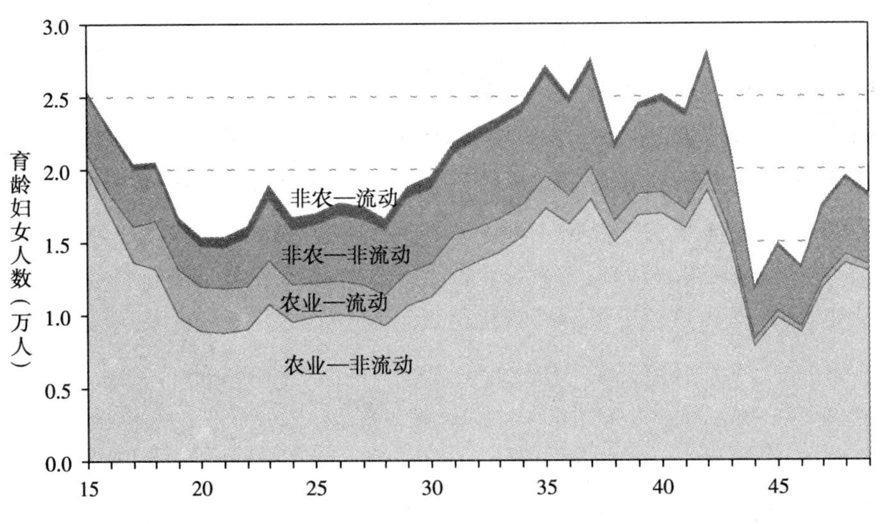

图8—3 2005年1%人口抽样调查育龄妇女年龄与类别构成

资料来源：根据2005年全国1%人口抽样调查的样本数据计算。

从农业户籍育龄妇女来看，流动妇女占其12.7%。而在生育高峰期的20—29岁组中，流动妇女则要占到21.2%。由于农业户籍中流动妇女的生育率要比非流动妇女低得多，在此我们还可以计算一下如果农业户籍流动妇女“并未流动”（即假定她们的生育率仍像农业户籍非流动妇女一样高）条件下的“反事实”全国总和生育率，然后对比样本统计的实际全国总和生育率，以计算出农业户籍妇女中的流动到底导致全国生育率下降了多少。[①] 用2005年调查样本数据进行这种推算，得出“农业户籍妇女无流动”假定条件下的全国总和生育率为1.438，而全国实际总和生育率为1.371。这就表明，“农业户籍育龄妇女的流动”导致全国总和生育率下降了0.068，占“农业户籍妇女无流动”假定条件下全国总和生育率的4.7%。如果以农业户籍非流动妇女的总和生育率（1.635）作为全部农业户籍妇女的“反事实”结果，而全部农业户籍妇女的实际总和生育率为1.545，那么人口流动导致农业户籍总和生育率下降了0.090，下降比例达到5.5%。可见，农业户籍的人口流动不仅降低了农业户籍人口的生育率，也降低了全国人口的总和生育率。

应当加以说明，时期生育率与终身生育数量是从不同角度测量生育，时期生育率很低并不一定代表终身生育水平就一定低。正如以往生育率研究所揭示的，有时时期生育率很低表达的只是暂时性现象，比如遭遇自然灾害和经济困难等时期，而这种状态一结束，便有明显的补偿性生育大量发生，但这种补偿性生育往往并不能完全恢复以往的终身生育水平。人口流动也是一种临时状态，初期总会有更多的困难，然而随着时间延长，条件往往会有所改善，或者结束流动返回家乡，就会恢复正常状态。所以，即使不说人口流动对生育率的抑制影响以后能不能得到完全补偿，仅仅作为一种暂时性状态的抑制作用也可以显著地降低当前生育水平，更何况在宏观层面上人口流动正方兴未艾、层叠继起。

四　2010年流动人口生育率分析

2010年全国人口普查数据提供了流动育龄妇女在调查时点前一年（2009年11月1日至2010年10月31日）的生育率。下面先按表8—1的形式来提供2010年按户籍类型和流动属性交互划分的分孩次的总和生育率以

① 由于非农业户籍的流动妇女的生育率反而比非流动妇女略高，所以接受这个事实。

及相应平均生育年龄（表 8—2）。

表 8—2 2010 年按流动属性划分的分孩次总和生育率及平均生育年龄

户籍性质	指标	非流动妇女				流动妇女			
		合计	1 孩	2 孩	3 + 孩	合计	1 孩	2 孩	3 + 孩
农业户籍	TFR	1.366	0.697	0.540	0.129	1.172	0.760	0.348	0.063
	MAC	27.8	25.1	30.1	32.8	27.8	26.0	30.8	34.2
非农业户籍	TFR	0.837	0.692	0.130	0.015	1.018	0.814	0.174	0.030
	MAC	29.2	28.6	31.6	36.6	30.5	29.4	33.6	42.6
全国	TFR	1.206	0.718	0.400	0.089	1.143	0.770	0.316	0.058
	MAC	28.04	26.22	30.20	32.99	28.26	26.59	31.12	35.05

资料来源：根据 2010 年全国人口普查样本数据计算。

首先，2010 年人口普查结果再次表明，全国流动妇女的总和生育率（1.143）仍是低于全国非流动妇女相应水平（1.206）的，但是两类之间的差距（0.06）已经比 2005 年的情况（0.29）大大缩小了。2010 年时流动育龄妇女的生育水平比 2005 年有微微上升，然而非流动妇女的生育率却从 2005 年的 1.427 降到 1.206，下降幅度达到 0.2 以上。所以，2010 年时主要是由于非流动妇女生育率的大幅下降缩小了与流动妇女之间的原有差异。

表 8—2 的孩次别生育率指标反映出，2010 年流动妇女的一孩总和生育率（0.770）略高于非流动妇女的相应水平（0.718），这种情况与 2005 年时恰好相反。另一变化则是，无论是流动妇女还是非流动妇女，2010 年的一孩总和生育率都比 2005 年明显降低，流动妇女降低 0.068，而非流动妇女则降低 0.246，后者的降低幅度极为显著。

2010 年流动妇女在二孩与多孩总和生育率上则低于非流动妇女，这方面与 2005 年时保持一致。但是，从各类妇女生育水平自身变化上看，无论是流动妇女还是非流动妇女，2010 年的二孩和多孩生育率都比 2005 年相应水平略有提高，提高幅度均在 0.06 以下。

从表 8—2 中的 2010 年各孩次别平均生育年龄（MAC）的统计可以概括出两个结论。首先，这两个年份的统计结果都反映出，流动妇女各孩次生育年龄显著晚于非流动妇女。比如，2010 年时流动妇女的一孩生育年龄要比非流动妇女高出 0. 37 岁，二孩生育年龄高出 0. 92 岁，多孩生育年龄高出 2. 06 岁。其次，相比 2005 年的情况，2010 年时两类妇女的一孩生育年龄差异略缩小 0. 16 岁，主要原因是非流动妇女的一孩生育年龄提高幅度相对更大。这其实正是导致 2010 年时非流动妇女一孩生育率大幅度下降的原因，并进而导致了全国一孩生育率和全国总和生育率的下降。

图 8—4 中提供了 2010 年全国按户籍类型和流动状况交互分类的分孩次的年龄别生育率曲线比较。从其中不分孩次的子图（4）可以看出，两类户籍人口年龄别生育率曲线之间的差异要远远大于同一类户籍中流动与非流动之间的差异。这种特征其实在其他划分孩次的生育率曲线图中也能看出。

从图 8—4 的子图（4）还能看出，农业户籍流动妇女在生育高峰期的生育率十分显地著低于非流动妇女，这反映出处于流动状态会有效地抑制当前的生育。然而非农业户籍中流动妇女生育率在 20—26 岁是低于非流动妇女的，但是在 27—28 岁（即非农户籍妇女的年龄别生育率峰值）及以后流动人口的生育率却显著高于非流动妇女。那么，非农户籍流动妇女是不是为了躲避计划生育才出去流动超生呢？从子图（2）的二孩生育率曲线可以看出有这样的情况，但是从子图（1）的一孩生育率曲线图可以看出非农户籍流动妇女生育的其实仍主要是一孩，并且她们的一孩已经是推迟得太晚而不得不生了。

当然，从图 8—4 的子图（1）的曲线比较还可以看出，2010 年时无论在非农户籍还是在农业户籍中，低龄段流动妇女生育率都略高于非流动妇女，反映出流动妇女中早育和躲避计划生育的情况的确是存在的。但是这种负面影响与流动推迟生育和降低生育率的作用相比是微不足道的。所以，2010 年“六普”数据的生育率分析再一次表明，人口流动推动了全国生育水平的下降。

五　小结

流动人口跨越了现有计划生育管理和统计体制，因此关于流动人口的生育率统计很难得到。以往一些研究已经有所表明，人口流动其实降低了生育

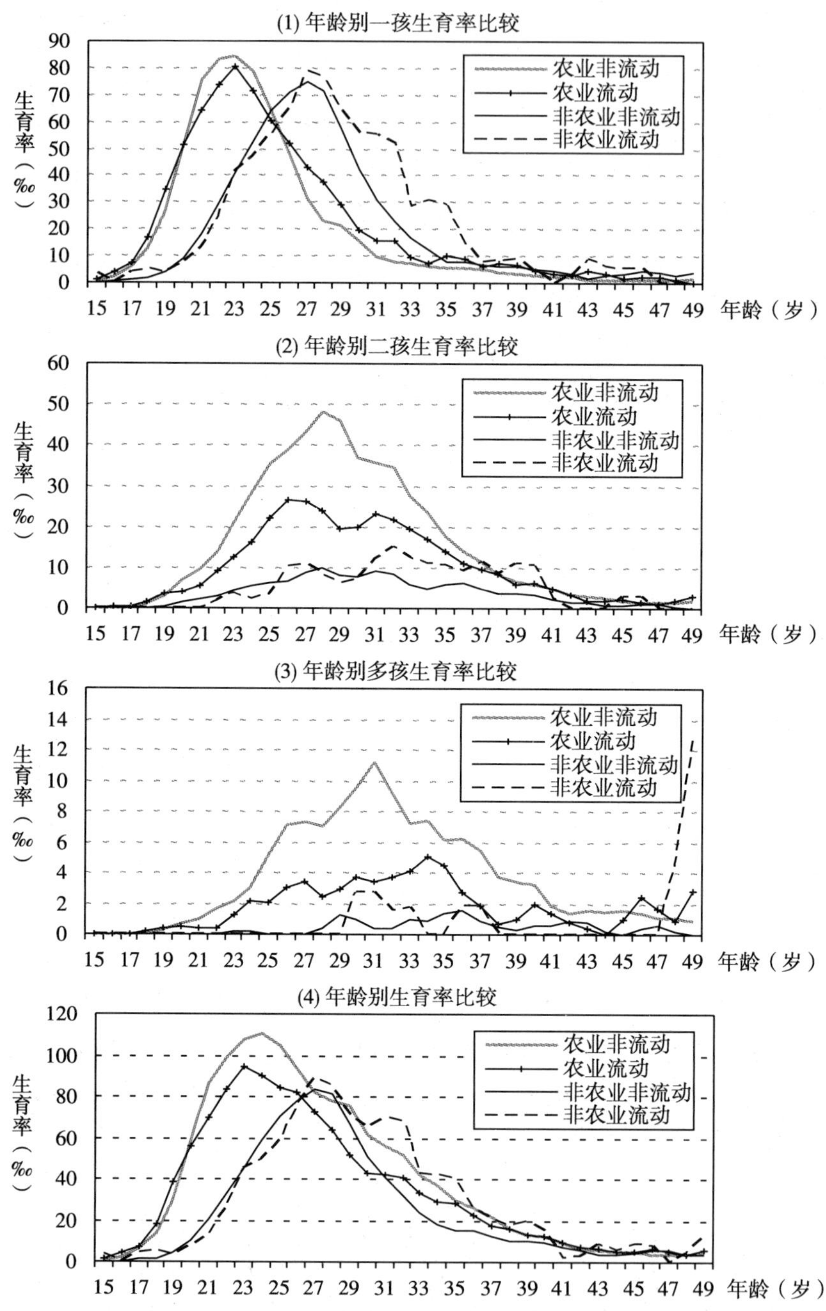

图 8—4　2010 年按户口类型和流动状况划分的分孩次年龄别生育率

资料来源：根据 2010 年全国人口普查 1‰样本数据计算。

率，但是囿于流动人口大量超生的陈旧而错误的观念，对这种研究结论还颇有争议。

本研究通过对2005年和2010年人口数据的开发，按全国和不同户籍类型分别计算和分析了流动妇女的生育率及其孩次和年龄别模式。结果表明，两类户籍人口之间的生育率差异要远远大于同类户籍中流动与非流动之间的生育率差异。人口流动在不同户籍类型人口中对生育率的影响有所不同。农业户籍妇女的流动大大促进了生育的推迟和生育率显著下降，然而对非农业户籍人口而言，流动妇女的生育率反而略高于非流动妇女的水平。用2010年人口普查数据做的进一步分析则表明，非农户籍流动妇女的较高生育率中只有一小部分是二孩和多孩生育，而主要部分其实是推迟到大龄阶段一孩补偿生育。总之，人口流动在全国层面及至农业户籍人口层面上都表现出降低生育率的显著影响，因此可以肯定人口流动的确是中国极低生育率的重要因素之一。

尽管对流动人口的计划生育管理困难和问题很多，流动人口中也的确存在着一些早婚早育和超生现象，然而调查数据实证分析结果揭示出流动妇女的生育率不仅不像人们以往想象的那样高，甚至已经处于极低水平。因此，我们不仅应该看到人口流动对经济社会发展的巨大贡献，而且还应当刮目相看其在降低生育率方面的重要作用，并且应当破除将流动人口等同于“超生游击队”的陈旧错误观念，破除总是将人口流动视为计划生育的不利因素的习惯性思维。

参考文献

陈卫、吴丽丽：《中国人口迁移与生育率关系研究》，《人口研究》2006年第1期。

段成荣、杨舸：《中国流动人口状况》，《中国的社会服务政策与家庭福利国际研讨会论文集》，中国人民大学人口与发展研究中心，2008年3月。

段成荣、杨舸、张斐、卢雪和：《改革开放以来我国流动人口变动的九大趋势》，《人口研究》2008年第6期。

段成荣、张斐、卢雪和：《中国女性流动人口状况研究》，《妇女研究论丛》2009年第4期。

国务院全国1%人口抽样调查领导小组办公室、国家统计局人口和社会科技统计司：《2005年全国1%人口抽样调查资料》，中国统计出版社2007年版。

国务院第六次全国人口普查办公室、国家统计局人口和就业统计司：《2010 年第六次全国人口普查主要数据》，中国统计出版社 2011 年版。

郭志刚：《流动人口对当前生育水平的影响》，《人口研究》2010 年第 1 期。

郭志刚：《中国人口生育水平低在何处——基于六普数据的分析》，《中国人口科学》2013 年第 2 期。

第九章
我国大都市和城镇的常住人口年龄和户籍—流动状况

由于城镇地区人口多年实行独生子女政策，出生率很低，老龄化速度很快。另外，改革开放以来，人口迁移流动的城镇化进程变得极为活跃。农村人口向城镇地区转移，大量年轻劳动力和各种人才向作为社会经济发展中心的大都市集中。于是，人口流迁的调节作用满足了城镇地区发展的人力需求，又在一种程度上缓解城镇的人口老龄化。但是，以往这种模式能够长期持续吗？从可持续发展的角度来看，极低生育率已经在城镇地区延续多年，而且正在向农村地区蔓延发展，这个前景会不会影响未来总体劳动力资源出现短缺，成为我国社会经济继续发展的瓶颈。

为了探讨这个问题，首先应该分析一下城镇地区的常住人口年龄结构，特别是看一看现在城镇常住人口中到底有多少是外来人口，便能理解这些地方以往社会经济的发展对于外部人力资源投入的依赖程度。尤其是特大都市，在我国人口转变和社会经济发展一直处于先导地位，它们的情况可以预示全国城镇地区的前景。然后，还应该分析一下作为劳动力输出源泉的农村地区的人口结构，看一看它们以往的劳动力输出究竟产生了多大影响，并且从人口发展趋势上看一看以往这种劳动力转移是否还能长期持续。

本章的分析源起于分析上海这个大都市特例，本来是为了搞清楚上海户籍人口负增长与上海常住人口正增长之间的关系。然而，初步研究结果揭示出上海对于外来人口的高度依赖性，于是引起我们对这个问题的全局性关注。所以，研究又采用“六普”最新数据进一步扩大到京津沪三个直辖市，然后再探讨全国分城乡的人口状况，逐步地展示这方面的基本情况和问题的全貌。

分析将涉及户籍人口和常住人口这两种不同的人口口径。改革开放以前，人口流动的情况很少，本地常住人口与本地户籍人口之间并无太大差别，所以政府部门公布的人口自然变动统计往往都是以户籍人口作为统计口径，也就是说，其中不含外来人口的影响。然而改革开放以后，人口流动情况越来越多，即在不改变原来户籍的情况下长期在外地工作和生活，于是流入地的常住人口与户籍人口之间的差别就越来越大。后来，各地政府公布的人口统计随之增加了常住人口的统计口径，因为常住人口的统计更适用于本地的社会经济规划。比如，对上海而言，其常住人口中既包含原来就居住于此的户籍人口，也包含大量在本地已经居住较长时间的外来人口。然而，对于人口净流出的农村地区而言，常住人口数则会小于其户籍人口数。所以，户籍人口更多体现了流动前的情况，而常住人口则更多反映了当前的实际情况。

一　2005 年时的上海人口状况

上海市是全国生育率下降最早、目前生育率最低的地区。2005 年以后，来自上海方面的报道纷纷，反映上海户籍人口连续保持了十几年的负增长，生育水平已降至“极限中的极限”[①]。2009 年时，上海户籍人口中 60 岁以上老年人口比例为 21.61%，人口老龄化水平已经比全国平均水平高一倍，已接近日本、瑞典等世界人口老龄化程度最高的国家水平。[②] 可是与此同时，从上海国民经济与社会发展统计公报上却能看到其间上海市常住人口却一直保持着正的自然增长率。上海的人口新问题引发了大量关于可持续发展和人口安全方面的研究和讨论（郭秀云、彭希哲，2006；彭希哲，2008；王桂新，2008；王桂新、沈甜，2008；谢玲丽，2008）。

于是，我们就要关注，像上海市这样的生育率极低、户籍人口数量不断

---

① 《上海连续 15 年户籍人口负增长　生育水平降至极限》，《解放日报》2008 年 12 月 21 日，http：//news. sina. com. cn/c/2008 - 12 - 21/133616891156. shtml。

② 顾金华：《上海老龄化程度比全国高一倍》，《青年报》2009 年 7 月 23 日，http：//finance. ifeng. com/city/sh/20090723/980781. shtml。

缩减、人口老龄化最严重的地区是如何保证上海社会经济正常运行所需的必要人口条件的呢？上海市的经验能否为全国应对未来严重的人口老龄化问题提供借鉴和参考呢？

可以看出，上述上海市人口状况的报道都采用了户籍人口口径，因为从这个角度反映出来的低生育率、人口老龄化和人口负增长方面的情况更为严重。当换用常住人口口径统计时，由于外来常住人口的纳入，实际上对这些问题都会有所缓解。不过，这些问题的缓解主要表现在宏观层面，如果从家庭和代际关系角度来看，就会展示出十分不同的特点，外来常住人口的纳入并不能解决这种微观层面的问题。

不同来源的上海户籍人口自然变动统计都是引自市公安局。将各数据来源汇总在一起，得到上海市户籍人口历年自然变动的统计资料如表9—1所示。

表9—1 **上海市户籍人口自然变动统计**

年份	出生		死亡		自然增长	
	人数（万人）	出生率（‰）	人数（万人）	死亡率（‰）	人数（万人）	自然增长率（‰）
1978	12.36	11.3	6.82	6.2	5.54	5.1
1980	14.31	12.6	7.39	6.5	6.92	6.1
1985	15.43	12.7	8.10	6.7	7.33	6.0
1986	17.75	14.5	7.93	6.5	9.81	8.0
1987	19.02	15.3	8.27	6.7	10.75	8.6
1988	16.53	13.2	8.47	6.8	8.06	6.4
1989	15.91	12.5	8.43	6.6	7.48	5.9
1990	13.12	10.2	8.63	6.7	4.49	3.5
1991	10.08	7.8	8.56	6.7	1.52	1.1
1992	9.37	7.3	9.10	7.1	0.27	0.2
1993	8.40	6.5	9.40	7.3	-1.00	-0.8
1994	7.63	5.9	9.42	7.3	-1.79	-1.4
1995	7.11	5.5	9.79	7.5	-2.68	-2.0
1996	6.79	5.2	9.77	7.5	-2.98	-2.3
1997	6.42	4.9	9.57	7.3	-3.15	-2.4
1998	6.17	4.7	10.13	7.8	-3.96	-3.1

续表

年份	出生		死亡		自然增长	
	人数（万人）	出生率（‰）	人数（万人）	死亡率（‰）	人数（万人）	自然增长率（‰）
1999	6.56	5.0	9.54	7.3	-2.98	-2.3
2000	6.95	5.27	9.45	7.17	-2.50	-1.90
2001	5.76	4.34	9.34	7.05	-3.58	-2.71
2002	6.20	4.66	9.67	7.27	-3.47	-2.61
2003	5.73	4.28	10.07	7.52	-4.34	-3.24
2004	8.09	6.00	9.65	7.16	-1.56	-1.16
2005	8.25	6.08	10.23	7.54	-1.98	-1.46
2006	8.12	5.95	9.80	7.19	-1.68	-1.24
2007	10.08	7.34	10.22	7.44	-0.14	-0.10
2008	9.67	6.98	10.70	7.73	-1.03	-0.75
2009	9.23	6.62	10.67	7.64	-1.44	-1.02

资料来源：1978—1994 年数据引自上海市人口与发展中心网站；1995—2009 年数据引自王志雄主编、上海市统计局编《上海统计年鉴》（2010），中国统计出版社 2010 年版。

根据以上数据，上海市户籍人口进入负增长始于 1993 年。2003 年出生人数及出生率双双为迄今历史最低水平，而该年死亡水平又略高一些，因而人口自然增长也达到迄今最大负值（-3.24‰）。上海 2003 年这种低出生是与全国统计对应的，因为该年正好是民俗认为属相不好的“羊年”。2004 年出生则出现明显堆积，显然有对前一年补偿生育的因素。2005 年出生水平又略有增加，而 2007 年出生人数和出生率又出现更为明显的提高，2007 年出生率比 2006 年高出 1.39 个千分点来，相应的变化率则为 1.23 倍，这是很大的一个相对变化。一个可能原因是与新闻媒体上大炒的“金猪”年有关，另外也可能与育龄妇女结构有关。尽管如此，2007 年的户籍人口自然增长率仍然保持为负值（-0.10‰）。虽然近年来上海市户籍人口出生率存在一些波动，但是因人口不断老龄化，其死亡率也有明显波动并处于提升趋势，其结果导致了户籍人口的自然增长率一直保持负值。特别是 2008 年和 2009 年，户籍人口的自然增长率又返回了负向走低趋势。

上海市人口计生委网站提供了同期更多口径的人口自然变动统计资料

（表 9—2）。上海市的常住人口自然变动统计则显示出其出生率和自然增长率都显著高于户籍人口（约 1.3 倍），而其死亡率则显著低于户籍人口（只相当于其 80%）。因此，虽然户籍人口为持续负增长，但是近年按常住人口口径统计却保持在 +3‰左右的自然增长率。

表 9—2　　**上海市 2006—2009 年不同口径的人口自然变动统计**

年份	统计口径	年末人口（万人）	出生率（‰）	死亡率（‰）	自然增长率（‰）
2006	常住人口	1815.1	7.47	5.89	1.58
	其中：户籍常住	1348.1	6.0	7.3	-1.3
	外来常住	467.0	11.76	1.71	10.05
	户籍人口	1368.1	5.95	7.19	-1.24
2007	常住人口	1858.1	9.07	6.03	3.04
	其中：户籍常住	1358.9	7.4	7.5	-0.1
	外来常住	499.2	13.63	1.76	11.87
	户籍人口	1378.9	7.34	7.44	-0.10
2008	常住人口	1888.5	8.89	6.17	2.72
	其中：户籍常住	1371.0	7.1	7.8	-0.8
	外来常住	517.4	13.75	1.67	12.08
	户籍人口	1391.0	6.98	7.73	-0.75
2009	常住人口	1921.3	8.64	5.94	2.70
	其中：户籍常住	1379.4	6.7	7.7	-1.0
	外来常住	541.9	13.65	1.23	12.42
	户籍人口	1400.7	6.62	7.64	-1.02

资料来源：上海市人口和计划生育委员会官方网站，http://www.popinfo.gov.cn/stat/ssh/；户籍常住人口的统计根据常住人口与外来常住人口的统计数推算估计。

注：由于户籍外出人口数量很少而影响不大，因此在推算中忽略不计。

实际上，两种口径的人口变化趋势之间的差别并不是孰真孰假的问题，而是体现出上海外来常住人口越来越多的影响。根据表 9—2 提供的数据可以推算出，2006 年时上海外来常住人口已经占到全部常住人口的 25.7%，后来这一比例还在继续提升，在 2009 年时已经达到 28.2%。所以，外来常住人口的数量和所占比例对上海市人口发展有重大影响。

表 9—2 中的户籍人口与户籍常住人口相差的只是户籍外出人口，对于上海而言其数量很少，对于推算户籍常住人口的统计影响很小，即使忽略不计，所推算的户籍常住人口统计结果与公布的户籍人口统计也没有明显差别，所以我们可以简单用外来常住人口的结果来直接与户籍人口的自然变动统计加以比较。上海“外来常住”人口的出生率几乎为户籍人口的 2 倍，而其死亡率则不到户籍人口的四分之一。于是，“外来常住”人口便具有了很高的自然增长率，2006 年时为 10.1‰，2009 年时又进一步又提高到 12.4‰。

因此，上海市的外来常住人口越来越多，其在出生率、死亡率乃至自然增长率上的突出特征较大地影响了上海市的人口统计结果。近年来，上海常住人口的正增长率实际上是由于上海所吸纳的大量外来人口及其自身较高的自然增长率的结果。

表 9—3 中提供了各类人口口径出生人口的孩次分布。[①] 可以看出，其间上海户籍人口出生中的一孩比例均保持在 95% 左右，反映出户籍人口出生比较严格地遵循了独生子女政策。而其间上海市常住人口的一孩率则保持在 80% 左右，显著低于户籍人口，其原因是因为外来常住人口实行的是其户籍所在地的生育政策，不一定都是独生子女政策，所以其一孩率（59% 左右）较低，而二孩率（39% 上下）和多孩率（不到 2%）都比上海户籍人口要高。不过，从这样的出生孩次分布来看，上海外来常住人口夫妇平均生育数也远低于 2 个。

表 9—3　　　　2006—2009 年上海出生情况的孩次分布

年份	统计口径	出生总数（人）	一孩率（%）	二孩率（%）	多孩率（%）
2006	常住人口	134201	80.05	18.37	0.58
	外来常住人口	53205	58.77	39.89	1.35
	母亲非本市户籍人口	14890	95.92	4.01	0.07
	非常住户籍人口	190	91.05	8.42	0.53
	户籍人口	81186	95.69	4.24	0.07

① 原数据来源虽然名为某年“生育分析”，其实只是对出生本身的分析，而不是与育龄妇女状况（比如年龄特征）相联系的生育分析。

续表

年份	统计口径	出生总数（人）	一孩率（%）	二孩率（%）	多孩率（%）
2007	常住人口	166600	80.89	18.41	0.7
	外来常住人口	65838	58.13	40.18	1.69
	母亲非本市户籍人口	16931	96.24	3.71	0.05
	非常住户籍人口	247	92.31	7.69	0
	户籍人口	100762	95.76	4.18	0.06
2008	常住人口	166640	80.39	18.76	0.85
	外来常住人口	69926	59.15	38.92	1.93
	婚嫁女性	15462	96.36	3.58	0.06
	户籍流出人口	192	93.75	6.25	0
	户籍人口	96714	95.75	4.18	0.06
2009	常住人口	164600	79.52	19.8	0.68
	外来常住人口	72261	59.81	38.72	1.47
	婚嫁女性	14260	96.21	3.75	0.04
	户籍流出人口	185	92.43	5.95	1.62
	户籍人口	92339	94.95	4.99	0.06

资料来源：上海市人口计生委网站，http：//www.popinfo.gov.cn/stat/ssh/。

注：1. 常住人口出生中含户籍流出人口出生。2. 婚嫁女性出生数为当年婚嫁妇女实际生育数。

在表9—1和表9—2中都能看到上海市户籍人口的出生率在近年有一次明显提升，从2006年的5.95‰一下提高到2007年的7.34‰。从表9—3中相应年份的户籍人口出生孩次比例来看，2007年户籍人口出生的一孩比例比2006年有所提高，而二孩比例和多孩比例有所下降，所以，2007年上海市户籍人口出生率的提高其实并不是由于计划生育管理上出了什么问题，而是源于“金猪年”生育偏好或时期育龄妇女堆积等其他原因。

从表9—4中上海市各年份的准予登记结婚数和初婚人数的统计资料来看，上海市有两次结婚高峰，第一次高峰发生在1980—1985年间，而第二次高峰则是在2006年。这两个高峰之间正好是一代人的间隔。因此，近年出生率和人口增长率的提高与年龄结构因素有关，即初婚高峰引发了出生量的明显提高。

表9—3还反映出，近年来上海市人口计生委开始重视“婚嫁女性”的

出生情况。她们就是户籍不在上海的外来新娘，在以前统计中这一类曾被称为“母亲非本市户籍人口”。由于上海吸引了大量流动人口，于是就产生了这样一种新情况，并且它实际上也是全国其他大城市的人口发展趋势。

表 9—4 上海市主要年份婚姻情况

年份	准予登记结婚（万对）	初婚（万人）	年份	准予登记结婚（万对）	初婚（万人）
1980	16.82	33.07	2001	9.30	15.23
1985	18.24	35.47	2002	9.10	14.60
1990	10.77	19.49	2003	10.82	17.20
1995	8.40	14.61	2004	12.49	20.27
1996	8.96	14.98	2005	10.27	16.44
1997	8.84	15.12	2006	16.56	27.29
1998	8.57	14.48	2007	12.01	18.10
1999	9.05	15.07	2008	14.16	22.04
2000	9.31	15.08	2009	14.99	23.33

资料来源：《上海统计年鉴》（2010）。

根据东方网上的资料，“近年来，上海的‘两地婚姻’数量呈大幅增加态势。另据 2005 年 8 月市政协十届四十四次主席会议审议通过的《关于上海两地婚姻状况的分析及对策建议》透露，2004 年‘两地婚姻’已占全市婚姻登记总数的三分之一。”据解放网上公布的 2007 年 3 月 20 日《新闻晨报》的一篇“上海首份结婚新人调查报告”说：“选择配偶对方是不是上海人并不重要。调查显示，一方户口在上海、一方户口在外地的夫妇数量快速上升。……2006 年，异地联姻的新人有 55992 对，比 2005 年增长了 55.96%。2004 年两地婚姻的新人为 39734 对，2003 年两地婚姻为 30895 对，2002 年为 25628 对，而 1990 年至 1995 年，两地婚姻年平均数仅 5000 对。”上海人两地婚姻的增加，婚姻观念的迅速转变，引发了对外来媳妇及其子女的户口政策的探讨（周海旺，2001；赵丽丽，2008）。2003 年上海市出台了外来新娘在上海生活若干年便可取得上海户口的有关规定，2009 年的“上海户籍新政”也与这种情况有关。实际上，这种两地婚姻数量增长的现象并不是上海专有，在全国其他流入人口很多的大城市和省份如北京、天津、广东、江苏、浙江等地也有显著增长（周皓、李丁，2009）。

表9—3中这种情况的出生中一孩率高达96%，甚至略高于户籍人口。实际上，从其他方面的资料来看①，近年外来常住人口的综合避孕率也为最高，常住人口其次，户籍人口最低。并且，这三种口径的综合避孕率近三年来都有所下降。当然，综合避孕率并不是越高越好，因为夫妇总是要生育的。但是，这个指标可以反映育龄妇女是否准备近期生育，而上海市户籍人口综合避孕率在近年来的下降其实是与大量年轻人口进入婚育高峰期紧密联系的。

以上数据资料已经反映出，上海常住人口出生率和自然增长率变化已经受人口结构很大影响，其中既包括户籍常住人口本身年龄结构的影响，也包括外来常住人口年龄特点的影响。图9—1提供了2005年全国1%人口抽样调查的数据样本汇总的上海市常住人口的人口年龄金字塔，其中还包含了是否为上海市户籍的分类。这一数据样本约相当于全国人口的2‰抽样。尽管这个上海市人口样本未必对实际上海市总人口有很好的代表性，但是足以反映外来人口对上海人口发展的重大影响。

从图9—1可以看出，2005年时上海50岁及以上人口部分还具有金字塔形状，并且各年龄组中虽然也含有外来常住人口，但所占比例几乎可以忽略不计，影响很小。

18—49岁这一青壮年劳动年龄段人口构成了上海人口年龄结构中部非常粗壮的部分，其中各年龄组人口虽有参差不齐，却大体维持在相近的人口规模上。并且，各年龄组中的男女两性人口中外来常住人口均约占一半。也就是说，外来常住人口实际上已经承担着支撑上海社会经济发展的半壁江山，这实际上反映出维持上海社会经济的发展的劳动力刚性需求。并且，这个年龄段同时也就是育龄阶段，所以外来常住人口也构成了上海市人口再生产的另一重要支柱。

与青壮年劳动年龄人口的年龄组规模相比，上海的0—17岁未成年人口各年龄组的规模呈现出巨大的凹陷。在这一低龄段中，外来常住人口占30%以上。尽管所用样本数据并不能提供信息来反映这些非上海户籍的未成

① 《已婚育龄妇女落实避孕措施情况》，上海市人口和计划生育委员会官方网站，http：//www.popinfo.gov.cn/stat/ssh/。

年人口是否在上海出生，但是从图9—1的户籍人口的50岁以下部分亦可以清楚地看出，从20世纪50年代后期，上海人口的生育率就已经开始显著下降，之后的计划生育及其独生子女政策的推行更导致0—40岁年龄段人口规模被强力镌刻，使这两代人的规模都相对其父母一代人数几乎打了对折。这充分地反映出几十年来上海人民为全国计划生育作出的贡献和牺牲。

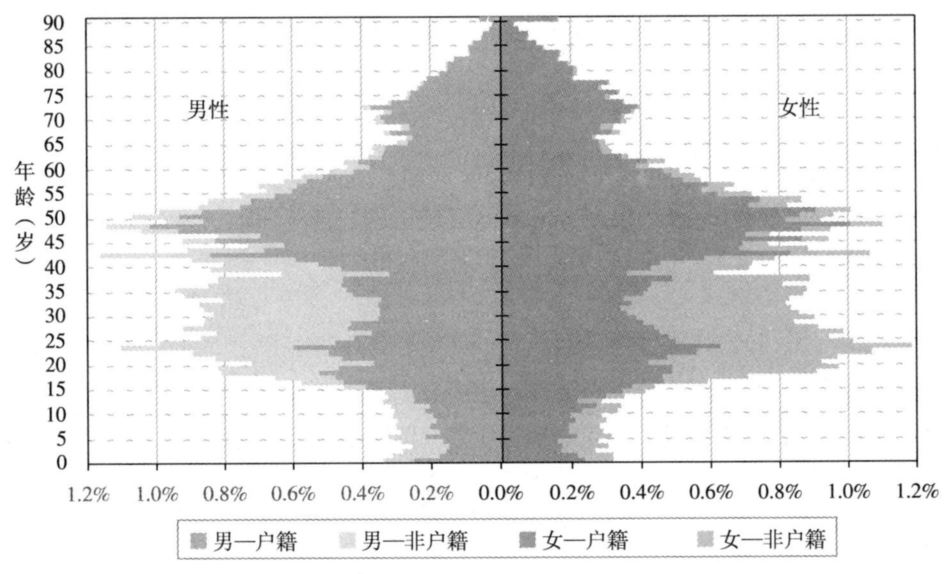

图9—1 上海市2005年常住人口金字塔

资料来源：根据2005年全国1%人口抽样调查的再抽样原始数据计算。

这幅图景使我们看到上海的生育率之低、延续时间之长给上海的人口再生产造成的影响，因而才能真正理解上海方面强调“上海生育水平已降至极限的极限”的焦急心情，因为从人口结构上已经充分反映出长期延续极低生育水平没有可持续性。首先，可以看出改革开放以来原有上海户籍人口的劳动力规模已经远远不能满足上海社会经济发展的需要，因此才吸纳了如此巨大的外来人口规模。其次，上海2005年时的0—15岁少儿人口即将在2020年前陆续进入劳动力市场，显然他们的人口规模更少，将更不能应对上海社会经济平衡发展，因而这一时期仍需要继续吸纳更多的外来人口。再次，上海市户籍人口的老龄化已经接近日本、瑞典等世界上人口老龄化程度最高的国家的水平，然而从图 9—1 可以看出，更大规模的年龄组将在今后 15—20 年内陆续进入老龄阶段，而作为劳动力后备军的少儿人口则严重不足，即使像以往那样靠吸纳外来人口加以补充，也不能改变未来上海的人口老龄化将更为迅速的趋势。并且，吸纳外来人口主要是解决宏观社会经济运行条件问题，却很难对微观家庭层面问题施以援手。最后，上海已经吸纳的外来劳动力对支持上海社会经济发展和养老保障的作用非常大，但是未来他们终将也会进入老龄，上海市是否愿意以及将采取什么方式打破在这些为上海发展作出贡献的外来人口与户籍人口之间的藩篱，给予同等对待，不仅对稳定这些外来人口的“军心”，而且对今后吸纳更多外来人口有重要示范作用。在这一方面，2009 年“上海户籍新政”正在尝试新探索，但是户籍准入口子开得还是十分谨慎，显然不能满足绝大多数常住外来人口的需求。

前面提到，上海“异地（户籍）婚姻”增加和人们择偶观念的改变正在得到社会的关注。从上海市人口婚姻市场的角度来看，图 9—1 提供的信息使我们能更容易地理解上海这一变化的特定人口背景。从图 9—1 中可以看到，上海处于 20—40 岁的结婚高峰期各年龄组中的外来人口数量巨大，有些年龄组外来人口数甚至超过了户籍人口数。因此，当一个上海户籍的青年择偶时，其适龄异性中有一半都是外来人口，这种人口状况无疑会影响他们的选择。无论是男青年还是女青年，都面临同样的处境。事实上，在上海新结婚的夫妇中，不仅外来媳妇本地郎已经很多，而且本地媳妇外来郎也并不少见。结合上海未来人口发展趋势来看，这样的情况还会越来越多。

二　2010 年时的京津沪三大直辖市的人口状况

实际上，上海市常住人口的那些特征也在全国的大城市中普遍存在，只是程度有所不同而已。并且，这种高度依赖外来人口的状况还会在相当长一段时期中持续。2010 年第六次全国人口普查的最新数据可以反映出这种共性。本研究先选择了北京、天津、上海这三个中央直辖市来进行分析。重庆虽然也是中央直辖市，但它成为直辖市的时间较晚，它的许多人口特征与京津沪存在明显区别，因此这里并未将它列入分析。

长期以来，京津沪三市的生育率之低在全国名列前茅。图 9—2 展示了

2010 年人口普查数据中京津沪三市的年龄别生育率曲线，总体上它们都大大低于全国平均水平。其中北京在 30—34 岁年龄组的生育率略高于全国水平，其实是因为北京的年龄别生育率曲线比较特别，晚婚晚育非常突出。它的曲线在 30 岁以前甚至显著低于上海和天津，所以在 30—34 岁时，其他地方生育率高峰已过，而北京这个年龄组的生育率反而还略有提高。要是从总和生育率这个综合水平来看，北京只有 0.707，是这三个直辖市中的最低者。

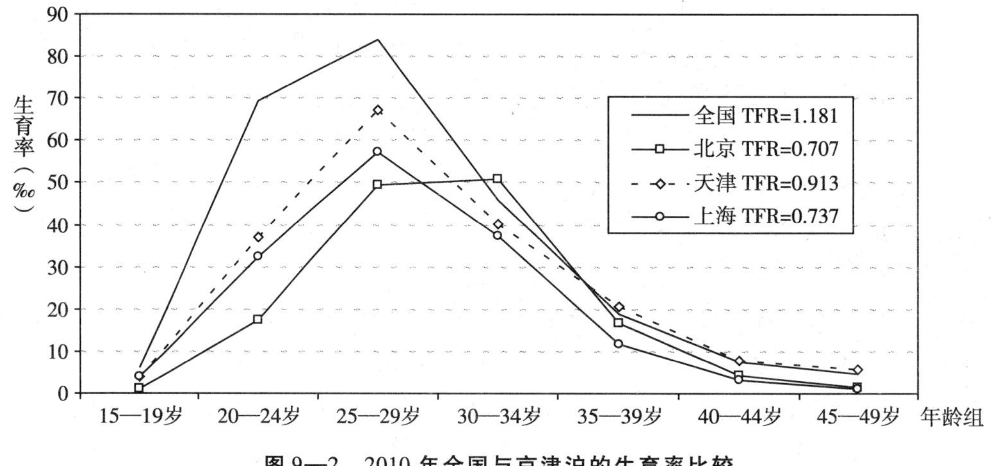

图 9—2　2010 年全国与京津沪的生育率比较

资料来源：国务院人口普查办公室、国家统计局人口和就业统计司编《中国 2010 年人口普查资料》，中国统计出版社 2012 年版（电子版光盘）。

长期的低生育水平自然会导致年龄结构发生变化。表 9—5 提供了京津沪简略的年龄结构指标与全国水平的比较。这三大都市的少儿人口比例都已经极为显著地低于全国平均水平，而它们的劳动年龄人口比例却是显著地高于全国平均水平，显然是因为受到迁入流入年轻人口很多的影响。至于这三大都市的老年人口比例，有的高于全国平均水平，有的低于全国平均水平，其原因除这三大都市在出生水平上差别外，在吸收迁入流入人口方面也有差别。

表 9—5　　　　　　　　2010 年全国与京津沪的简略年龄结构比较

年龄段	全国（%）	北京（%）	天津（%）	上海（%）
0—14 岁	16.6	8.6	9.8	8.6
15—59 岁	70.1	78.9	77.2	76.3
60 + 岁	13.3	12.5	13.0	15.1
合计	100.0	100.0	100.0	100.0

资料来源：《中国 2010 年人口普查资料》，中国统计出版社 2012 年版（电子版光盘）。

图 9—3 提供了更详细的年龄结构曲线比较。其中可以反映出，京津沪三大都市虽然出生水平很低，却都明显得益于吸纳外部迁入流入人口解决了本地劳动力的不足，并缓解了人口老龄化程度。比如，图中全国人口年龄结构比例在 25—34 岁年龄段有显著下凹，要是京津沪人口仅按出生和死亡发生自然人口变化，那么这个年龄段人口比例应该比全国下凹更甚。[①] 但是，在实际人口的该段比例上，京津沪则不仅一点没有反映出下凹，反而还有显著的凸起。这种迹象反映出，京津沪这三大都市依据其社会经济优势吸纳全国其他城镇和广大农村的年轻劳动力，才保证了社会经济发展运行的必要人口条件。

图 9—4 展示了根据 2010 年全国人口普查 1‰样本数据汇总的北京、天津和上海这三个中央直辖市的常住人口按户籍人口或外来人口划分的人口年龄金字塔，它提供了这三大都市吸纳年轻外来人口的直接证据。我们看到，上述归纳的 2005 年上海人口金字塔的特点在 2010 年的三大都市人口金字塔中也有充分体现。在青壮年劳动年龄段中，无论男女，外来人口都占了一半，甚至更多。略有不同的是，这个年龄段中是越年轻的年龄组总人口规模越大。除了吸纳年轻劳动力以外，这三大都市也是全国高等教育中心，因而还召集了巨大数量的大学生和研究生。但是，其少儿年龄段人口带有实行独生子女政策的明显印记，人口规模则显示了极为显著的收缩。所以，在未来 20 年中这三大都市仍非常需要依赖外部输入的年轻劳动力来维持其发展。

① 从代际生育角度来看，京津沪这个年龄段人口比例会因为其父母一代人数较多而产生人口回声，也会自然有所增加，但考虑到这三大都市 30 年来严格实行独生子女政策，因而这种增长量并不会很大。

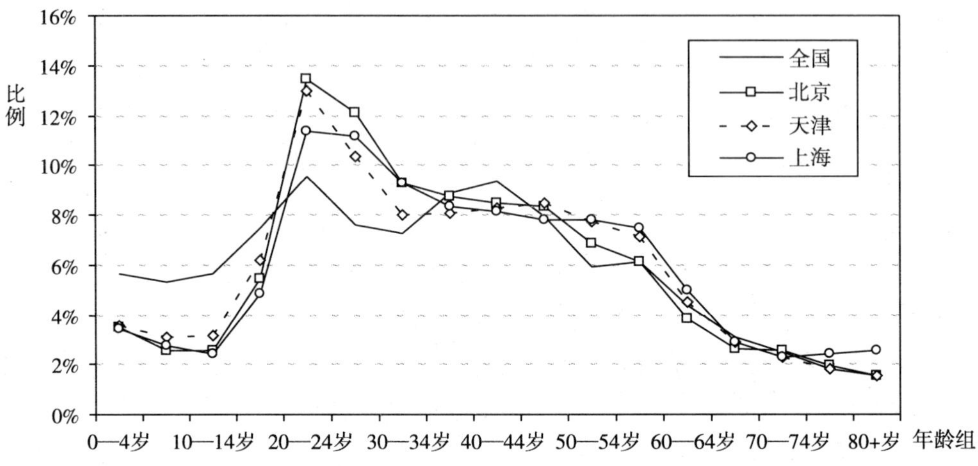

图 9—3 2010 年全国与京津沪的年龄别人口比例

资料来源：《中国 2010 年人口普查资料》，中国统计出版社 2012 年版（电子版光盘）。

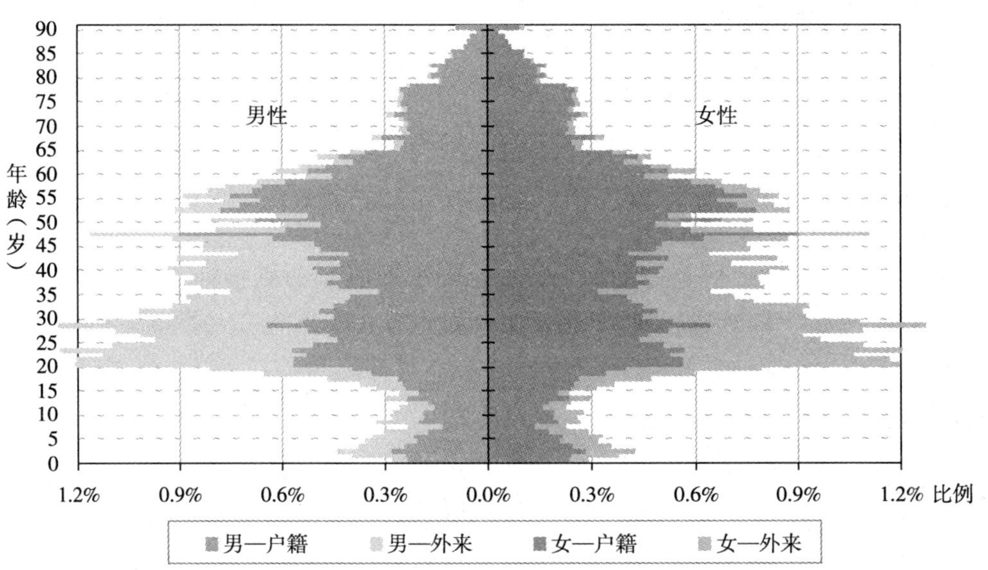

图 9—4 2010 年京津沪三大都市常住人口金字塔

资料来源：根据 2010 年全国人口普查 1‰样本数据计算。

三　全国城乡人口的变化与当前状况

京津沪的人口状况启示我们，全国其他大城市乃至全国城镇也会存在类似的大量吸纳外来劳动力的情况，所以这是中国当前这个历史阶段中一种梯次化的普遍人口现象。

图 9—5 展示了 2010 年全国城镇的常住人口金字塔，其中也划分了户籍人口和外来人口。从城镇的户籍人口部分来看，47 岁以下各年龄组的人口比例几乎是依次迅速缩减，一方面反映出城镇生育率的下降其实早于计划生育，另一方面也反映出长期计划生育中城镇独生子女政策对减少出生的巨大作用。但是同时也能看到，在三十多年改革开放进程中，城镇不断从农村吸纳年轻劳动力，实际上维持了劳动年龄人口数量基本不变的状况。这与前面在京津沪常住人口金字塔图形中看到的情形大同小异。简言之，以往城镇社会经济的发展其实相当依赖于农村劳动力的转移。

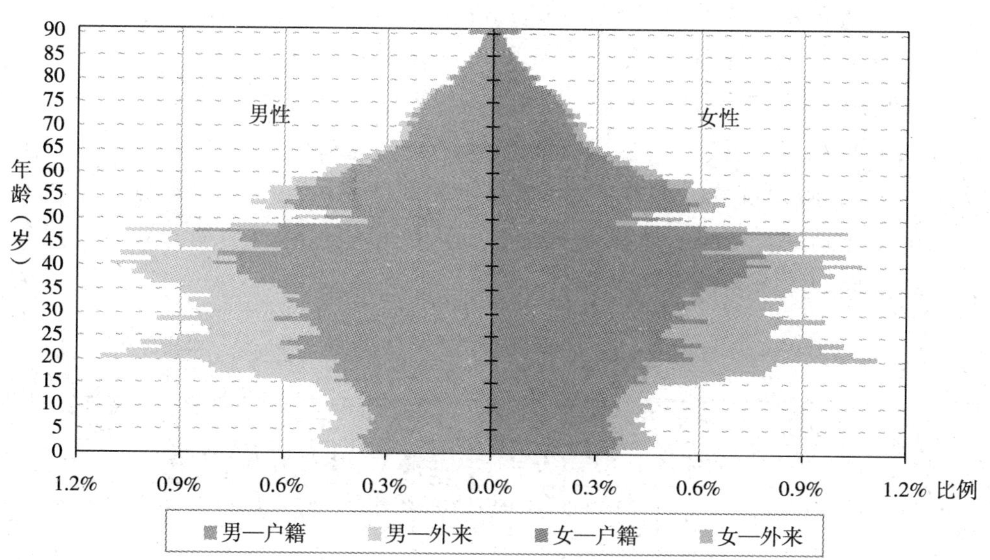

图 9—5　2010 年城镇常住人口金字塔

资料来源：根据 2010 年全国人口普查 1‰样本数据计算。

人口城镇化水平的提高是现代化的表现，但同时也带来一些新的问题，比如它导致中国的人口老龄化居然是由农村人口领先的（杜鹏，1994；王涤、顾宝昌，2005）。2010 年第六次全国人口普查主要数据显示，我国的城镇人口比重已经从改革开放初期 1982 年的 20.9% 提高到 49.7%。这就给我们提出了另一个重要问题，即前 30 年经济腾飞所借助的农村青年劳动力转移的源泉在未来还能持续多久？

我们先从全国城乡人口年龄结构的变化来看。表 9—6 比较了 1990 年、2000 年和 2010 年全国人口普查中分城乡的人口年龄结构比例的变化。早在 1990 年，城镇吸纳农村转移劳动力的过程就已经使农村 60 岁及以上的老年人口比例（8.73%）高于城镇（8.15%），在 2000 年时农村人口老龄化程度已经超过城镇 1.2 个百分点，到 2010 年时城乡这种在人口老龄化方面“倒挂”差距又进一步扩大到 3.3 个百分点。也就是说，城镇人口生得少以前并没有影响城镇经济发展所需的劳动力是得益于大量农村出生人口后来源源不断地进入城镇，成为城镇的劳动力。但是即使在劳动力被大量抽取的情况下，2010 年农村人口的少儿比例也已经从 1990 年的近 30% 迅速下降到不足 20%，甚至低于 1990 年城镇人口的情况。而 2010 年城镇人口的少儿比例仅为 14%，这个水平在《2012 年世界人口数据表》中名列前茅，仅仅比人口少子化最严重的日本（13%）略高一点。而中国的全国少儿比例则与韩国（16%）相差无几。并且，我们发现城乡少儿比例之间的差距正在缩小，从 1990 年的 7 个百分点缩小到了 2010 年的 5 个百分点，表明城乡人口少子化水平正在趋同。于是，这就彰显了以往大规模农村转移劳动力肯定是难以为继的，成为一个新的重大问题。

表 9—6 **全国及分城乡常住人口的年龄结构变化** 单位：%

年龄	1990 年			2000 年			2010 年		
	全国	市镇	县	全国	市镇	县	全国	市镇	县
0—14 岁	27.69	22.33	29.59	22.90	18.42	25.52	16.61	14.08	19.16
15—59 岁	63.74	69.53	61.68	66.64	71.90	63.57	70.07	74.24	65.85
60 岁及以上	8.58	8.15	8.73	10.46	9.68	10.92	13.32	11.69	14.98
总计	100.00	100.00	100.00	100.00	100.00	100.00	100.00	100.00	100.00
总抚养比	56.90	43.83	62.12	50.05	39.08	57.32	42.72	34.70	51.85

表9—6的统计还表明，农村虽然出生水平一直高于城镇，但是由于城镇有选择地大量吸纳了农村的青壮年劳动力，所以农村劳动年龄人口比例在1990年时就已经远远低于城镇。这种“倒挂”的差距幅度从1990年到2010年维持在8个百分点左右。要是从人口总抚养比这个指标来看，城乡以往20年来的变化趋势都与全国一致，处于显著的下降之中。农村一直作为补充城镇新增劳动力需求的源泉，其总抚养比多年来一直显著高于城镇。这种乡→城劳动力转移模式之所以得以成功运转，其实与原来的全国人口结构密切相关。也就是说，以往改革开放和经济腾飞确实借助了人口结构红利，主要表现在充分调动了农村的劳动力资源，使其从过剩状态转化为现实的劳动力。但是，以往人口少子化过程发展很快，已经到了十分严重的地步，因此未来人口结构的变化必将导致以往那种人口红利难以为继。

2010年时我国总的城镇人口比重是49.7%，但如果分成年龄组来计算肯定会有比较显著的差异。根据《中国2010年人口普查资料》数据计算出全国年龄别城镇人口比重。计算时将各年龄的城市人口和镇人口加总为城镇人口，再计算出年龄别的城镇人口在全国人口中所占比重。图9—6提供了统计结果的相应曲线。可以看出，只是在40—55岁之间城镇人口比重处于全国总水平附近，在少儿人口和老年人口中的城镇化比重都在45%以下，远远低于全国总水平。城镇化比重最高的是16—40岁年龄组，都在53%以上，显著高于全国总水平。于是，我们清楚地看到了以前人口城镇化过程中鲜明的年龄选择性。

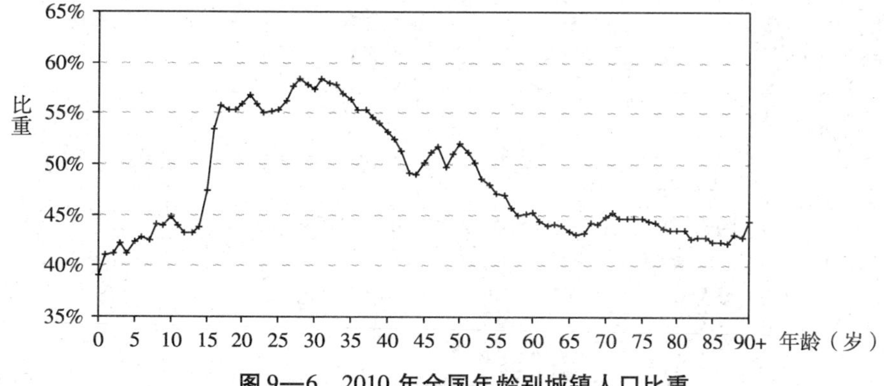

图9—6　2010年全国年龄别城镇人口比重

资料来源：根据《中国2010年人口普查资料》数据计算。

然而，图9—6中少儿人口城镇化比重尚且很低并不代表未来农村还有很多人力资源可以继续供给城镇，因为要满足城镇未来的人力需求，只看城镇化比重这个相对数不行，还必须要看农村少儿人口的绝对数量大小。

图9—7比较了2010年时城乡年龄别人口绝对数的人口金字塔。采用人口绝对数，可以直接比较各年龄组中城乡人口数量的差距。

2010年时城镇人口数（以阴影表示）在15—49岁的人数要显著高于农村（以空框表示）。在20—34岁，城镇人口数大概比农村人口数多出30%左右，城镇人口比重达到56.7%。

农村青壮年大量流入城镇后，留守农村的老年人口和少儿人口形成了相对的“两头沉”。不仅有年龄结构比例的“两头沉”导致其总抚养比显著高于城镇，而且在负担的绝对数量上，农村的老年人口和少儿人口也都显著大于城镇的相应人数。

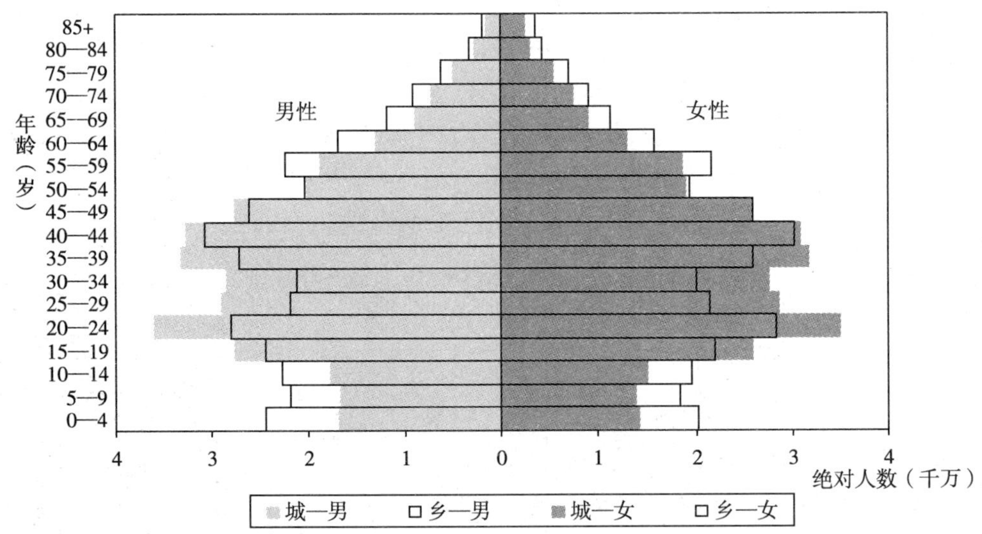

图9—7 2010年全国城乡年龄组人口绝对数的比较

资料来源：《中国2010年人口普查资料》，中国统计出版社2012年版（电子版光盘）。

注：本图横轴是绝对人数，单位为千万人，以便比较年龄别的城乡人口数差距。

图9—7的城乡人口金字塔比较揭示了几个方面的事实：一是全国年轻劳动力分布已经偏重于城镇；二是全国处于生育旺盛期的妇女半数以上都已

经身居城镇；三是农村老年人口负担无论是在相对指标还是在绝对数量上，都超过了城镇。这些方面分别对国家经济运行和人口再生产具有重要的启示意义。

对于图9—7的另一个重要关注是少儿人口年龄组规模相对于劳动年龄人口年龄组规模的变化。少儿人口是未来两种再生产的后备军，这种相对规模变化可以启示未来前景。从图9—7可以看出，就当前农村常住人口而言，农村少儿人口年龄组规模与劳动年龄人口相比略有收缩，但大体上相当。然而农村常住人口是经历大量劳动力转出后的现状，所以这个大体相当已经预示以前那种大量转移模式难以为继，否则农村很难支撑养老负担。而另一方面，城镇少儿人口处的巨大凹陷，预示城镇未来还必须吸纳大量外来劳动力维持社会经济正常运行。这两者形成的矛盾将是很尖锐的，因而可能出现全面的劳动力供应短缺。

所以，从全国人口格局来看，城镇今后已经不可能再像以前那样从农村吸纳大量年轻人口来解决自己的劳动力和老龄化，而将很多问题遗留在农村。所以，除了通过转变经济增长方式和建立养老保障体系以外，还应当尽快将生育率适度提高到更替水平左右才能保证逐渐趋向于人口均衡发展，为经济社会的稳定发展创造一个较好的人口条件。

四　小结

我国城镇地区长期实行独生子女政策，导致其户籍人口年龄结构十分畸形和脆弱，人口少子化和老龄化发展迅猛，实际上依赖源源不断地吸收大量年轻的农村劳动力转移，联合支撑起社会经济的正常运行，宏观上也大大地缓解了城镇人口老龄化。同时，劳动力转移过程改变了农村人口结构。很多人口自然变化所导致的问题本来应该是城镇更为严重，然而由于这种地区间人口流动的调节，反而突出地反映在农村，比如农村人口老龄化更严重，农村人口总抚养比更高，从而有可能制约“三农”问题的解决。

以往这种城镇化模式反映出城镇“自我发展”的倾向。实际上，以往曾转入城镇的农村劳动力肯定会大于本章图示的数量，因为他们随着年老和解决不了城镇户口，最终不能市民化而退返农村，体现在本章图示的农村人口特别是农村老年人口中。由于数据所限，本章未能分解出以往实际过程的这一侧面。可以预期，如果模式不变，未来这个部分的数量只会越来越大，使农村老龄化更为加剧。同时，这种城镇化模式中对外来劳动力“只用不养，用完就甩”的状况也会引发越来越严重的社会不公正感，同样会影响城市和整个国家的稳定及可持续发展。

更重要的是，本章的人口数据分析表明，由于长期生育率过低，全国及城乡的人口少子化问题非常突出，因此以往城镇发展所依赖的农村劳动力源泉正在迅速销蚀，所以未来全国人口城镇化不可能继续以往高度年龄选择的模式。可以说，我国已经处于新的历史阶段，以往总体上劳动力过剩的问题正在转为劳动力不足的问题，而生育率过低这个人口因素则还在加速这个转变。所以应当尽快调整现行生育政策，不仅要努力阻止生育率继续走低和出生人口不断萎缩，而且要设法将生育率提高到更替水平，加强人力资源储备。这一点对于保障人口安全非常重要，因为我国必须认真应对未来 40 年中的急剧人口老龄化。所以，人口问题要着眼长远，新的人口发展阶段有新的问题，必须改变以往形成的惯性思维，不能以为计划生育就是为了减少出生，人口越少越好。只有安全度过未来 40 年，才是中国人口转变的基本完成，也才能够说是计划生育的基本成功。

参考文献

杜鹏:《中国人口老龄化过程研究》，中国人民大学出版社 1994 年版，第 157 页。

国务院全国 1% 人口抽样调查领导小组办公室、国家统计局人口和社会科技统计司:《2005 年全国 1% 人口抽样调查资料》，中国统计出版社 2007 年版。

国务院第六次全国人口普查办公室、国家统计局人口和就业统计司:《2010 年第六次全国人口普查主要数据》，中国统计出版社 2011 年版。

郭秀云、彭希哲:《基于安全视角的上海人口发展问题研究》，《上海行政学院学报》2006 年第 3 期。

郭志刚、李丁:《上海市近年人口发展状况分析》，《中国人口科学》2010 年第 6 期。

秦海霞:《婚姻与纵向社会流动——上海市民的婚姻观念》，《社会》2003 年第 10 期。

彭希哲:《超低生育水平的诠释和应对》，《人口研究》2008 年第 3 期。

王涤、顾宝昌:《从人口学的视角看中国“三农”问题——试论中国农村人口数量变化与社会经济发展的交互影响》，《人口学刊》2005 年第 6 期。

王桂新：《上海人口规模增长与城市发展持续性》，《复旦学报》（社会科学版）2008 年第 5 期。

王桂新、沈甜：《上海人口少子高龄化与和谐社会建设》，《华东师范大学学报》（哲学社会科学版）2008 年第 1 期。

谢玲丽：《认真贯彻十七大精神　推动人口问题统筹解决》，《人口与计划生育》2008 年第 5 期。

赵丽丽：《城市女性婚姻移民的社会适应研究——以上海市“外来媳妇”为例》，《江西师范大学学报》（哲学社会科学版）2008 年第 2 期。

周海旺：《上海市外来媳妇及其子女的户口政策研究》，《中国人口科学》2001 年第 3 期。

周皓、李丁：《我国不同省份通婚圈概况及其历史变化——将人口学引入通婚圈的研究》，《开放时代》2009 年第 7 期。

第十章
生育率预测和中国人口的未来

联合国提供的人口预测数据往往被认为是最具有权威性的。联合国人口司是编制和发布世界人口官方估算和预测的专职机构，负责收集整理世界各国最新的人口信息以及与之相关的经济、社会信息，对当前的世界人口形势进行全面的评估，并由此对世界人口和各个国家的未来发展趋势做出详细的预测。每隔两年，联合国以《世界人口前景》修订本的形式公布其最新的分析和预测结果。迄今为止，《世界人口前景》已经进行了22次修订和更新。联合国发布的人口预测包括高、中、低和生育率不变四套方案。讨论和决策重点关注的通常是中方案，其他方案只作为参考。

联合国最新的《世界人口前景2010修订本》几乎和“六普”数据同时公布。联合国在2011年5月3日发布了《世界人口前景2010修订本》。当天联合国人口司在网上[①]公布对世界人口的最新分析和预测数据，同时也通过各大媒体向世界发布了题为《如果各国生育率在更替水平汇合，世界人口将在2100年达到100亿》的新闻稿。这次新闻公布再次引发了公众对世界人口未来的关注和讨论。也正是根据这一次修订，联合国人口基金会确定了2011年10月31日为“世界七十亿人口日”。不仅整个联合国系统都利用联合国人口司公布的人口信息作为其工作的基础和审议全球性问题的依据，很多国际组织、世界各国政府部门以及大大小小的非政府组织也采用联合国人口司发布的人口数据来制定发展目标、评估政策选择等。联合国人口司公布的人口数据的重要性和影响力不言而喻。

① http：//esa. un. org/unpd/wpp.

值得注意的是，《世界人口前景2010修订本》的一个重要变化是联合国对中国人口的评估和预测作出了重大调整。调整反映在两个方面：一是下调了当前中国人口的总量；二是调整了对中国人口未来趋势的判断。

本章通过分析贝叶斯生育率预测模型和联合国对中国人口的预测，探讨我国生育率下降和人口变化的轨迹和未来。贝叶斯生育率预测模型显示，我国的生育率下降是一个长期趋势。联合国预测表明我国快速迈向老龄社会大势已定，而生育率能否尽快走出低谷将是决定我国人口未来的关键。本章最后讨论人口预测在人口决策中的作用，强调人口预测必须建立在客观和科学的基础上，而不应该只是背书某项人口决策目标的工具。

一　联合国人口预测对中国人口形势的调整

比较2008和2010两个版本《世界人口前景》对中国人口预测的中方案可以发现，联合国对中国人口的峰值预测和长期趋势有了大幅的调整（图10—1）。《世界人口前景2008修订本》中方案预测中国人口的峰值是在2032年达到14.63亿[①]；此后中国人口总量缓慢下降，到2050年时中国人口为14.17亿。而《世界人口前景2010修订本》中方案则预测中国人口在2026年达到峰值13.96亿后迅速下降，到2050年时中国人口下降到12.95亿。和2008修订本相比，2010修订本不仅把中国人口的峰值下调了6700万，到达峰值的时间也提前了6年。到2050年，两次修正对中国人口预测值的差距更达到了1.2亿。上述数据表明，短短两年之间，联合国对中国人口的判断有了巨大的变化。

联合国对中国人口的判断的最直接变化是下调了其对当前中国人口总量的估计。联合国人口司在阐述《世界人口前景2010修订本》和两年前的《世界人口前景2008修订本》的主要差别时特别提到了一点，2010版把2010年年中的世界人口从2008版的69.09亿下调到了68.96亿，减少1300万。[②] 虽

---

① 联合国人口估计和预测用年中（7月1日）作为标准时间，以下叙述中引用联合国的数据，如不特别注明，都为年中人口。

② 《世界人口前景2010修订本》常见问题第十问：“《世界人口前景》2008修订本和2010修订本的主要差别是什么？”，http：//esa.un.org/unpd/wpp/Other－Information/faq.htm#q10。

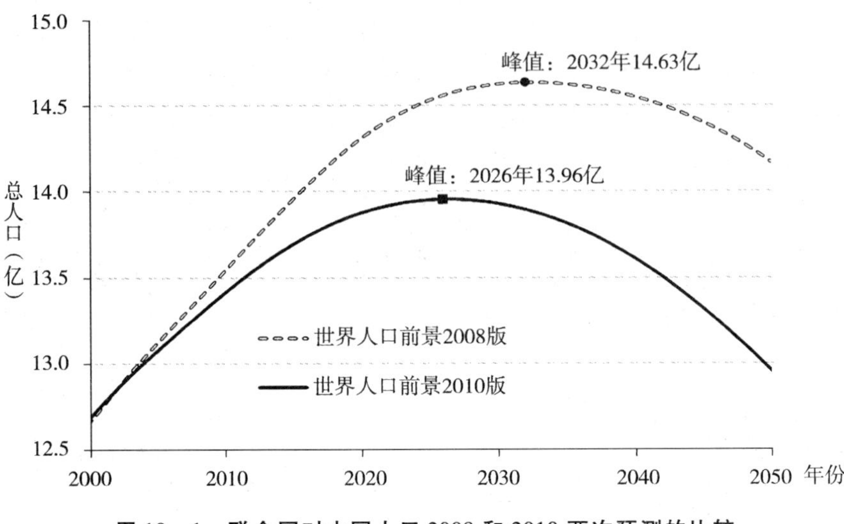

图 10—1 联合国对中国人口 2008 和 2010 两次预测的比较

然联合国没有具体说明，其实这减少的 1300 万全部来自中国。联合国 2008 版《世界人口前景》估计 2010 年年中的中国人口为 13.54 亿，这个数字在 2010 版里被下调到 13.41 亿，正好减少 1300 万。虽然 1300 万对 13 亿人的中国只是总人口的 1%，而 2000 年普查的统计误差就达到了 1.81%①，这样的调整似乎是技术性的。但问题是为什么联合国对中国人口作出了调整？调整的依据又是什么？

联合国对中国人口的评估和预测作出重大调整的根本原因是其对中国生育率趋势的判断有了重大转变。20 世纪 90 年代初以来，除极个别的例子之外，各种调查数据都显示我国的生育率已经下降到远低于维持人口自身再生产的更替水平。多年来，对我国生育形势和人口形势的判断，在中国国内有两种截然不同的声音。一种是以控制人口增长为己任的国家人口计生委为代表，认为我国多年来的生育率一直在 1.8 左右，而且还有反弹的危险。对于各种调查包括人口普查得出的低生育率，则被归咎于出生低报或漏报，认为其并不反映我国的实际情况。另一种声音是过去十几年来国际国内人口学界在深入研究和公开讨论基础上逐步形成的共识。通过使用不同方法对不同数

① 国家统计局公布的 2010 年全国人口普查的统计误差仅为 0.12%。

据分析研究后发现，虽然低报或漏报客观存在，但中国的低生育率也是毋庸置疑的事实；大量经验研究都表明我国的生育率在21世纪初已经降到了1.5—1.6的水平（Cai，2008；Goodkind，2011；Morgan et al.，2009；Retherford et al.，2005；Zhang and Zhao，2006；蔡泳，2009；郭志刚，2000，2009，2010）。作为负责收集和发布中国人口变化的官方机构，国家统计局（2007）在评估2005年中国人口形势时认为当时中国的生育率已经下降到了1.6。根据郭志刚（2011）研究发现，国家统计局在2006年以后就不再像20世纪90年代那样大幅调高每年调查所得的出生总数。

中国低生育率的背后不仅有独生子女政策的影响，更重要的是社会经济发展、教育程度提高、生活压力增加、婚姻生育推迟等原因（Cai，2010；Chen et al.，2010；Morgan et al.，2009；Zheng et al.，2009；郭志刚，2000），同时也是我国融入全球化趋势的必然结果（王丰，2010）。最近几年，世界上其他几大国际人口预测机构，如国际人口咨询局（Population Reference Bureau）、美国人口普查局国际部（US Census Bureau International Programs）都先后把中国2000年以来的生育率水平调整到1.5左右。这些争论也影响了联合国对中国人口形势的判断。

比较联合国对中国生育率的最近三次估计可以看出其对中国生育率判断的变化。从图10—2可以看到，《世界人口前景》2006版判断中国2000—2005年生育率为1.70，以后逐步提高，于2020—2025年上升到1.85并一直保持下去。2008版的中国生育率比2006版有所提高，估计2000—2010年的中国生育率为1.77；但长期趋势和2006版一样，仍然假定生育率会在2020—2025年上升到1.85并一直保持下去。联合国虽然强调它对中国生育率的估计是建立在对中国人口数据多种来源详细分析的情况下得出的独立判断，但《世界人口前景》2008版调高对中国生育率的估计显然是受到了国家计生委此前几年"生育反弹"论调的影响。2006年的"全国人口和计划生育调查"，由于样本偏差极大，遗漏了大量年轻（即30岁以下）的妇女，从而导致我国在2005年前后生育率大幅度回升的假象（郭志刚，2009）。国家计生委在未经仔细审核的情况下，基于这个严重有偏样本所得到的调查结果，大肆宣传"生育反弹、形势严峻"。党中央、国务院在2006年12月17日作出了《中共中央、国务院关于全面加强人口和计划生育工作　统筹解决人口问题的决定》，强调要“千方百计稳定低生育水平”。但很快发现，“生育反弹”根本就是一个子虚乌有的结论，无法得到同期或以后的其他人口调查的印证。在2009年12月召开的“联合国生育率近期和未来趋势专家会议”上，顾宝昌和蔡泳（Gu and Cai，2011）专门就《世界人口前景》2008版调高中国生育率的问题向联合国人口司负责中国人口数据的官员提出了质询，建议联合国人口司应该根据各方面专家学者和各大机构的研究结果来估计中国的生育率，而不是简单采用或者过分倚重国家计生委提供的数据。

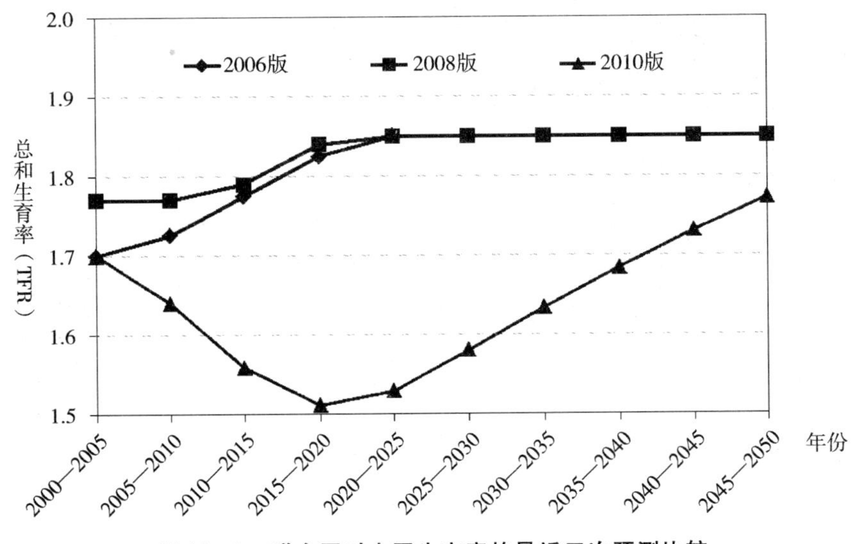

图10—2　联合国对中国生育率的最近三次预测比较

联合国在《世界人口前景2010修订本》中大幅下调了我国近期和未来的生育率。如图10—2所示，联合国估计我国的生育率从2000—2005年的1.7下降到2005—2010年的1.64；并预测未来会进一步下降，一直到2015—2020年的1.51，然后掉头回升，在2045—2050年达到1.77，在2095—2100年达到2.01（图10—2中未显示）。

联合国调低我国当前和未来生育率不仅体现了其对我国当前人口形势和生育形势的一个新认识，同时也是联合国人口预测技术进步的一个结果。《世界人口前景2010修订本》的一个重大技术改进是首次采用随机模型来预测世界各国的生育率。在此之前，联合国人口预测采用的方法一直是以经验数据和专家判断为基础的决定性模型，是一个点和线的估计。然而，和其他任何预测一样，生育率变化具有相当程度的不确定性，只有度量和评价其不确定性，作一个区间和面的估计，才能真正了解生育率的变化趋势。《世界人口前景2010修订本》首次采用了由美国华盛顿大学统计系Alkema等人和联合国人口司共同开发的贝叶斯生育率预测模型（Alkema et al.，2011）来预测各国生育率。贝叶斯预测模型的优势在于该模型可以同时参考本国生育率下降的历史和其他国家生育率变化的经验来预测一国生育率变化的未来，并以随机变量为基础进行仿真模拟计算出未来生育率变化范围，并以此来度量和评价生育率发展的不确定性，从而更好地了解生育率变化的趋势。

《世界人口前景2010修订本》的准备工作是在我国第六次人口普查数据公布以前进行的，所以其和我国第六次人口普查数据的吻合程度可以看作是对这一次修订合理与否的第一项检验。虽然“六普”和任何普查或调查数据一样，可能存在漏报或重报等各种各样的问题，但国家统计局张为民副局长在2011年4月28日公布第六次全国人口普查主要数据的新闻发布会上回答关于“六普”数据质量的问题时指出，这次全国人口普查数据的质量是比较高的，因为不仅普查事后的质量抽查只发现了极低的漏登率，而且人口普查的数据和相关的行政记录，如户籍管理的数据、教育统计的数据、人口计生的出生和民政部门的殡葬数据有比较好的一致性。根据国家统计局公布的“六普”数据，2010年11月1日我国的总人口为13.39亿。这个数字和联合国《世界人口展望》2010版的估计数非常接近，只少了约500万人，差距非常之小。但2010年普查人口和联合国《世界人口展望》2008版相比要少近2000万。[①] 因此，《世界人口展望》2010版要比2008版更接近于中国的实际情况，对中国人口的估计显然更为合理，是对2008年误判的一次重要纠正。

二 贝叶斯生育率预测模型

对当今世界大多数国家而言，影响人口变化三个要素中对人口预测最关

① 两者比较时，已经将联合国估计的中国人口总数用内插法调整到2010年11月1日，和“六普”的标准时间一致。

键的因素是生育率。除少数国家之外，世界上绝大部分国家和地区的国际移民占其总人口的比例都极小，因此国际移民对总人口的影响也非常小。过去几十年的经验表明，死亡率的下降有非常强的规律性。人口学界对死亡率变化的方向和速度有较为一致的看法，以至于联合国的人口预测现在只提供一种死亡率方案。相对迁移和死亡而言，对生育率形势作出正确判断更具挑战性。这不仅因为生育率在下降到更替水平以下之后的走向还有很大的不确定性，人口学界对其未来的趋势还没有取得一致意见。同时也因为生育率在人口预测中具有“乘数效应”，即一代出生人口在二十多年后会生育下一代，如果假设错了，长期预测就可能会产生很大的偏误，正所谓“失之毫厘，谬以千里”。以上介绍的《世界人口展望》2008 版和 2010 版的修正过程就是一个很好的例子，从中可以看到生育率对人口预测的重要性。因此人口预测的关键在于对现有人口数据质量的判断和对人口变化规律的认识。如果对数据不加判别，就容易造成滥用和误用。

虽然大部分人口学家同意人口的长期趋势是生育率必须回升到更替水平附近，否则就意味着一个国家或民族的消亡，但对回升的过程和速度有相当的分歧，其主要原因是世界各地在生育率下降到更替水平以下以后呈现非常大的多样性：有像美国、挪威和爱尔兰等国在略低于更替水平附近徘徊的；有像德国、罗马尼亚、日本那样在下降到更替水平以下后继续下滑到 1.3 左右，然后持续低迷的；也有像韩国、新加坡、中国台湾持续下滑到 1.0 附近，甚至更低的；还有像荷兰、丹麦、法国在降到低位后出现回升迹象的。我们很难从这些纷繁的变化中总结出像死亡率变化一样的普遍规律性。正如联合国《世界人口展望》指出的那样，“未来人口增长在很大程度上取决于今后生育率的变化”。

正因为生育率形势的不确定性和重要性，联合国对每个国家的预测都提供了高、中、低三套不同的生育率方案。在 2010 版以前，《世界人口前景》中方案的设定一般是通过回顾和评述一国生育率的变化过程，并参照其他各国经验作出的“专家判断”。虽然经验判断具有重要的参考价值，但是这种方法具有相当大的随意性。至于所谓的高方案和低方案，只是在中方案的基础上各加减 0.5 个孩子。因此，高、低两个方案既不是可能的上下限，也无法告诉我们生育率到达高方案或低方案的可能性。也就是说，这高、低两个方案并没有实际的解释意义。

针对以上缺点，美国华盛顿大学统计系 Alkema 等人和联合国人口司共同开发了贝叶斯生育率预测模型（Alkema et al.，2011），并首先应用于《世界人口展望 2010 修订本》。贝叶斯生育预测模型是由 Adrian Raftery 领导的贝叶斯人口预测模型的重要组成部分。它的主要特点是通过蒙地卡罗马尔科夫链来模拟生育率的变化的规律，通过对历史数据的校验来形成生育率预测模型。联合国生育率中方案是根据数万次随机模拟生成的中位数方案。在大量计算机模拟的基础上，贝叶斯生育率预测模型不仅可以提供判断生育率未来中间趋势的中位数方案，而且也可以用来计算生育率未来取值的可能范围和不同情况的发生概率。

图 10—3 是联合国预测中国生育率高、中、低三种方案和 Alkema 的贝叶斯模型估计的取值范围比较。图中粗实线是联合国 2010 版预测的中方案，两条点段线分别为高方案和低方案；阴影是未来生育率预测的可能范围。深色阴影是 80% 预测范围，也就是中国未来生育率只有 10% 的可能性在深色

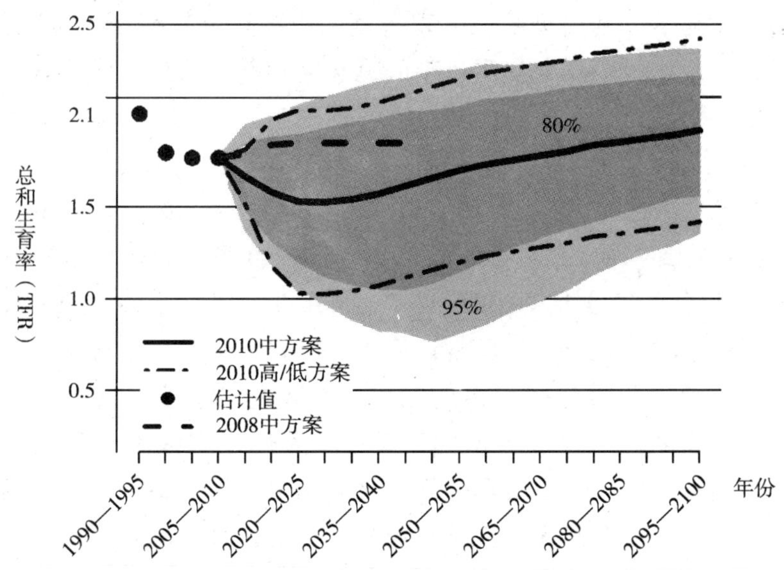

图 10—3　联合国 2010 版对中国生育率预测高、中、低方案和贝叶斯模型取值范围①

① 本图来自 Alkema et al.，2011（第 830 页图 7），中文标记为笔者所加。

阴影之上，10%的可能性在深色阴影之下；浅色阴影是95%预测范围，也就是中国未来生育只有2.5%的可能性在浅色阴影之上，2.5%的可能性在浅色阴影之下。从图中我们可以看到，贝叶斯模型预测的中国生育率未来趋势并不是高低对称的：生育率下滑的深度要超过生育率上升的高度。联合国的高方案是在2065—2070年之前基本处于80%和95%的可能范围之间，而在此以后就落到了95%预测范围之外。而联合国的低方案大部分都在80%和95%预测范围之间，但中间有将近二十年落到了80%预测范围里面。因此联合国的高方案基本上就是中国人口增长的上限，而联合国的低方案却未必是中国人口的下限。

贝叶斯生育率预测模型不仅可以用来预测中国生育率的未来，也可以用来分析中国生育率下降的轨迹。我国人口研究的一个争议焦点是独生子女政策对我国生育率的实际影响。如果没有独生子女一孩政策，中国的生育率会怎么样？假设我们只知道中国1980年以前的生育率变化情况，利用贝叶斯模型我们可以对中国生育率进行预测。贝叶斯模型的预测结果和中国生育率的实际变化相比可以看作是独生子女政策对我国生育率的直接影响。

图10—4显示了利用贝叶斯生育率预测模型估计独生子女政策的效果。为了比较的方便，图中没有使用每年的总和生育率，而只显示了联合国估计的我国五年平均总和生育率。假如没有实行独生子女政策，贝叶斯生育率模型“预测”我国的生育率趋势会继续20世纪70年代中国的生育率快速下降的趋势。按照这一趋势，到2010年，即使没有独生子女一孩政策，中国的生育率也会下降到当前的平均每个妇女生育低于1.6个孩子的水平。

图10—4显示20世纪80年代早期实际的生育率水平略高于贝叶斯生育率模型预测的结果。这似乎很反常，但20世纪80年代初生育率出现反复正反映了当时政策的急躁摇摆和不确定。一方面国家急忙推出了独生子女政策，另一方面又降低了合法婚姻的年龄；一方面强调独生子女政策的强制性，另一方面又允许各地适当调整。政策不确定性导致的人们对婚姻和生育的焦虑。许多夫妇因为担忧政策反复而决定提前生育。此外，独生子女一孩政策过度强调短期目标（如提出到1985年实现人口增长率降至5‰），而忽略了进度效应和代群效应对削弱人口增长势头的影响。贝叶斯生育率预测模型进一步证实表明我国的生育率下降是长期趋势，虽然受到政策因素的影响

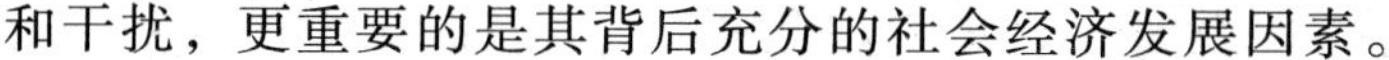
和干扰，更重要的是其背后充分的社会经济发展因素。

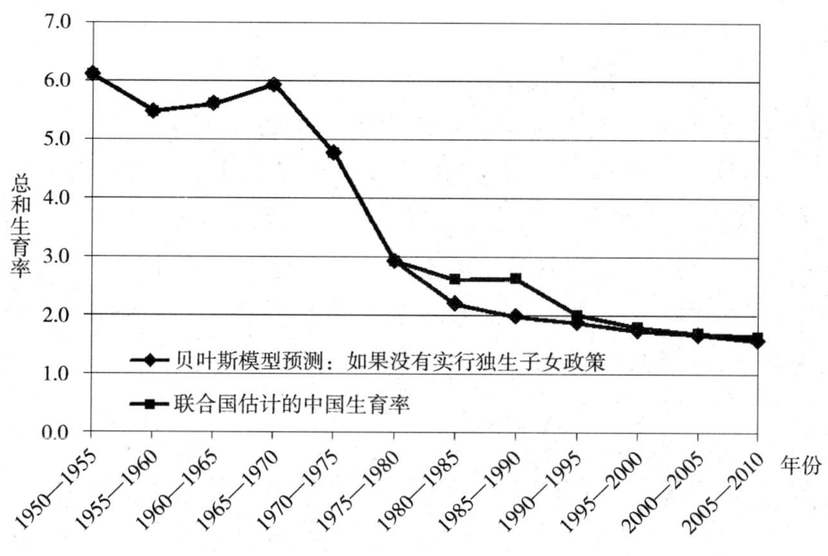

图 10—4 利用贝叶斯生育率预测模型估计独生子女政策的效果

三 生育率变化决定中国人口未来

“六普”的结果再一次证实了国内外人口学者对我国生育形势的判断：我国的生育率水平在 20 世纪 90 年代初跌落到更替水平以下后快速下降，到 21 世纪初已经降到了 1.5—1.6 的水平。国家人口计生委多年来宣传的低报或漏报的出生数并没有在第六次人口普查出现，相反，普查的结果和过去的人口调查有比较好的一致性（郭志刚，2011；Zhao and Chen，2011）。“六普”0—14 岁人口总数为 2.225 亿，平均每个单岁年龄组不到 1500 万。按照国家统计局最近一些年调查得出的分年龄妇女生育模式推算，如果不考虑漏报，过去 15 年我国的生育率已降至 1.4 以下。采用 1.5—1.6 的估计值已经留下 10%—15% 的漏报余地。因此，事实上我国的生育率很可能已经下降到了 1.5 以下。

和第六次人口普查的结果相比，联合国 2010 版《世界人口前景》还是落后于中国人口的变化了。表10—1将我国“六普”人口数据按三大年龄组和联合国2010版《世界人口前景》的估计数进行比较。为方便比较，联合国的估计数已经用内插法调整到2010年11月1日，和“六普”的标准时间一致。和“六普”相比，联合国估计的少儿人口数及其占总人口的比例都更高。联合国估计的0—14岁的人口数为2.587亿，占总人口的19.2%；而“六普”得出这个年龄段的人口仅为2.225亿，只占总人口的16.6%，两者相差多达3620万。同时，“六普”公布的15岁以上的人口数比联合国估计的要多：15—59岁年龄段多出2270万，60岁及以上多出820万。也就是说，联合国2010版《世界人口前景》和“六普”相比，它不仅高估了我国近期的生育率，同时也低估了我国老龄化的趋势。

表10—1　**联合国《世界人口前景2010修订本》和第六次人口普查年龄结构比较**

年龄组	“六普”		联合国2010版预测	
0—14岁	2.225	16.6%	2.587	19.2%
15—59岁	9.396	70.1%	9.169	68.2%
60岁及以上	1.776	13.3%	1.694	12.6%
总计	13.397	100%	13.450	100.0%

虽然联合国《世界人口展望》2010版仍在高估我国当前的生育率，同时低估了我国人口老龄化的速度，但联合国对人口预测的及时调整仍然对了解我国人口未来发展有着重要的参考意义。尤其是，对处于我国这样人口发展阶段的国家进行成功人口预测的关键在于对生育率形势的正确判断，而联合国新采用的贝叶斯模型恰好又提供了度量和评价生育率不确定性的工具，因此《世界人口展望2010修订本》对中国所做的生育率预测对了解我国生育率的变化趋势有重要价值。

图10—5展示了联合国高、中、低三种生育率方案预测中国人口从2010—2100年增长率的比较。因为从图10—3我们已经看到联合国高、低生育率两种方案基本上包含了中国生育率未来变化的可能范围，因此我们可以通过比较联合国高、低方案对应的人口预测数来观察中国人口到21世纪末以前的变化趋势。

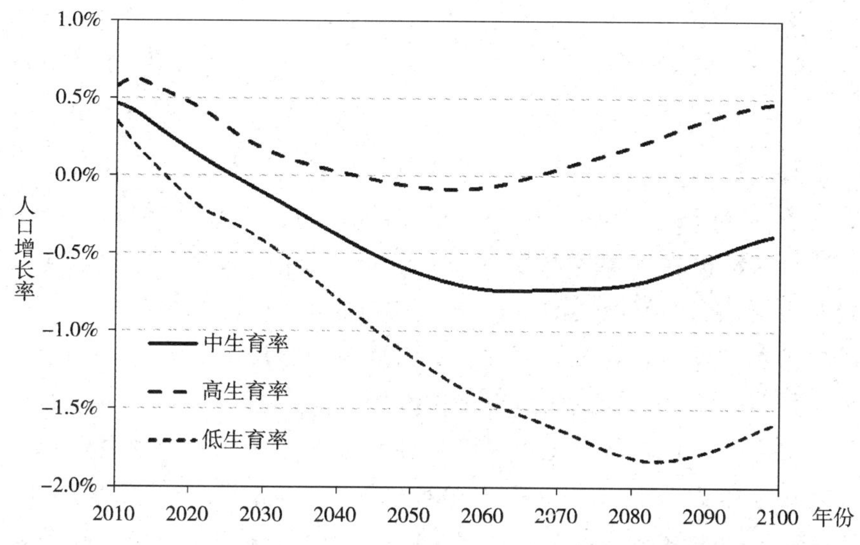

图 10—5　联合国 2010 版高、中、低三种生育率方案对中国人口增长率的影响

根据联合国高、低两种预测方案展示的包络线范围，中国在 21 世纪内人口变化最大的可能性是负增长。按照中方案，我国人口将继续增长到 2026 年，然后转入负增长，而且负增长的速度不断加快，直到 2060 年达到约 -0.7% 才稳定下来。2080 年以后负增长速度有所减缓，但人口缩减会一直持续到 21 世纪末，届时中国人口将会比 2010 年减少 4 亿，约是 9.41 亿，相当于 1977 年的水平。如果按照低方案，我国人口的增长只会再继续 6 年时间，在 2017 年达到峰值 13.6 亿后迅速下降。其后人口负增长的速度更是不断地加速，到 2046 年达到每年减少 1%，然后直到 2080 年达到每年减少 1.8% 的水平后稳定下来。按照此方案，预计到 21 世纪末中国人口将会减少到 5.1 亿，比 2010 年减少 62%，比 1950 年时还少。如果按照高方案，我国未来 90 年人口变化基本上是一个缓慢增长的过程，只是在 21 世纪中叶会经历一段短暂的负增长。增长速度基本在 0.5% 以下，未来 90 年平均年增长率约为 0.18%。最后在 2100 年达到 15.9 亿。在图 10—3 中我们已经看到联合国高方案在 2070 年以后落到了 95% 预测范围之外，所以我国人口增长在 2070 年以后达到高方案所展示的程度的可能性非常之小。总而言之，图 10—5 中所展示的未来中国人口增长率的可能范围，绝大部分在 0 以下的负增长区域。

上面分析的主要关注点是总人口的变化趋势。对于不少仍然受所谓“适度人口论”影响的人来说，人口总量的快速减少可能正是应该追求的目标和努力的方向。但是，人口政策的目标应该是改善国民和社会的福利，而不是人口数量多少本身。因为除了人口数量之外，人口的年龄结构对一个国家和地区的社会经济福利有着重要影响。随着我国近年来人口老龄化加速，越来越多的人已经意识到就社会的平稳发展和家庭个人生活幸福而言，人口年龄结构往往比人口总数起着更为直接也更为重要的作用。

人口预测不仅可以提供人口总量的发展方向，而且还可以使我们更好地了解人口结构的变化趋势。无论是哪一种生育率方案，我国的老龄化水平都会在未来几十年内快速上升，达到 30% 甚至更高的水平。根据联合国高、中、低三种不同方案，我们可以在图 10—6 中清楚地看到我国未来老龄化的趋势。按照中方案，我国 60 岁以上的老龄人口占总人口的比例会在未来几十年内快速上升到 30% 以上，然后直至 21 世纪末一直维持在 35% 左右的水平。如果按照低方案，我国 60 岁以上老年人口的比例会持续上升 70 年，在 2075 达到将近 50%，这意味着整个社会将近一半是 60 岁以上的老人。即使

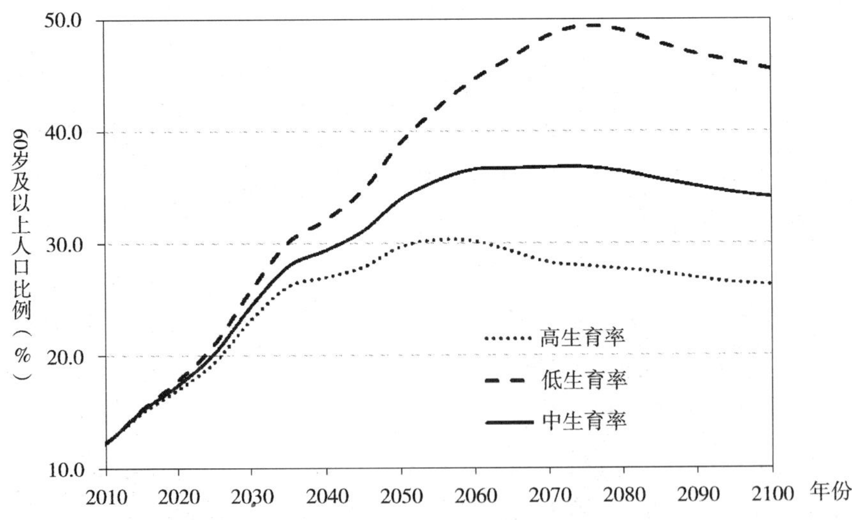

图 10—6　联合国 2010 版对中国人口的三种预测对 60 岁及以上人口比例的影响

按照高方案，我国 60 岁以上老人的比例也会在 2050 年左右到达 30%。虽然此后的 50 年这个比例会有所下滑，但还是会保持在 26% 以上，是我国现在老龄化水平的近两倍。

我国快速迈向老龄化社会大势已定，无法逆转。即使按照生育率高方案，也即我国的生育率能够迅速反弹，并在未来一直保持逐渐上升的势头，老龄化的程度可以缓解，但仍无法改变 21 世纪的中国将是一个老龄化社会的事实。我们唯一能做的就是尽可能地延缓老龄化的速度。但反过来，如果生育率延续下滑的势头，即使有所反弹后也只是在 1.5 以下的低位缓慢上升，那么我国的老龄化程度将有可能会达到惊人的程度。从上面的讨论中我们可以得出几个明确的结论：（1）生育率的高低将决定中国人口的未来。（2）我国面临的主要是生育率过低的问题。（3）如果我国的生育率无法实现联合国预期的在短时间回升，我国的快速和深度老龄化将对我国的社会经济带来前所未有的压力。

四　人口预测对人口决策的作用：是以数为本还是以人为本

人口预测随现实与方法变化而不断改进，是很正常的。但如果对预测假设、方法、结果不加检验调整，甚至以此来决定一个国家家庭百姓的命运，则不仅轻率，而且危险。这方面历史教训不乏其例。联合国人口司根据新的人口形势、采用新的方法，及时调整对世界各国人口预测的目的是为全球和各国的社会经济发展科学决策提供一个可靠的基础。这与我国不久前的一次预测形成鲜明对照。2007 年，包括十多位两院院士在内的三百多位专家学者完成了《国家人口发展战略研究报告》。这个报告对我国人口变化趋势的核心判断与预测的假设，是中国的生育率还在“1.8 左右”并继续保持 30 年。这个报告从而得出了我国人口会在 2033 年达到“15 亿左右的峰值”的结论。不难发现，《国家人口发展战略研究报告》的人口预测和联合国 2008 版《世界人口前景》非常接近。然而，这个刚出炉就过时的报告还未被修正过，至今仍是我国制订社会经济规划的基础。比如，“十二五”规划仍然假定我国人口会以每年 0.7%，即平均每年增加 800 万到 1000 万人的速度增长，而事实上在刚过去的“十一五”期间人口的年增长率还不过 0.5%，平均每年人口增加不到 700 万。

对人口预测的神化与简单迷信，助长了以数为本而非以人为本制定政策的不良风气。对未来人口的预测原本应理解为只是一种计算工具在一定假设下得出的结果，可为参照，而不应机械地当作制定社会和经济政策的标尺。但与简单追求人均 GDP 的思维相结合，这种把人口预测简单迷信化所造成的悲剧还在继续上演。以上提到的对我国人口变化近势做出基本错误判断的《国家人口发展战略总报告》就是在这种“以数为本”和“GDP 挂帅”逻辑下提出把生育率稳定在 1.8 水平上的新目标。这个报告是如此得出结论的：“按照党的十六大提出的 2020 年 GDP 比 2000 年翻两番，人均 3000 美元，倒推 2020 年我国总人口必须控制在 14.6 亿以内，平均总和生育率保持在 1.8 左右，确保全面建设小康社会目标的实行。”如果真是以经济数据来决定人口政策，中国的目标生育率水平早应大大高于 1.8，因为 2020 年我国总人口数绝不会达到 14.6 亿，而人均收入水平现在就已超过了既定目标。

这种从预期的经济目标倒推出强制的人口目标，再强加于百姓和社会，有过先例，这就是至今仍在实行的独生子女政策。这项三十年多前出台的政策的背后就是以经济目标倒推人口目标，错误地认为实现人均国民生产总值翻两番目标必须把我国 20 世纪末的人口总数控制在 12 亿以内。我们现在知道，我国实现国民经济飞速发展的根本原因是改革开放极大地调动了人们的积极性和创造力，宽松的社会政策环境为个人和家庭提供了发展的空间，而不是因为我国实行了以“独生子女”为核心的计划生育政策。世界上也没有任何国家通过控制人口实现了经济的腾飞。事实上，如果我们从实现人口控制目标来评价我国的“独生子女”政策，那么它就是一个失败的政策。我国人口在 2000 年达到了 12.7 亿，远远超过了制定政策时提出的 12 亿目标，但这并没有妨碍我国实现人均国民生产总值翻两番的目标。

同样，中国生育水平下降的最根本原因也不是独生子女政策。我国生育率下降最快速的阶段是在 20 世纪 70 年代，在“独生子女”政策出台之前。当时生育率从 1970 年的每个妇女生育 5.8 个孩子，下降到 1978 年的 2.7 个孩子。而“独生子女”政策实施的头十年，我国的生育率并没有明显下降，而是在 2.5 左右上下波动。我国生育率的进一步下降是在 20 世纪 90 年代，其中有“独生子女政策”和“一票否决”的作用，但更重要的是改革开放后，因为工业化、城市化、教育水平提高等一系列的变化，使人们的家庭和生育观念有了彻底的改变。“独生子女”政策的失败在于政府想让它起作用的时候没起作用，当社会已经完全不需要这个政策的时候，它却还在对人口的稳定发展起反作用。“独生子女”政策的存在还在加速中国人口的老龄化，使中国人口的红利期提前结束。

“独生子女”政策的失败不仅在于错误的经济假设，也在于错误的人口假设。“独生子女”推行的理由就是根据当时的人口预测，要在20世纪末把中国人口控制在12亿以内的唯一办法是一对夫妇只生一个孩子。但事实上，如果继续晚婚加间隔的方法是可以达到同样目标的。以梁中堂为代表的中国人口学者曾大力呼吁过这种方案（梁中堂，1985）。约三十年后的今天，他所开创的山西翼城的试点充分证明了这一点（王丰、顾宝昌，2009）。“独生子女”政策实行五年以后，美国学者 Bongaarts 和 Greenhalgh（1985）用人口预测的方法也说明如果从1985年实行二孩晚育加间隔的办法，中国同样可以实现在20世纪末把人口控制在12亿以内的目标。如果实行二孩晚育加间隔的政策，中国不仅可以避免在推行独生子女过程中紧张的干群关系，而且也会大大缓解中国未来的老龄化压力。

虽然“独生子女”政策并没有为我国的经济发展带来多少利益，但是整个中国社会为实施“独生子女”政策付出的代价却是实实在在的。这个代价不仅是经济上的，更重要的是社会层面上的。我国为推行强硬的计划生育政策，不得不建立机构庞大的计划生育系统，从中央到地方，计划生育机构一共有约五十万工作人员，再加上基层一百多万经常配合计划生育工作的各类人员，国家和地方不得不拨出巨资维护这一庞大的机构。但更大的代价是个人和家庭为此作出的牺牲。全国累计已经有1.5亿个独生子女家庭，这个数字还在以每年几百万的速度增加。从微观来看，这些独生子女的家庭今后在养老等方面都将面临很大的风险，四川汶川地震很多独生子女家庭的不幸经历更显示了独生子女家庭的脆弱性。

从宏观来看，长期的低生育率对中国社会的深远影响同样难以估量。目前，我国相对于每一个60岁及以上的老人，有4.7个20—59岁的劳动年龄人口在工作赋税，但到2030年，大约每两个20—59岁的劳动力就要支持一个 60 岁及以上的老人。不难想象到时候中国社会的养老压力。遗憾的是，这样一个人口快速老龄化的状况已经无法改变，因为 2030 年时 20 岁以上的人今天都已经生出来了，这一群体不会增加，只会因为死亡不断减少。而且人口结构的改变对劳动力供应、消费储蓄都将产生巨大的影响。近年来，一些西方国家因人口老龄化使得养老、医疗等福利开支增加，公共负担加重，从而导致经济和社会危机。这都对我国未来敲响了警钟。鉴于这样的人口形势，政府和社会所能够做的就是利用未来一二十年的时间，建立各种配套设施，为进入老龄化社会做准备。更为重要的是，把制定人口政策的目光放得更长远一些，把政策制定的出发点放在社会稳定和家庭幸福上，以人为本，而不是盯着几个很可能是靠不住的数字。

人口预测是人口决策和社会经济规划的一个重要工具。通过对人口变化规律性的认识，我们可以预见未来人口几十年的数量和结构状况。从上述对联合国最近两版《世界人口前景》中有关中国预测的比较可以看出，人口预测的关键是对生育水平的正确认识。这也同时提醒我们，从长远出发、高瞻远瞩、未雨绸缪是我国人口社会长期稳定发展的关键。鉴于我国生育率低于更替水平已达 20 年之久，现在已经下滑到了 1.5 以下，再不调整政策，极有可能掉入“低生育水平的陷阱”。

参考文献

中国国家统计局、美国东西方中心编：《中国各省生育率估计：1975—2000》，中国统计出版社 2007 年版。

中国国家统计局：《2005 中国人口》，中国统计出版社 2007 年版。

梁中堂：《论我国人口发展战略》，山西人民出版社 1985 年版。

王丰：《全球化环境中的世界人口与中国的选择》，《国际经济评论》2010 年第 6 期。

蔡泳：《教育统计真的是估计生育水平的黄金标准吗?》，《人口研究》2009 年第 4 期。

郭志刚：《从近年来的时期生育行为看终身生育水平》，《人口研究》2000 年第 1 期。

郭志刚：《近年生育率显著“回升”的由来——对 2006 年全国人口和计划生育调查的评价研究》，《中国人口科学》2009 年第 2 期。

郭志刚：《中国的低生育率与被忽略的人口风险》，《国际经济评论》2010 年第 6 期。

郭志刚：《六普结果表明以往人口估计和预测严重失误》，《中国人口科学》2011 年第 6 期。

顾宝昌、王丰编：《八百万人的实践：来自二孩生育政策地区的调研报告》，社会科学文献出版社 2009 年版。

Alkema, Leontine, Adrian E. Raftery, Patrick Gerland, Samuel J. Clark, François Pelletier, Thomas Buettner and Gerhard K. Heilig, "Probabilistic Projections of the Total Fertility Rate for All Countries", *Demography*, 48(3), 2011, pp. 815 – 839.

Bongaarts, John and Susan Greenhalgh, "An Alternative to the One – Child Policy in China", *Population and Development Review*, 11(4), 1985, pp. 585 – 617.

Cai, Yong, "An Assessment of China's Fertility Level Using the Variable – r Method", *Demography*, 45(2), 2008, pp. 271 – 281.

Cai, Yong, "China's Below – Replacement Fertility: Government Policy or Socioeconomic Development?", *Population and Development Review*, 36(3), 2010, pp. 419 – 440.

Chen, Jiajian, Robert D. Retherford, Minja Kim Choe, Li Xiru, and Cui Hongyan, "Effects of Population Policy and Economic Reform on the Trend in Fertility in Guangdong Province, China, 1975 – 2005", *Population Studies: A Journal of Demography*, 64(1), 2010, p. 43.

Goodkind, Daniel, "Child Underreporting, Fertility, and Sex Ratio Imbalance in China", *Demography*, 48(1), 2011, pp. 291 – 316.

Gu, Baochang and Yong Cai, "Fertility Prospects in China", United Nations Department of Economic and Social Affairs Population Division, Expert Paper No. 2011/14.

Morgan, S. Philip, Zhigang Guo, and Sarah R. Hayford, "China's Below – Replacement Fertility: Recent Trends and Future Prospects", *Population and Development Review*, 35(3), 2009, pp. 605 – 629.

Retherford, Robert D., Minja Kim Choe, Jiajian Chen, Li Xiru, and Cui Hongyan, "How Far Has Fertility in China Really Declined?", *Population and Development Review*, 31(1), 2005, pp. 57 – 84.

Zhang, Guangyu and Zhongwei Zhao, "Reexamining China's Fertility Puzzle: Data Collection and Quality over the Last Two Decades", *Population and Development Review*, 3(2), 2006, pp. 293 – 321.

Zhao, Zhongwei and Wei Chen, "China's Far below Peplacement Fertility and its Long – term Impact: Comments on the Preliminary Results of the 2010 Census", *Demographic Research*, 25, 2011, pp. 819 – 836.

Zheng, Zhenzhen, Yong Cai, Feng Wang, and Baochang Gu, "Below – replacement Fertility and Childbearing Intention in Jiangsu Province, China", *Asian Population Studies*, 5(3), 2009, pp. 329 – 347.

第十一章 第六次全国人口普查主要数据简要分析与年龄别数据估算

一 研究背景与研究目的

2011年4月底国家统计局连续发布了第一号和第二号《2010年第六次全国人口普查主要数据公报》，随后不久出版了《2010年第六次全国人口普查主要数据》（国务院第六次全国人口普查办公室、国家统计局人口和就业统计司，2011），提供了一批最精要的“六普”人口统计指标。

本章的研究就完成于这些“六普”主要统计指标公布后很短的时间内。这是因为，整个研究计划根本没有时间等到“六普”全部数据的正式发布再着手按部就班地加以分析。更重要的是，全国上下都翘首以待地急于得知，“六普”结果到底告诉我们什么。

实际上，即使“六普”数据尚未全面发布，仅仅这样一些最新的、权威的关键性人口统计指标也完全可以反映中国人口的实际状况，并用于检验以往人口研究争论的不同观点。并且，研究还可以采取一些绘图技术手段来充分挖掘“六普”公布的人口金字塔图形中的信息，结合已经发布的“六普”总人口数以及主要性别年龄结构指标来大致估计出“六普”性别年龄别人口数。这样便可以在第一时间为我们研究课题计划的大型人口模拟预测研究提供所需的“六普”性别年龄别人口数估计。这些人口模拟预测的结果构成了本书随后三章的内容。

在“六普”全面数据公布后，对本章估计结果的比较核查表明估计基本准确，存在的小误差不会影响人口模拟预测的基本结论。

二　“六普”主要结果的简要解读

第六次人口普查显示，截至2010年11月1日，中国大陆总人口为13.4亿。“六普”的主要数据还揭示出，少儿人口比例显著低于以往预期，而老年人口比例却显著高于预期，并且人口城镇化水平也显著超过了以往预期。“六普”主要数据在多方面与以往预期存在显著差异，要是沿袭以往人口研究的惯性思维，这些差异还要用大规模调查漏报来加以解释。但是，公布的此次人口普查的漏登率非常之低，只有0.12%。这样一来，再用调查漏报来解释就很难了。

“六普”公布的另外几项年龄结构统计结果还可以用于比较和检查不同方面变化趋势。表11—1提供了“六普”公布的年龄结构数据与近年《国民经济和社会发展统计公报》的人口统计指标。通过比较，我们可以发现“六普”公报数据与以往统计公报数反映的变化趋势存在着一些不一致。

表11—1　**“六普”人口统计和以往年份统计公报结果**

年份	总人口（亿）	年龄结构（%）					城镇人口比重（%）
		0—14岁	15—59岁	60岁以上	15—64岁	65岁以上	
2006	13.14	19.8	68.9	11.3	72.3	7.9	43.90
2007	13.21	19.4	69.0	11.6	72.5	8.1	44.94
2008	13.28	19.0	69.0	12.0	72.7	8.3	45.68
2009	13.35	18.5	69.0	12.5	73.0	8.5	46.60
“六普”	13.40	16.6	70.1	13.3	74.5	8.9	49.68

资料来源：中华人民共和国国家统计局《中华人民共和国国民经济和社会发展统计公报》（历年），中国统计出版社；国务院第六次全国人口普查办公室、国家统计局人口和就业统计司《2010年第六次全国人口普查主要数据》，中国统计出版社2011年版。

尽管“六普”的总人口数与以往统计能够大致衔接，但各项人口年龄结构比例以及城镇人口比重的衔接则显出对接得很生硬。比如，以前年份少儿比例每年减少半个百分点，而“六普”却比2009年年底一下降低近2个百分点。此外，15—59岁劳动年龄人口前些年几乎没有变化，而“六普”结果则一下提高了1个百分点。而“六普”公布的15—64岁的劳动年龄人口比例也从以往统计公报的水平上产生了一个跳跃。最后，“六普”公布60岁及以上人口占13.26%，而65岁及以上人口占8.87%。而这两项“六普”公布的老年人口比例（及相应的老年人口数量）也都比以往的统计公报数提高的升幅更为显著。总之，若以“六普”结果为标准，就表明以往公报的少儿人口比例高估了，而成年人口比例（包括劳动年龄人口和老年人口两部分）都低估了。

本书前面研究所做的判断是，由于以往高估生育率和高估出生漏报会导致高估少儿人口数量及其所占的人口比例，并且会相应低估人口老龄化的程度。而这种判断已经由“六普”公布的少儿人口比例及数量得到了基本验证。

此外，表11—1还反映出，“六普”的城镇化人口比重（49.6%）更是从2009年统计公报水平（46.6%）一下提高了3个百分点，与前几年统计公报城镇化比重每年提高不到1个百分点的趋势全然不同。本书前面的研究表明，城镇化因素有助于生育率的降低和期望寿命的延长，而这两种变化会分别对人口年龄结构的底部和顶部产生影响，加速推进人口老龄化程度。所以，以往对城镇化水平的低估，也会导致以前人口研究和规划低估其对出生水平和人口老龄化水平的影响。

实际上，“六普”公布的成年人口比例相对高于以前年份的统计公报这种结果可能源于四种原因：第一种可能性是以往对人口预期寿命的估计（比如根据1990年和2000年人口普查数据的估计）本身显著偏低；第二种可能性是近年来人口预期寿命提高的速度要远远超过了以往的预期；第三种可能性是以往人口普查本身存在着一定漏报；第四种可能性则是“六普”的成年人口数量存在一定重报。

这里我们只是将“六普”主要数据和以往统计公报人口指标做了一些比较，可以反映出一些不一致。实际上，如果将“六普”结果与以往人口主管部门的人口规划目标和一些权威人口研究的估计和预测结果对比，差距更为巨大。我们将“六普”结果与更多来源的人口统计的比较放在以后章节来完成。这是因为，根据“六普”公布的主要数据虽然可以作出一些基本判断，但是这些概要人口指标信息还不能作出更深入的分析。在“六普”全面数据公布之前，如果能够取得对“六普”性别年龄别人口数据，哪怕是一些估计，也可以进行很多的人口分析。

三　根据“六普”公布的单岁人口金字塔估计相应性别年龄别人口数[1]

根据《2010年第六次全国人口普查主要数据》（国务院第六次全国人口普查办公室、国家统计局人口和就业统计司，2011）第13页提供的“历次普查人口金字塔”中，已经包括根据“六普”人口数据绘制的单岁年龄的人口金字塔（图11—1）。

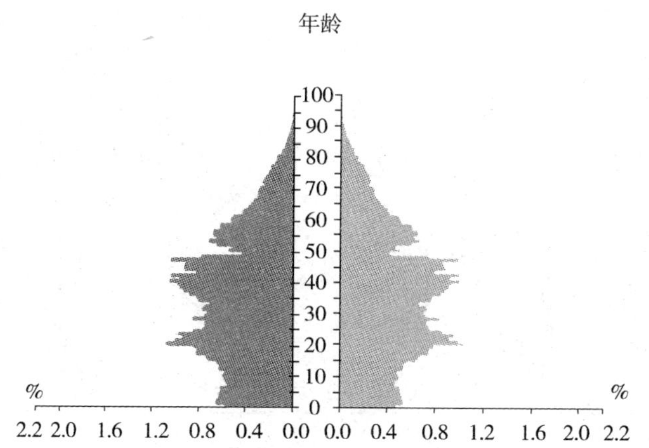

图11—1　2010年第六次全国人口普查的单岁年龄人口金字塔

资料来源：《2010年第六次全国人口普查主要数据》。

根据“六普”的这个人口金字塔图形，可以利用绘图软件去一一测量该图各年龄在人口金字塔中样条的相对长度，并测算出相应分性别年龄的人

① 蔡泳：《“六普”分年龄性别人数》，美国北卡罗来纳大学网，http：//www. unc. edu/—caiyong/papers/sex. age. 2010. pdf，2011年10月18日。

口比例和人口数。经过测绘，“六普”单岁人口金字塔应该是用 Excel 软件绘制的。按照人口金字塔的绘制惯例，左侧为男性，右侧为女性。在测绘中发现人口金字塔左右两侧并不是完全等高，而且左右两侧的标尺比例也存在着微小差别。

对年龄组具体人数采用的测绘估算步骤如下：

1. 按像素点数分别测绘各性别年龄别样条的长度。

2. 根据图中男女不同比例尺对男女像素的测量点数加以相应微调。

3. 用调整后的样条长度像素点推算各性别年龄组的人口比例。

4. 将各性别年龄比例加总，合计值为 100.85（本应该等于或接近 100 个百分点）。

5. 根据加总的性别年龄组人口比例，重新加权调整，使之总和等于 100%。

6. 最后根据加权调整的各组比例将“六普”公布全国总人口数分配到各性别年龄组。

表 11—2 中提供了这种测算的误差。在实际测绘估计中发现，相对于“六普”公布的各年龄段人数，最大的问题是 15—59 岁的劳动年龄人口少了两百来万，而 60 岁及以上老年人口多了 160 多万。原因在于，该人口金字塔用 Excel 软件的条状图模板制作并加上了边框。在样条本身较短的情况下（比方说老年各组人数），Excel 软件绘图的条和边很难精确区分。但是总的来说，测量误差占总人口的比例很小，影响不大。

表 11—2　　**“六普”人口指标测算误差表**

指标类别	男性（人）	女性（人）	合计（人）	年龄组比例
测量数				
合计	686783735	652941117	1339724852	
0—14 岁	120694793	102139339	222834132	16.633%
15—59 岁	478224651	459359939	937584590	69.983%
60 + 岁	87864291	91441839	179306130	13.384%
65 + 岁	57909560	62484085	120393645	8.986%
性别比	105.1831			

续表

指标类别	男性（人）	女性（人）	合计（人）	年龄组比例
公报数				
合计	686852572	652872280	1339724852	
0—14 岁			222394325	16.60%
15—59 岁			939683011	70.14%
60 + 岁以上			177647515	13.26%
65 + 岁以上			118833594	8.87%
性别比	105.2047			
测量误差				
合计	-68837	68837	0	
0—14 岁			439806	0.0003
15—59 岁			-2098421	-0.0016
60 + 岁以上			1658614	0.0012
65 + 岁以上			1560051	0.0012
性别比	-0.02			
测量误差占人口的比例				
合计	-0.0100%	0.0105%	0.0000%	
0—14 岁			0.1978%	
15—59 岁			-0.2233%	
60 + 岁以上			0.9337%	
65 + 岁以上			1.3128%	
性别比				

表11—3中提供了“六普”人口金字塔的测量结果以及相应各性别年龄组人口数的估计。在国家统计局公布“六普”具体性别年龄别人口数据以前，本书后面的人口模拟预测均采用这一“六普”性别年龄的人口估计数作为“六普”基础数据来使用。

表 11—3 “六普”分性别单岁年龄组人口估算结果

年龄（岁）	像素点数		比例（%）		调整后比例（%）		人口数估计（人）		
	男	女	男	女	男	女	男	女	合
0	257	227	0.565	0.480	0.560	0.476	7503281	6381952	13885232
1	295	253	0.648	0.535	0.643	0.531	8612715	7112924	15725639
2	291	253	0.640	0.535	0.634	0.531	8495932	7112924	15608856
3	283	250	0.622	0.529	0.617	0.525	8262367	7028581	15290948
4	283	249	0.622	0.527	0.617	0.523	8262367	7000467	15262834
5	276	242	0.607	0.512	0.601	0.508	8057998	6803666	14861664
6	276	242	0.607	0.512	0.601	0.508	8057998	6803666	14861664
7	252	220	0.554	0.466	0.549	0.462	7357302	6185151	13542454
8	257	223	0.565	0.472	0.560	0.468	7503281	6269494	13772775
9	266	235	0.585	0.497	0.580	0.493	7766041	6606866	14372907
10	271	238	0.596	0.504	0.591	0.499	7912020	6691209	14603229
11	269	229	0.591	0.485	0.586	0.481	7853628	6438180	14291808
12	285	254	0.626	0.538	0.621	0.533	8320759	7141038	15461797
13	281	254	0.618	0.538	0.612	0.533	8203976	7141038	15345014
14	292	264	0.642	0.559	0.636	0.554	8525128	7422182	15947310
15	328	303	0.721	0.641	0.715	0.636	9576171	8518640	18094811
16	335	319	0.736	0.675	0.730	0.669	9780541	8968469	18749010
17	371	356	0.815	0.753	0.808	0.747	10831584	10008699	20840283
18	369	356	0.811	0.753	0.804	0.747	10773193	10008699	20781892
19	383	373	0.842	0.789	0.835	0.783	11181932	10486643	21668575
20	490	490	1.077	1.037	1.068	1.028	14305866	13776019	28081884
21	458	469	1.007	0.993	0.998	0.984	13371605	13185618	26557223
22	423	434	0.930	0.919	0.922	0.911	12349757	12201617	24551374
23	443	456	0.974	0.965	0.965	0.957	12933670	12820132	25753802
24	387	406	0.851	0.859	0.843	0.852	11298714	11414416	22713130
25	344	356	0.756	0.753	0.750	0.747	10043302	10008699	20052001
26	341	350	0.749	0.741	0.743	0.734	9955715	9840013	19795728
27	338	344	0.743	0.728	0.737	0.722	9868128	9671327	19539455
28	388	395	0.853	0.836	0.846	0.829	11327910	11105158	22433068
29	342	344	0.752	0.728	0.745	0.722	9984910	9671327	19656238
30	331	333	0.727	0.705	0.721	0.699	9663758	9362070	19025828

续表

年龄（岁）	像素点数		比例（%）		调整后比例（%）		人口数估计（人）		
	男	女	男	女	男	女	男	女	合
31	350	347	0. 769	0. 734	0. 763	0. 728	10218475	9755670	19974146
32	342	341	0. 752	0. 722	0. 745	0. 716	9984910	9586984	19571895
33	320	316	0. 703	0. 669	0. 697	0. 663	9342606	8884126	18226732
34	364	361	0. 800	0. 764	0. 793	0. 758	10627214	10149271	20776485
35	371	370	0. 815	0. 783	0. 808	0. 776	10831584	10402300	21233884
36	402	401	0. 884	0. 849	0. 876	0. 842	11736649	11273844	23010493
37	424	418	0. 932	0. 885	0. 924	0. 877	12378953	11751787	24130741
38	437	431	0. 960	0. 912	0. 952	0. 904	12758496	12117274	24875770
39	446	437	0. 980	0. 925	0. 972	0. 917	13021257	12285960	25307217
40	481	477	1. 057	1. 010	1. 048	1. 001	14043105	13410533	27453637
41	438	437	0. 963	0. 925	0. 955	0. 917	12787692	12285960	25073652
42	475	471	1. 044	0. 997	1. 035	0. 988	13867931	13241847	27109778
43	373	375	0. 820	0. 794	0. 813	0. 787	10889975	10542871	21432847
44	421	420	0. 925	0. 889	0. 917	0. 881	12291366	11808016	24099382
45	421	417	0. 925	0. 883	0. 917	0. 875	12291366	11723673	24015039
46	410	410	0. 901	0. 868	0. 893	0. 860	11970214	11526873	23497087
47	476	468	1. 046	0. 990	1. 037	0. 982	13897127	13157504	27054630
48	353	350	0. 776	0. 741	0. 769	0. 734	10306062	9840013	20146076
49	195	200	0. 429	0. 423	0. 425	0. 420	5693151	5622865	11316015
50	249	246	0. 547	0. 521	0. 543	0. 516	7269715	6916124	14185839
51	230	223	0. 505	0. 472	0. 501	0. 468	6714998	6269494	12984492
52	295	287	0. 648	0. 607	0. 643	0. 602	8612715	8068811	16681526
53	325	318	0. 714	0. 673	0. 708	0. 667	9488584	8940355	18428939
54	295	298	0. 648	0. 631	0. 643	0. 625	8612715	8378069	16990784
55	309	307	0. 679	0. 650	0. 673	0. 644	9021454	8631097	17652551
56	309	310	0. 679	0. 656	0. 673	0. 651	9021454	8715440	17736894
57	279	287	0. 613	0. 607	0. 608	0. 602	8145585	8068811	16214396
58	280	287	0. 615	0. 607	0. 610	0. 602	8174780	8068811	16243591
59	239	245	0. 525	0. 519	0. 521	0. 514	6977759	6888009	13865768
60	239	240	0. 525	0. 508	0. 521	0. 504	6977759	6747438	13725197
61	230	226	0. 505	0. 478	0. 501	0. 474	6714998	6353837	13068835

续表

年龄（岁）	像素点数		比例（%）		调整后比例（%）		人口数估计（人）		
	男	女	男	女	男	女	男	女	合
62	196	198	0.431	0.419	0.427	0.416	5722346	5566636	11288982
63	189	190	0.415	0.402	0.412	0.399	5517977	5341722	10859698
64	172	176	0.378	0.372	0.375	0.369	5021651	4948121	9969772
65	159	161	0.349	0.341	0.346	0.338	4642107	4526406	9168514
66	151	152	0.332	0.322	0.329	0.319	4408542	4273377	8681920
67	136	141	0.299	0.298	0.296	0.296	3970608	3964120	7934727
68	134	136	0.295	0.288	0.292	0.285	3912216	3823548	7735764
69	134	136	0.295	0.288	0.292	0.285	3912216	3823548	7735764
70	129	132	0.284	0.279	0.281	0.277	3766238	3711091	7477329
71	108	113	0.237	0.239	0.235	0.237	3153130	3176919	6330048
72	118	124	0.259	0.262	0.257	0.260	3445086	3486176	6931262
73	111	115	0.244	0.243	0.242	0.241	3240716	3233147	6473864
74	102	113	0.224	0.239	0.222	0.237	2977956	3176919	6154874
75	94	107	0.207	0.226	0.205	0.225	2744391	3008233	5752623
76	85	99	0.187	0.210	0.185	0.208	2481630	2783318	5264948
77	85	97	0.187	0.205	0.185	0.204	2481630	2727089	5208719
78	69	83	0.152	0.176	0.150	0.174	2014499	2333489	4347988
79	61	72	0.134	0.152	0.133	0.151	1780934	2024231	3805166
80	61	73	0.134	0.154	0.133	0.153	1780934	2052346	3833280
81	44	57	0.097	0.121	0.096	0.120	1284608	1602516	2887125
82	41	57	0.090	0.121	0.089	0.120	1197021	1602516	2799538
83	32	45	0.070	0.095	0.070	0.094	934261	1265145	2199405
84	27	40	0.059	0.085	0.059	0.084	788282	1124573	1912855
85	23	37	0.051	0.078	0.050	0.078	671500	1040230	1711730
86	20	28	0.044	0.059	0.044	0.059	583913	787201	1371114
87	15	23	0.033	0.049	0.033	0.048	437935	646629	1084564
88	11	20	0.024	0.042	0.024	0.042	321152	562286	883439
89	9	18	0.020	0.038	0.020	0.038	262761	506058	768819
90	5	14	0.011	0.030	0.011	0.029	145978	393601	539579
91	5	9	0.011	0.019	0.011	0.019	145978	253029	399007
92	4	6	0.009	0.013	0.009	0.013	116783	168686	285469

续表

年龄（岁）	像素点数		比例（%）		调整后比例（%）		人口数估计（人）		
	男	女	男	女	男	女	男	女	合
93	3	6	0.007	0.013	0.007	0.013	87587	168686	256273
94	3	4	0.007	0.008	0.007	0.008	87587	112457	200044
95	1	1	0.002	0.002	0.002	0.002	29196	28114	57310
96	1	1	0.002	0.002	0.002	0.002	29196	28114	57310
97	0.5	0.5	0.001	0.001	0.001	0.001	14598	14057	28655
98	0.5	0.5	0.001	0.001	0.001	0.001	14598	14057	28655
99	0.5	0.5	0.001	0.001	0.001	0.001	14598	14057	28655
100+	1	1	0.002	0.002	0.002	0.002	29196	28114	57310

四　根据“六普”公布的性别年龄别人数对上述人口估计数的检验

为了对本书的研究结果负责，在《中国2010年人口普查资料》（国务院人口普查办公室、国家统计局人口和就业统计司，2012）正式出版后，我们用其中的“六普性别年龄别人口数表”（表3—1）对上述我们根据“六普”提前公布的人口金字塔图形的测量结果做出的性别年龄别人口数进行了检验核查。

实际上，“六普”公布的正式性别年龄别人口的合计数为13亿3281万869人，再将“六普”公布的军队性别年龄别人口数（附表1—1）加入进去后，合计的总人口数为13亿3507万4935人。这个数字要比《2010年第六次全国人口普查主要数据》的13亿3972万4852人少了近465万人。没有查到对此465万缺失人口的解释和说明。不过，以往人口普查公布数据中也有此类情况，比如在2000年“五普”公布的人口数据中，这两种人口数之间相差了2000多万。在人口模拟预测实践中，通常是应用性别年龄别人口比例将公布的全国总人口数划分到各性别年龄组的办法。这样做，一方面是使人口预测模拟所用的基准人口总数与全国公报总人口数保持一致，另一方面又使人口预测模拟所用的基准人口结构也能与人口普查公布的性别年龄别人口结构相一致。

实际上，上节的估计就是按“六普”人口金字塔图形测绘取得了各年龄别年龄组的人口比例，再按照这些人口组所占比例将“六普”公布的全国13.397亿总人口划分开的。所以，本研究的人口基数已经与“六普”公布的总人口数保持一致了。这里对上节分组人口数估计进行检验，主要是为了保证以下几方面的误差影响不能太大。比如，“六普”主要数据提供的人口金字塔图形绘制可能并不精准；对该人口金字塔图形测绘结果并不精准；该人口金字塔所用数据后来可能经过进一步调整，等等。

图11—2提供了上节对“六普”性别年龄别人数估计与“六普”公布的性别年龄别人口数（已包含军队人口）的比对差额的分性别曲线图。曲线高于0，代表估计数较高；曲线低于0，代表估计数偏低。图中相差最大的有两处：一是男性11岁估计多出了33万人，二是男性20—24岁组均偏少，少了10万人以上，其中21岁少了20万人。其他男性年龄组和女性所有年龄组的差额都不算大。从图中可以看出，各年龄组估计误差在0线上下波动，较多数年龄组是正的差值。这是因为，我们的估计已经按13.397亿总人口数进行过调整，而“六普”公布的性别年龄别人口数的合计还差了465万。

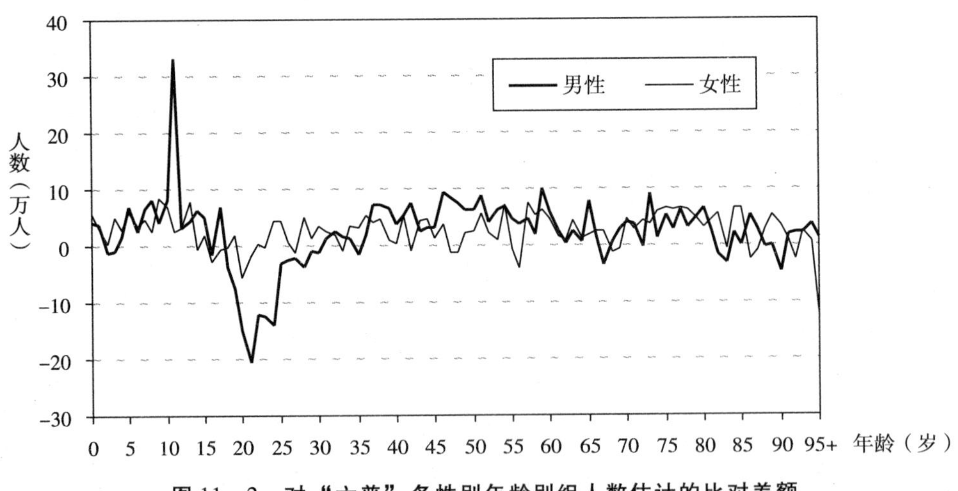

图11—2　对“六普”各性别年龄别组人数估计的比对差额

实际上，这样的差额情况表明估计效果已经算是很好的。比如，男性11岁估计人数多了33万，相对于该组实际人数750多万而言，相对误差率只有4.4%。从图11—3提供了分性别的估计人数与实际人数的曲线比较中，其实几乎看不出两者之间的差距。

在总人口数据中仅仅少数几个性别年龄组存在这样的误差并不会影响整个人口模拟预测研究的基本结论，因为我们要反映的是一种人口趋势性影响，而以往人口研究中热点争议的人口数量差额的单位可不是几十万，而是几百万甚至上千万。所以，后面三章关于人口模拟预测的数据结果均保持原样，没有再做任何修改。

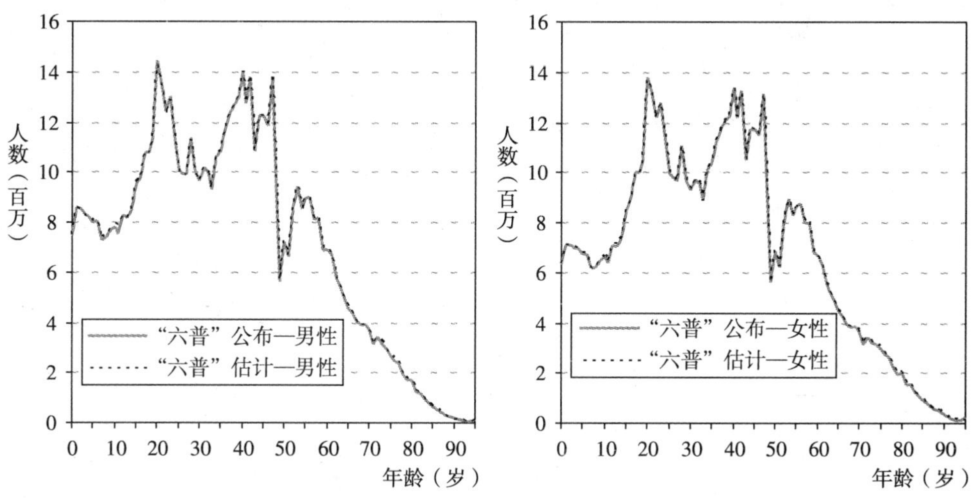

图11—3　对"六普"分性别的年龄组人数估计的符合程度

参考文献

蔡泳：《"六普"分年龄性别人数》，美国北卡罗来纳大学网，http：//www.unc.edu/—caiyong/papers/sex.age.2010.pdf，2011年10月18日。

国家统计局人口和就业统计司：《中国人口和就业统计年鉴》，中国统计出版社2006—2010年版。

国务院人口普查办公室、国家统计局人口和社会科技统计司：《中国2000年人口普查资料》，中国统计出版社2002年版。

国务院第六次全国人口普查办公室、国家统计局人口和就业统计司：《2010年第六次全国人口普查主要数据》，中国统计出版社 2011 年版。

国务院人口普查办公室、国家统计局人口和就业统计司：《中国 2010 年人口普查资料》，中国统计出版社 2012 年版。

第十二章
根据"六普"结果模拟预测以往 20 年及未来的人口进程

一　研究背景与目的

改革开放以来社会经济发展和多年计划生育推动我国人口再生产方式发生了重大的变化，生育率多年低于更替水平，人口预期寿命不断提高，人口发展已经进入一个重要的新时期。急剧的人口转变深刻地改变了我国的人口年龄结构（图 12—1），一方面新中国成立后出生的大批人口即将逐步进入老年阶段，另一方面人口年龄结构底部不断收缩。这种格局预示着刚刚跨入老年型结构的中国人口在未来几十年内都将处于人口老龄化不断深化的进程中。面对当前这种人口发展的总体形势，认真细致地做好人口发展态势的预测分析与研究具有重要的决策参考价值和重大的战略意义。

预测的人口基数和变动参数是决定人口预测质量的重要因素。国内和国际机构以往曾经多次做过中国人口预测。本研究学习借鉴了以往人口预测的方法和参数设置，总结其中一些经验教训，有针对性地对人口预测方法做了改进，以求更好地把握当前人口状况和未来发展趋势。

人口预测基数和参数因人口统计方面的问题需要做细致选择和调整。以往人口预测方面的问题突出地反映在二十多年来实际人口调查结果一直被深度质疑，政府主管部门大幅度地进行统计调整，因此官方公布统计数字与实际调查结果之间存在着十分显著的差异。同时，官方不同部门公布的统计指标之间也存在很大差异，甚至在同一部门公布的不同统计指标之间同样存在

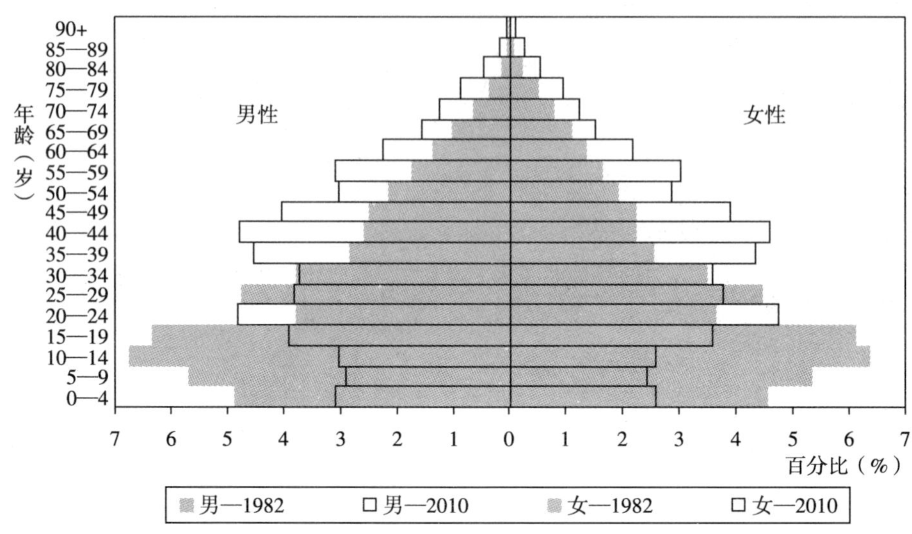

图 12—1　1982 年和 2010 年全国人口普查的人口金字塔

明显不一致。这个问题在生育、死亡、城镇化、老龄化等许多重要方面都有所表现。

之所以产生这种现象有三个主要原因：一是由于急剧的社会变化和人口变化产生了大量新的人口现象，很多经典理论和以往经验都不能对此加以解释，因而一时难以把握新时期人口现象背后的规律性；二是由于以往人口调查方面的不少技术方法已经不能适应新的形势，从而调查产生了较大的技术性漏查和重报现象；三是由于许多社会原因而导致人口调查中出现调查对象故意的瞒报、谎报现象，同时也存在调查之后随意地改变数据与统计结果的现象。

人口调查是统计数据的基本来源之一，在拥有客观根据的条件下对调查结果进行适当的统计调整既是合理的，也是必要的。但是，调整结果与原始调查数据之间不能相差太大，尤其是两者之间不能长期存在巨大差距。否则，便是全然否定了实际调查结果。这将导致人口规划所用的统计指标严重脱离实际的风险。

然而，多年来中国人口统计和预测正是处于这样一种状况之中，在出生、死亡、城镇化和人口老龄化方面的统计都不例外。这些问题既会影响到预测时人口基数的正确制定，也会影响到预测变动参数的正确制定，再加上人口预测方法本身也并不完善，因此直接影响到人口预测的质量。在这种情况下，尤其需要明确人口发展态势预测需要在哪些方面加以改进。

本研究将人口模拟预测分为两大阶段。

第一阶段是人口模拟研究：基于 1990 年“四普”人口数据，以 2010 年“六普”人口结果为标准，模拟出 1990—2010 年中国人口发展进程及相应人口指标。研究目的是对以往 20 年来人口统计和估计预测结果进行评价。这种做法相当于用“六普”结果来对以往的不同观点做一番实际检验。

第二阶段是在第一阶段模拟的基础上继续完成 2010—2100 年的多方案人口预测，以便反映在不同方案条件下中国人口未来会有怎样的发展前景，并且通过方案比较加以评估，为制定人口决策提供参考数据。第二阶段预测属于超长期预测，原因在于中国人口负增长将在 2030 年后出现，而人口老龄化的高峰期出现在 2050 年以后，进行超长期预测可以充分地反映不同决策方案对人口长期发展的影响，分辨出人口发展进程的主要趋势与时期波动情况。

二　对人口进程模拟预测的基础数据

预测基础数据是决定人口预测质量的重要因素之一。模拟选择 1990 年全国人口普查数据作为预测的基础数据。首先，这是因为 1990 年普查数据质量相对较好。与 1990 年普查数据相比，2000 年全国人口普查数据由于存在较大程度的漏报、瞒报、谎报、重报等数据质量问题，社会各界对此次普查的质量存在较大争议。其次，1990 年以后中国生育率下降到更替水平以下，并从此失去了对生育率真实水平的把握，进入了生育率迷茫，并导致其他许多人口统计指标也由此产生了不确定性。

根据 1990 年人口普查数据的常住人口居住地，将“四普”汇总的“市”和“镇”口径的各分类人口相应合计，构成了本研究人口模拟的“城镇”人口基数，而“四普”汇总的“县”口径的各分类人口数将直接作为“农村”人口基数。

在使用 1990 年人口普查统计的性别年龄结构数据时，同时加入了“四普”数据附录中提供了分性别年龄的军队人口数，共计 319.9 万人。军队人口主要是 18—23 岁之间的年轻男性，性别比高达 2991:1。因此，本预测对这些军队人口分别按“四普”全国人口性别年龄别的城镇化比例，相应划分到全国城乡人口对应的性别年龄组中。

三 人口模拟预测采用的生育模型

生育过程遵循严格的递进规律。所谓递进过程是说，孩子是一个一个生育出来的，并且只有未生育过的育龄妇女才能生育一孩，只有生育过一孩且尚未生育二孩者才能生育二孩，如此等等。其实质是各个孩次的生育都是有条件地依次生育，具体到一个年龄组的育龄妇女在一年中某一孩次上的生育量不仅与年龄（代表生育能力和社会规范方面的差异）有关，而且与处于前一孩次的人数有关，但是与该年龄组处于其他孩次的人数无关。育龄妇女在各孩次上的人数或所占比例，称为孩次分布。

我国的计划生育实际上是通过孩次控制来实施的。比如，独生子女政策要控制的是从孩次 1 向孩次 2 的递进，二孩政策要控制的是从孩次 2 向孩次 3 的递进。我国城镇与农村有不同的生育政策要求，这种状况已经稳定了 30 年，因而导致城乡和不同地区育龄妇女的生育水平、生育模式都存在着明显差别，特别是在育龄妇女生育的孩次结构上存在着显著差别，这是一种不太为人所注意的城乡二元结构。因此人口模拟必须反映出这种分布情况及其对未来人口发展的影响，否则研究就会脱离实际情况。

而普遍采用的常规生育率预测模型采用年龄别生育率或分孩次的年龄别生育率乘以年龄别所有妇女总数来预测生育数量。看起来，这种生育预测方法也可以划分孩次，而它其实只是将生育结果（即出生或生育率的分子）划分了孩次，但是根本没有考虑育龄妇女（即生育率的分母）中的孩次结构，因而生育预测也就不能控制育龄妇女本身的孩次结构影响。所以，该方法仅仅控制了育龄妇女的年龄结构影响，但不能控制孩次结构影响。就孩次结构而言，常规生育率预测是无条件的预测。

因此，比较孩次结构差别较大的年份或地区之间的年龄别生育率（或总和生育率）时，便不能区分生育率差异到底是因为生育水平不同造成的，还是因为孩次结构不同造成的。而当常规生育率用于人口预测模拟时，只要两个地区育龄妇女总数和年龄结构相同，就会对孩次结构十分不同的地区（代表着不同生育政策类型）得出相同的出生预测结果，因此这种预测模拟方法显然严重地偏离了我国的实际情况。比如，这种预测方法可以强制已经生育过一个孩子的妇女在后来年份里重复地生出“第一个孩子”，原因就在于这种方法并不记录妇女生育递进正处于哪一孩次。因此，对于中国具体情况，特别是涉及生育孩次限制有所改变时，用传统的年龄别生育率方法来预测模拟就会严重地影响其结果的有效性。

早在20世纪80年代中期，美国学者Feeney（1985）和我国学者马瀛通、王彦祖、杨书章（1986）分别以不同思路创建了孩次递进生育模型。这类孩次递进生育模型能够控制妇女的孩次结构影响，满足本研究的需要。这两种方法的共同点在于均采用孩次递进比作为生育测量的基础来构建指标体系。如前所述，每年的出生可以划分孩次。如果再将生育指标的基数由期中妇女总数换成期初对应孩次（即前一孩次）妇女人数时，便称为孩次递进比。它实际上就是一种表达变化的严格意义上的概率。然后，再将孩次递进比换算成相应的总和递进生育率。

本预测使用的是马瀛通等创建的年龄别递进生育模型。除了因为这种递进生育模型能够更贴切地反映中国人口国情和当前妇女的孩次结构对未来人口发展的影响外，所用预测数据均可以取自人口普查，不需要专门的人口调查。并且，对这种模型加以扩展便可以追踪记录不同年龄队列妇女在结束生育时处于各个孩次上的人数和比例。这些孩次信息可以用来研究分析她们的生育史，比如不同预测方案对同一妇女出生队列的生育进程产生了怎样的影响，也可以用于研究家庭代际人口比例与结构，比如用于统计未来年份老年人口有多少人没有子女、只有一个子女或有两个子女等情况。

鉴于常规总和生育率（TFR）更方便理解，而递进生育模型预测也可以推算出常规总和生育率指标。后面在涉及每年的生育指标时均采用模型推算的常规总和生育率。

四　关于人口模拟各项参数的说明

（一）预期寿命参数

本研究根据国家统计局公布的1990年和2000年时的全国男女预期寿命

(《中国人口统计年鉴——2005》) 作为基准水平，并参考了多套不同来源人口预测的预期寿命参数的变化模式，形成了模拟的预期寿命参数方案。本研究在1990—2010年间按国家统计局公布的寿命统计先确定分城乡、分性别的基本寿命参数曲线，然后从1990年人口基数开始模拟到2010年，并依据"六普"性别年龄人口数为目标进行反复模拟"打靶"，对预期寿命参数不断加以调整。

(二) 年龄别存活模式

本预测沿用了《国家人口发展战略研究》中"人口预测"子课题的预测程序中的存活/死亡年龄别模式的算法。这种算法的结果曾与多种来源的中国和日本的相同预期寿命水平下的存活曲线 $L(x)$ 函数和生存曲线 $S(x)$ 函数进行了比较，可以认为这种算法能够在所取预期寿命参数变动范围内比较恰当地反映实际存活的年龄别模式。

(三) 人口城镇化参数

本研究采用的人口城镇化比重是按国家统计局在城镇居住的常住人口的口径，而不是按农业或非农业户籍的口径，以便更贴近地反映现实。本预测中2005年以前的城镇化水平全部采用统计公报的数字，2010年采用"六普"公布数字。由于"六普"公布的人口城镇化比重达到了49.68%，比2009年国民经济与社会发展统计公报数字一下高出3个百分点，出入较大。因此，可以认为以前统计公报数字对城镇化水平有所低估，于是本研究根据"六普"人口城镇化水平相应调整了2006—2009年的城镇化参数。图12—2中的参数曲线对此有所反映，并且提供了本研究设置的未来中国人口城镇化参数。本研究参考了日本和韩国人口城镇化过程和水平，将21世纪末中国人口城镇化水平定为84%，整个参数曲线呈现为一条均匀减速的增长曲线（图12—2）。

为了考察人口城镇化对人口发展进程的影响，我们在预测程序中设置了一个"开关"，以取得假定没有人口城镇化的条件下城乡分别按人口自然增长的结果。于是，通过比较在其他同样条件下有无人口城镇化的预测结果差异，可以反映出人口城镇化进程对未来人口长期发展中不同人口指标的影响方向和幅度。

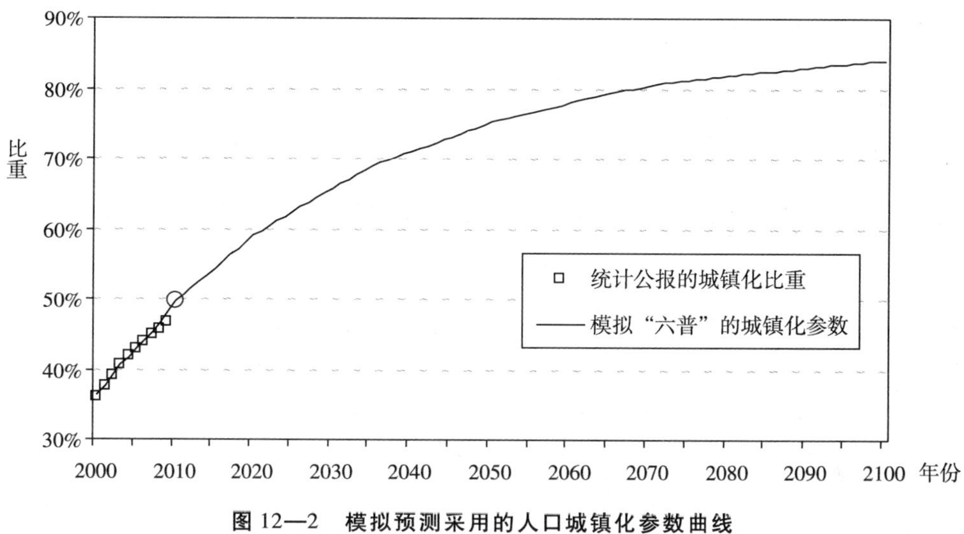

图 12—2　模拟预测采用的人口城镇化参数曲线

注：图中 2010 年的"○"符号表示 2010 年"六普"结果。

（四）全国人口性别年龄别的城镇化净转移率

我国人口城镇化一方面是由于人口的迁移与流动，另一方面也涉及大量人口就地改建制而成为城镇人口。然而，人口城镇化的各种因素非常复杂，至今并没有完整准确的统计数据，更谈不上分性别年龄的人口城镇化转移率统计。所以，这是本研究的一个重大难点。

针对这个技术难点，我们首先确定在全国人口预测中只考虑全国人口城镇化的净转移，不考虑返迁、返流等其他复杂情况，以便抓住城镇化的主要趋势。根据 2000 年普查提供的农村向城镇迁移的信息，汇总出各年性别年龄别转移率。然后再将这些性别年龄别转移率以不同方式应用于 1990—2000 年的预模拟，并通过以 2000 年普查的情况为准来加以调整，以达到较好模拟现有人口后，然后用于未来人口预测。

从"五普"数据直接汇总出各年份农村性别年龄别人口城镇化转移率（图 12—3）。从以下城镇化转移曲线图可以看出，20 世纪 90 年代新城镇化的人口其实主要是青壮年人口，少儿人口与老年人口都相对较少。这暗示着，预测中生育、死亡都会与城镇化有强烈互动。经过反复模拟与调整测试，预模拟结果得以对 2000 年人口的性别年龄别城镇化比重做到了大致拟合（图 12—4）。

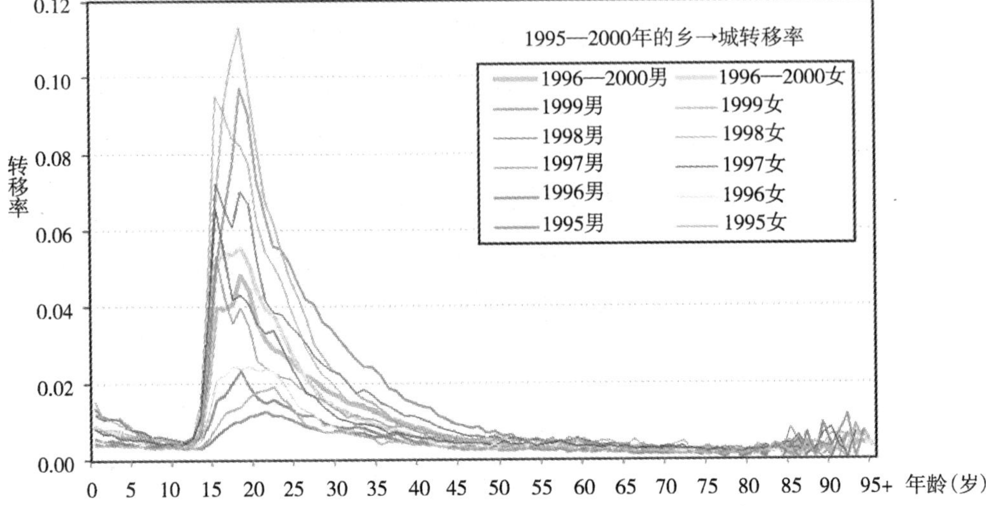

图 12—3 1995—2000 年农村性别年龄别城镇化转移率的模拟结果

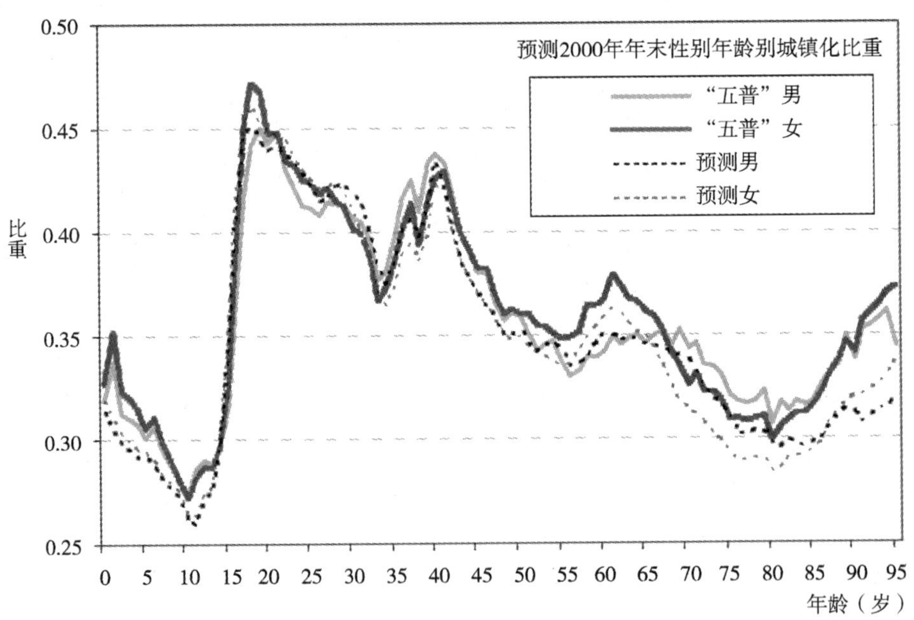

图 12—4 从 1990 年模拟到 2000 年的性别年龄别城镇化结果

注：图中虚线代表模拟预测取得的 2000 年年末的性别年龄别城镇化比例。

实际上，如图 12—4 所示的农村人口性别年龄别城镇化转移率水平是我国城镇化速率最高时期的结果。但是，随着城镇化进程，无论是农村人口总数还是农村人口年龄结构，都势必发生明显的变化，因此并不能认为这套青壮年人口转移率极高的模式能够长期维持下去。有理由相信，将来农村青壮年人口转移率将会逐渐降低，而农村少儿人口和老年人口的转移率则会相应提高。也就是说，未来新城镇化人口的年龄结构将越来越接近于当时农村存有人口的年龄结构。预测程序中对此进行了相应的技术处理。

（五）有关出生性别比参数及简要说明

我国自 20 世纪 80 年代以来出生性别比便开始失调，90 年代以来出生性别比失调的问题变得严重。尽管 2000 年以后采取了一系列关爱女孩、解决出生性别比问题的措施，但是仅仅遏制了问题进一步恶化，出生性别比失调问题并没有得到明显的改善。

我国出生性别比失调主要表现在二孩和多孩出生上的严重失调。一些研究（翟振武、陈卫，2008）认为出生性别比失调的问题可能并没有调查统计反映的那样严重，因为调查统计中女婴出生漏报要比男婴出生漏报更为严重。

本研究关于出生性别比失调假设在调查统计结果基础上做了一定程度的降低。《国家人口发展战略研究总报告》（2007）提出的有关战略目标为：到 2010 年，出生人口性别比升高势头得到有效遏制；到 2020 年出生人口性别比趋于正常。根据这项战略目标，我们假定在今后出生性别比偏高的问题能够逐步得到解决，出生性别比不断下降，在 2020 年恢复到正常状态的 107 水平。

从理论上讲，出生性别比失调导致女性出生减少，当未来这批女性进入婚育年龄后，就会因为育龄妇女人数较少而减少那时的出生数量。为了反映出生性别比失调对人口长期发展的影响幅度，我们在预测程序中又设置了一个"开关"，根据需要可在任意一年假定出生人口性别比开始恢复正常。类似的，通过比较出生性别比失调和恢复正常的不同方案的预测结果，便可以反映出出生人口性别比对未来人口长期发展的影响幅度。

（六）递进生育率参数

在预测模拟的第一阶段里，由于本研究对 1990—2010 年的生育预测模拟实际上受控于“六普”结果中0—20岁人口数量及其相应存活水平，实际上预测模拟所设置的孩次别递进生育率不过只是生育迭代模拟的一个初始参数。当模拟到2010年年末时，对“六普”0—20岁中的相应年龄的出生队列人数较大或较小时，预测模拟将会相应调小或调大该年出生数，然后分解到各孩次上，并调整相应的孩次别递进生育参数。通过多次调整模拟，便可以将相应年龄组人数的误差限制在可接受范围之内。

在预测模拟的第二阶段里，本研究设置了不同的生育水平方案。这些方案都假定生育率在指定年份开始提高到某种常规总和生育率的水平。本预测在模拟生育率提高到某一水平时均采用在几年内逐步达到的方式进行。鉴于本预测中采用递进生育模型，而控制的却是常规总和生育率，两者之间是通过调整该年出生数的方法使递进生育模型取得的常规总和生育率指标得以满足特定的要求。

所以，在本预测研究的两个阶段中，递进生育率参数的设置都不太重要，参数水平是否合适不过是决定了调整模拟迭代的次数而已。

（七）递进生育模式

由于20世纪90年代以来生育率经历了极大变化，不仅反映为生育水平大幅度下降，而且生育模式也发生了重大变化。对于前者，至今在真实生育水平上仍然缺乏切实把握。对于后者，则甚至没有得到应有的注意。

国际人口学界20世纪90年代后期在生育模式变化对时期生育率的影响幅度估计上有了很大进展。Bongaarts 和 Feeney（1998）提出了专门方法，通过生育模式变化影响时期总和生育率来近似估计终身生育率。他们的研究表明，时期中孩次别平均生育年龄如果提高0.1岁将会使该孩次别总和生育率降低10%。

我国1990年和2000年人口普查数据及2005年1%人口抽样调查数据所计算的城乡各孩次别生育模式的比较可以清楚地看出，我国城乡在1990年以来各孩次年龄别递进生育模式都发生了显著变化，即各孩次的生育都明显推迟了，其中最突出的是二孩递进生育的推迟。

本预测对20世纪90年代递进生育模式采用动态方法来反映，以1990年和2005年孩次别递进生育模式为基础，通过加权内插计算，取得1990—

2005 年间各年孩次别递进生育标准模式，并进一步在此基础上进行育龄妇女的生育情况预测。在本研究预测模拟时，由于 2005 年以后尚没有新的人口统计资料作为依据，因此人口预测假定递进生育年龄模式不再发生变化。这种假设主要是受到缺乏数据和有关研究不足而采取的无奈措施，因此不能充分体现生育推迟对时期生育水平和出生数量的抑制性影响。

为了反映生育模式变化对人口发展的影响，在预测程序中也设置了一个“开关”，根据需要进行“不考虑生育模式变化”的模拟，通过比较来取得生育模式变化对人口进程的影响幅度。

五　研究方法与数据

（一）人口模拟预测方法

常规人口预测是在基期人口数量结构上按照人口变动参数发展变化，以取得相应的人口统计指标。其中的关键是两个假定：（1）假定所用基期人口数量结构数据准确；（2）假定人口变动参数合理。如果这两个假定都比较符合实际，那么人口预测结果便可以预示未来人口发展过程。即使这两个假定与实际情况存在一定差距，人口预测结果也可以大致反映未来人口进程的趋势。相对人口基数而言，未来人口参数的设定更难，因为这些参数是对未来的变化所做的预计。因此，人口预测对主要参数往往设置高、中、低的不同水平，实际上是给未来变化留出一定程度的余地。而以往对中国人口预测的普遍缺陷正是对生育水平很低的这种情况估计不足。

人口预测方法也可以反过来用，即反向预测。比如，用“六普”人口数量结构作为基础，然后按人口变动参数反向推出以前各年份的人口指标。这种反向预测要求作为预测基础的当前人口数据完整和准确，而人口变动参数则可以参考甚至直接采用以前年份的人口指标。本研究要做的则是介于上述两种预测之间。由于“六普”全面数据尚未公布，不能从当前人口状况反向预测以前年份。因此采用的操作步骤是：（1）进行 1990—2010 年的人口估计，与常规预测不同的是这一阶段的实际人口进程已经拥有大量调查数据可以参考应用。（2）本研究的预测不是一次完成，而是反复对预测基数和参数进行试错调整，使 2010 年人口预测结果尽量趋近“六普”的结果。换句话说，本预测首先将“六普”人口作为一个特定的人口结果或目标，通过多次预测尝试和基数或参数的调整，将1990年的中国人口状况与“六普”结果之间成立起系统化联系，于是最后的模拟结果一方面提供了这20年间的人口指标，另一方面还要尽量保证这套人口进程指标与“六普”结果相一致。

本研究的预测模拟有双重探测的意义。一方面，假定“六普”结果正确，预测模拟以“六普”结果为靶标的性质可以探测出以往20年中国人口进程的大概情况。由于以往的低生育率迷茫，因而很多重要人口统计指标均做了大幅度的统计调整。而这套模拟结果则有助于挤掉以往人口统计指标中过分调整的“水分”，还原最可能的实际指标值（尤其是生育率水平），并进一步了解以往高估总和生育率的偏差到底有多大。另一方面，也可以根据对预测模拟中在人口基数和参数上的调整幅度来判断其是否超过了合理的范围，反过来检验“六普”结果的质量和可接受性。本研究将把侧重点放在对前一个方面的探讨上。

（二）根据“六普”人口金字塔推计模拟预测的靶标

《2010年第六次全国人口普查主要数据》中提供了“六普”的单岁人口金字塔图形。在上一章中，本研究已经说明根据此图用绘图软件测算的“六普”单岁年龄结构比例和单岁组性别年龄别人口数。尽管这套“六普”性别年龄别人口的推算数据存在一定测绘误差，但并不会导致显著的差异。这套“六普”年龄别人口推计数据可以在“六普”详细数据公布前作为本研究人口模拟预测的靶标，完成根据“六普”人口结果探测20年来人口过程及其有关指标的研究，并且还可以在此基础上对21世纪人口进程加以多方案模拟预测的比较。

（三）实际操作的简要报告

预测模拟先以1990年全国人口普查的分城乡的单岁性别年龄别人口数量为预测基数，其中已经加入了当次普查的军队人口，并且还相应调整了由2000年人口普查证实的低龄漏报人口。人口基数中的全部年龄队列将大体对应“六普”时的20岁及以上人口。对这些队列的模拟结果是否能与“六普”吻合的主要影响因素是：（1）模拟中的人口预期寿命参数。（2）“四普”人口数据质量。(3)“六普”人口数据质量。(4)模拟中对人口城镇化的处理是否得当，因为城乡人口的预期寿命水平存在着显著差异。

本预测采用国家统计局（2005:253）公布的1990年和2000年人口预期寿命作为参数设置标准①，然后分解到城乡，并制作出各类预期寿命均匀增长的相应系列参数。在对“六普”结果的模拟“打靶”中，主要问题是模拟的成年人数（20岁及以上）远低于“六普”结果。这种迹象表明模拟中采用的预期寿命参数过低，或者是“四普”存在人口漏报问题，而另一个可能原因则是“六普”的劳动年龄人口和老年人口存在一定重报现象。本研究的主要关注点是以“六普”结果为标准再现以往人口历程，于是预测模拟首先尝试不断提高预期寿命参数的方法来提高成年人口的吻合度。继而，模拟研究又进一步发现男性和女性之间的差异，即男性寿命参数提高1岁左右便可以大致吻合“六普”结果，然而提高寿命参数对模拟女性成年人口却难以奏效，因为即使将女性寿命提高9岁（已远超过合理范围），20—45岁妇女人数仍然预测不足，而老年段妇女人数却已经明显超出了。这种现象表明，“六普”人口与“四普”人口之间的不一致不是简单的寿命参数问题，要么是“四普”低龄女性漏报极多（只是“四普”时年龄为10—25岁的女性为什么漏这么多仍说不清），要么就是“六普”20—45岁女性重报较多。

在现有数据条件下，研究“六普”数据质量问题还难以做到。因此，本研究将预期寿命参数提高到一个合理程度后，若模拟结果还不能与“六普”吻合，便将模拟的各年龄成年人数与“六普”的差异作为“四普”相应队列的漏报或其他原因产生的误差，相应调整预测模拟所用的1990年人口基数。最后，预测模拟将国家统计局公布的1990年时的男女预期寿命分别提高了0.65岁和1.28岁，将国家统计局公布的2000年时的男女预期寿命分别提高了1.20岁和1.80岁。表12—1提供了1990—2010年人口模拟以及2010—2100年人口预测中方案在各主要年份采用的人口平均预期寿命参数。

本研究对前期人口进程模拟只涉及中方案的预期寿命参数，而在对未来的人口预测中除预期寿命中方案外还相应设置高、低预期寿命方案，以通过

① 1990年全国平均预期寿命男性为66.84岁，女性为70.47岁。2000年全国平均预期寿命男性为69.63岁，女性为73.33岁。

多方案比较来研究不同存活水平对未来人口发展的影响（图 12—5）。

表 12—1　　**人口模拟预测中方案的主要年份平均预期寿命**　　单位：岁

人口类型	1990 年	2000 年	2010 年	2020 年	2030 年	2050 年	2100 年
城镇男性	70.172	73.062	75.338	76.906	77.970	80.145	83.342
城镇女性	74.182	77.171	79.193	80.401	81.952	84.147	87.968
县乡男性	66.522	69.562	71.838	73.406	74.470	76.645	81.842
县乡女性	70.882	73.971	76.193	77.535	79.152	81.527	86.468

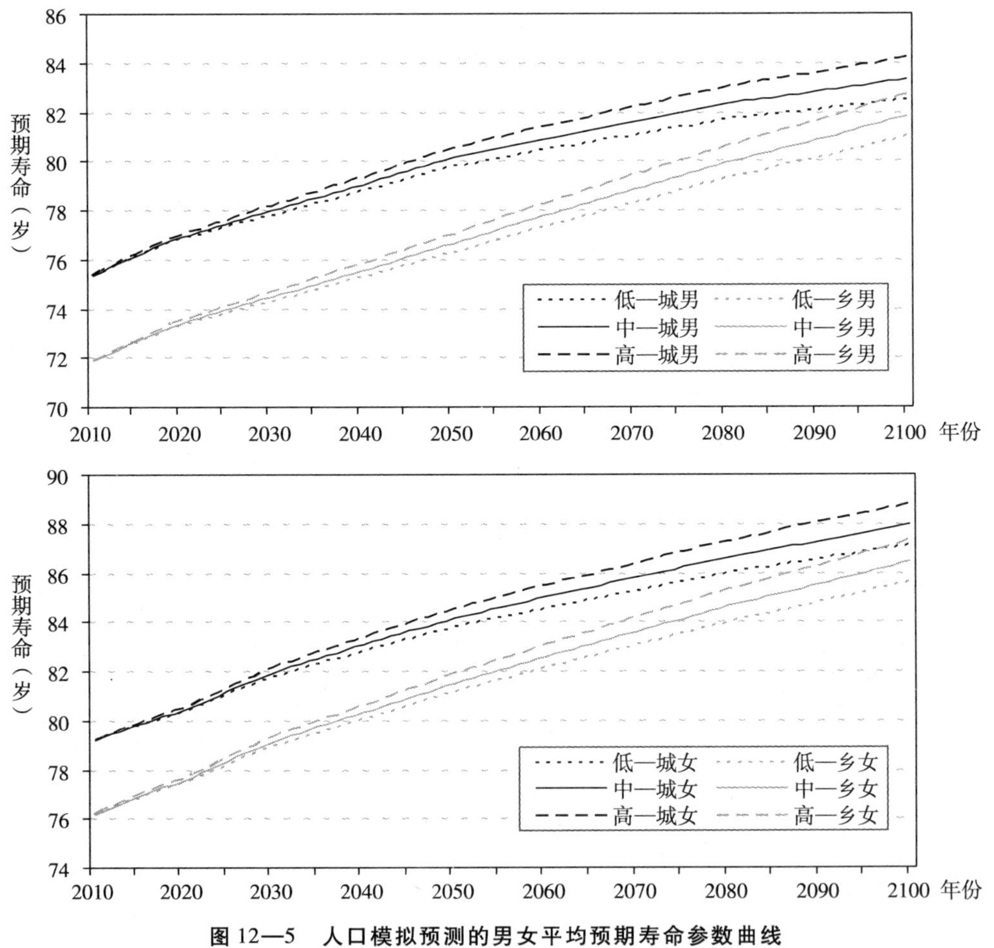

图 12—5　人口模拟预测的男女平均预期寿命参数曲线

在此调整之后，2010 年的成年人口与“六普”结果之间的不一致将通过对 1990 年时的预测基数调整来加以弥合。图 12—5 给出了 1990 年普查公布的年龄别人数（包含军队人口）与本研究模拟调整后的相应结果。上调幅度最大的是“四普”的 0—4 岁组，共调高了 990 万，并且其中仅 0 岁便调高 503 万。其次为 10—14 岁组，调高 387 万。位于第三位的是 30—34 岁组，调高 353 万。此外上调幅度在 100 万以上的还有 15—19 岁组、5—9 岁组以及 60—64 岁组。而下调人数的只有 25—29 岁组和 35—39 岁组。本研究模拟时相对“四普”各 5 岁年龄组人数及其调整幅度见表 12—2。

表 12—2　**对 1990 年普查人数的调整幅度**

年龄组	调整人数（人）	年龄组	调整人数（人）	年龄组	调整人数（人）
0—4 岁	9902157	25—29 岁	-2542056	50—54 岁	821425
5—9 岁	1954901	30—34 岁	3530641	55—59 岁	605968
10—14 岁	3879530	35—39 岁	-499026	60—64 岁	1751843
15—19 岁	2578436	40—44 岁	864971		
20—24 岁	966962	45—49 岁	348600		

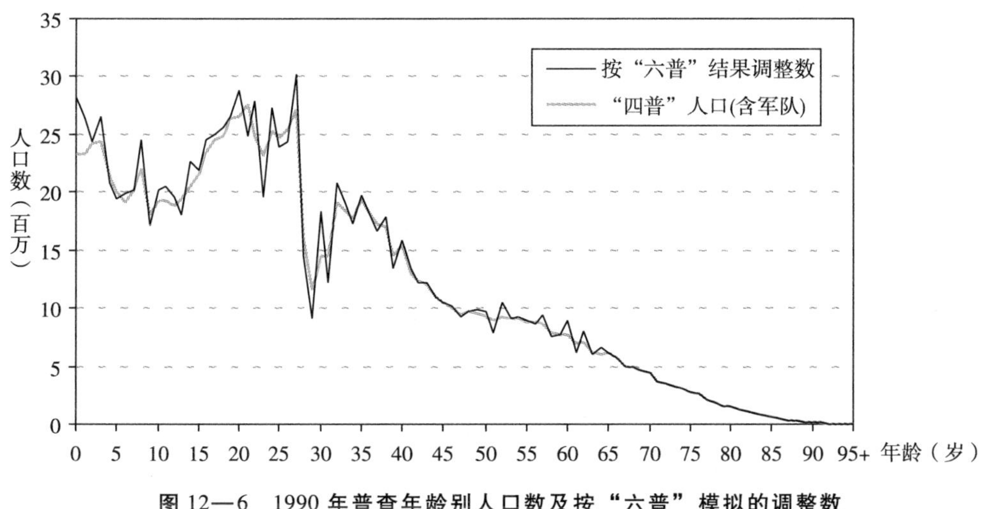

图 12—6　1990 年普查年龄别人口数及按“六普”模拟的调整数

在预测模拟中，1990—2010 年的出生人口数及其性别构成则按照“六普”0—20岁的人口数为基准，实际上已经考虑了出生后各队列人数所经历的死亡影响。预测模拟的人口城镇化进程设置参考了历年国民经济和社会发展统计公报及“六普”的城镇人口比重，而人口城镇化的性别年龄别模式与生育的年龄别模式等其他人口变动参数则参照了2000年人口普查、2005年全国1%人口抽样调查和其他全国人口调查提供的信息。

六 预模拟结果与2000年人口普查结果的对比

本预测输出的人口指标参照时点为每年年末，而2000年人口普查的标准时点则为11月1日。两者之间的2个月时差并不会形成明显差别，因此并不太影响两种结果之间的可比性。

（一）2000年人口数及年龄结构比例

表12—3中提供了2000年人口普查人口数（已经加入军队人口数）和本研究按“六普”模拟的2000年年末输出的人口结果。由于2000年普查调查的有性别年龄信息的人口数仅为12.451亿，此外还有2000多万人（相当于本次普查的1.81%漏报率）并无性别年龄特征。所以，两者之间缺乏可比性。表12—3中按照“六普”结果模拟的信息表明，2000年普查以及国家统计局（2006）后来公布的2000年年底人口统计的少儿人口、劳动年龄人口和老年人口及其比例都存在着明显的漏报，其中少儿人口和老年人口漏报相对比较严重。

表12—3 **2000年人口数及年龄结构比例的比较**

指标	2000年普查*		2000年年底人口**		按“六普”结果模拟	
	人口数（亿）	比例（%）	人口数（亿）	比例（%）	人口数（亿）	比例（%）
总人口	12.451	100	12.674	100	12.750	100
0—14岁	2.845	22.9	2.901	22.9	3.056	24.0
15—64岁	8.723	70.1	8.891	70.1	8.766	68.8
65岁及以上	0.883	7.1	0.821	7.0	0.929	7.3

注：*《中国2000年人口普查资料》，为“五普”性别年龄别人口表数字与军队年龄别人口的合计。

**《中国人口统计年鉴——2005》公布的2000年年底的人口指标。

国家统计局（2006）公布的2000年年底的人口结构比例数字中实际上与“五普”直接登记人口的计算结果相差无几，这表明国家统计局并没有认为“五普”漏报人口都是少儿人口，而是沿用“五普”人口结构比例，直接对调整的年底总人口12.67亿加以年龄段的划分。这种做法与多年来众多人口预测将“五普”漏报的2000多万人口全部作为少儿人口看待的做法完全不同。

（二）对2000年时育龄妇女孩次结构预模拟结果的评估

我国2000年人口普查询问了育龄妇女的子女数。这个信息实际上反映育龄妇女多年以来的生育情况，是其生育数量的合计。并且，由于这个信息并不直接与当年生育相联系，因此该信息的质量一直被认为是显著优于育龄妇女申报的当年生育情况。所以，我们可以利用“五普”的这种信息来与预测到2000年年底时育龄妇女的孩次结构情况进行比较，作为对预测所用生育参数恰当性的一种评价。并且，将同时比较近年官方权威的《国家人口发展战略研究报告》中人口预测采用的高生育率方案和低生育率方案的相应结果。

图12—7表明，以“六普”模拟的育龄妇女在2000年年末的年龄别无孩比例（孩次0就是尚未生育）为标准，2000年人口普查相应比例略高，而国家人口发展战略研究的人口预测结果则更高。这实际上反映出“五普”反映的育龄妇女的无孩比例偏高，而国家人口发展战略研究的人口预测的无孩比例更为偏高。换句话说，按“六普”模拟的结果，在20世纪90年代中的一孩生育年龄其实要略早于“五普”的反映和国家人口发展战略研究的假设。

从图12—7中年龄别一孩比例曲线比较来看，差距更为显著。按“六普”模拟的曲线在25岁前略高于“五普”相应曲线，从新的角度反映出20世纪90年代一孩生育年龄略早于“五普”的结果。但是在25岁以上，按“六普”模拟的一孩曲线则处于“五普”结果和国家人口发展战略研究预测结果之间，上下差距十分显著。也就是说，“五普”中确有一部分已经生育了二孩的妇女瞒报了二孩生育，然而在国家人口发展战略研究预测中对二孩生育瞒报的调整则又过了头，导致预测的一孩妇女比例出现了显著的低估。

图12—8提供了二孩比例和多孩比例的比较。按“六普”模拟的这两种孩次比例的曲线分别又是处于“五普”结果和国家人口发展战略研究结果之间。这同样表明，“五普”中二孩生育和多孩生育也都有一定瞒报，然而

国家人口发展战略研究中对此的统计调整又同样是过了头，这意味着该研究对 20 世纪 90 年代的二孩生育和多孩生育存在显著高估的问题。

类似的问题实际上早在《国家人口发展战略研究报告》的“人口预测”子课题所做的人口基数评价中（2007: 1009）便已经被发现和指出，然而出于整个研究的指导思想是强调人口规模控制仍是当前主要任务，一味否认生育率很低的可能性，因此这类意见并未得到认真的考虑。

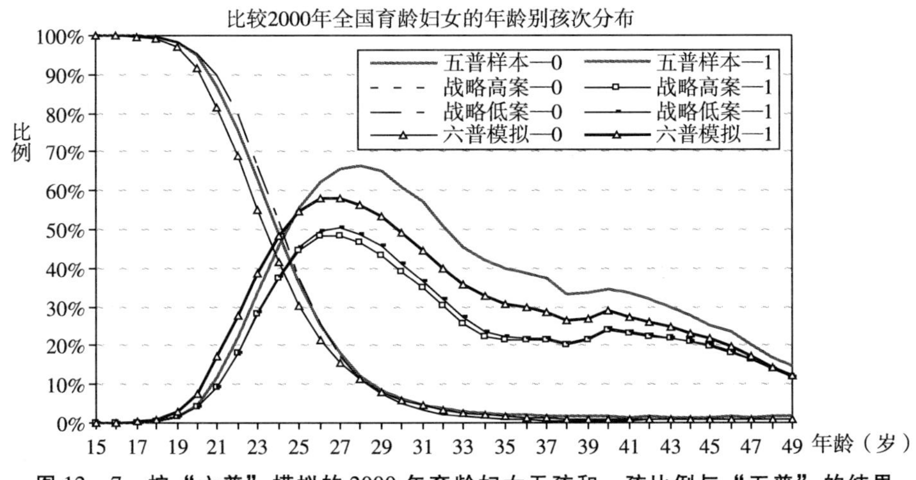

图 12—7 按“六普”模拟的 2000 年育龄妇女无孩和一孩比例与“五普”的结果

图 12—8 按“六普”模拟的 2000 年育龄妇女二孩和多孩比例与“五普”的结果

（三）对2005年时育龄妇女孩次结构预模拟结果的评估

图12—9再将按“六普”模拟的孩次结构结果与2005年全国1%人口抽样调查（简称为“小普查”）数据的孩次结构统计进行比较，其结果和与“五普”比较的结果类似。按“六普”模拟的2005年的无孩比例在27岁及以上处于小普查结果和国家人口发展战略研究结果之间，而一孩比例在29岁及以上处于小普查结果和国家人口发展战略研究结果之间。图12—10中按“六普”模拟的二孩比例和多孩比例曲线也都表现出在很多年龄段上处于另外两种结果之间。这种情况表明，“六普”结果一方面宣示出以往调查确有生育漏报现象，而另一方面又印证了以往多年来生育水平也远不像官方和权威人口学者说的那样高。

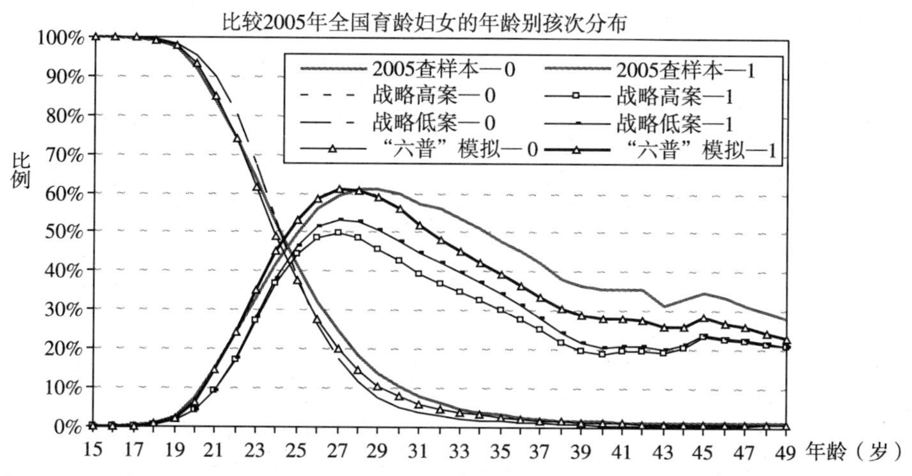

图12—9　按“六普”模拟的2005年育龄妇女无孩和一孩比例与2005年小普查的结果

（四）对少儿人口中的独生子女比例预测结果的评估

本预测采用的递进生育模型不仅可以提供育龄妇女孩次结构的比较评估，而且预测还可以提供每年少儿人口中独生子女的比例（亦称届时独生子女比例）用于比较评估。实际上，一个小孩是否为独生子女取决于其父母是否还生育过其他孩子，因此少儿人口各年龄组中独生子女比例的水平也同样可以间接地反映出以往年份的生育水平。

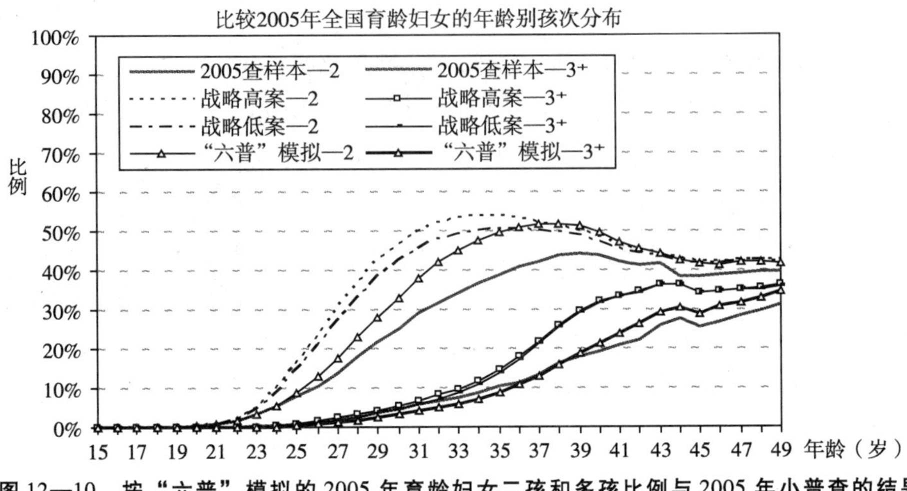

图 12—10　按"六普"模拟的 2005 年育龄妇女二孩和多孩比例与 2005 年小普查的结果

2000 年人口普查数据并不能直接提供少儿人口的独生子女信息，但是 2005 年全国 1% 人口抽样调查由于新设了对 30 岁以下人口询问其兄弟姐妹人数的缘故，所以调查数据中那些申报为没有兄弟姐妹的人实际上就是在调查时的独生子女。

图 12—11 提供了预模拟的少儿人口的年龄别独生子女比例与 2005 年小普查的相应统计。结果表明，按"六普"模拟的 2005 年的年龄别独生子女

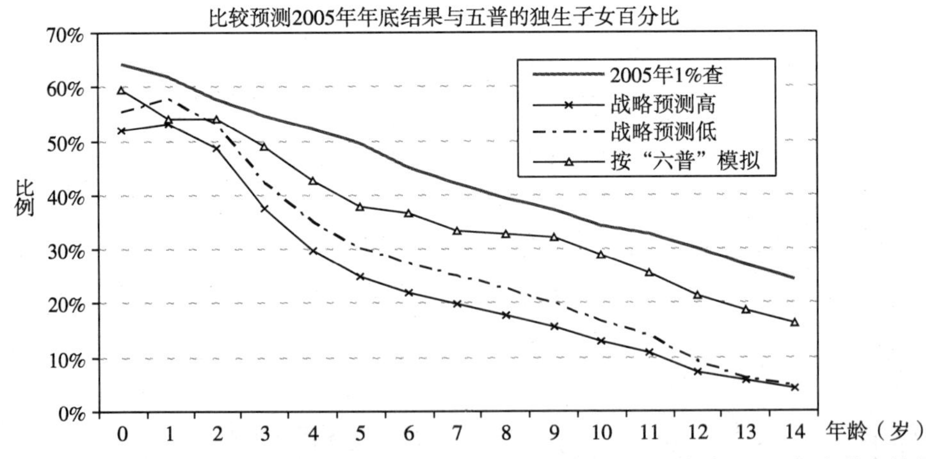

图 12—11　按"六普"模拟 2005 年少儿人口年龄别独生子女比例与 2005 年小普查结果

比例远低于小普查统计的独生子女比例，两者之间大约相差5—10个百分点。然而按“六普”模拟的独生子女比例曲线又远高于国家人口发展战略研究的假设。这种比较结果又从另一个侧面再次说明，“六普”结果证实以往调查确有漏报问题，同时又证实以往多年来官方和权威对生育水平估计显著偏高。

七 模拟发现1990年以来生育率受城镇化进程和推迟生育的影响很大

2000年普查结果表明，尽管总人口合计的城镇人口比重为36.92%，但其中青壮年人口城镇化比重显著高于其他年龄段。也就是说，育龄妇女的城镇化比重也远高于上述总人口合计比重。根据“五普”数据分析，育龄妇女的城镇化比重为40.66%，而生育旺盛期（20—30岁）育龄妇女的城镇化比重则又达到了42.34%。2005年全国1%人口抽样调查数据进一步揭示出，育龄妇女的城镇化比例仍在快速提高，20—30岁育龄妇女的城镇化比重已经远超过半数（55%）。所以，大批原来农村的育龄妇女进入城镇和非农产业，这对于她们的婚育观念和行为自然会产生重要影响，降低她们的实际生育水平。但是，这种情况在以往的人口研究分析和预测中并没有得到充分体现。

生育年龄推迟是另一个在以往人口预测中被忽略的低生育率重要因素。从1990年到2005年，城镇一孩递进生育的平均年龄从24.3岁提高到25.8岁，推迟1.5岁以上；而农村一孩生育平均年龄也在1990年的22.5岁水平上推迟了将近1岁。二孩平均生育年龄也有显著推迟，城镇在2005年平均二孩生育年龄已达30.6岁，比1990年提高1.6岁；农村二孩生育年龄在这15年里提高幅度更大，从26.7岁升为29.5岁，提高2.8岁。生育推迟的作用能使时期生育率低于终身生育水平，因而影响人口进程。

本研究通过设置了“开关”，可以控制在人口预测模拟中是否考虑城镇化因素和生育年龄推迟因素。通过“开”和“关”两种结果之间的差异就可以分别考察这两个因素对人口发展进程的影响作用。在其他条件不变条件下，模拟结果表明，在1990—2010年这20年中，这两个因素对人口进程均能产生非常显著的影响。图 12—12 提供了这两个因素分别对总和生育率的影响作用。从图中可以看出，既不考虑人口城镇化进程也不考虑生育年龄模式变化的总和生育率模拟结果处于最高的位置，在 1995 年以后大体处于 1.7 的水平上。然而，既考虑实际人口城镇化，又考虑生育年龄推迟的总和生育率曲线的水平将会大幅度的降低，在 1998 年以后模拟曲线已经持续低于 1.5，在一些年份甚至会低于 1.4。

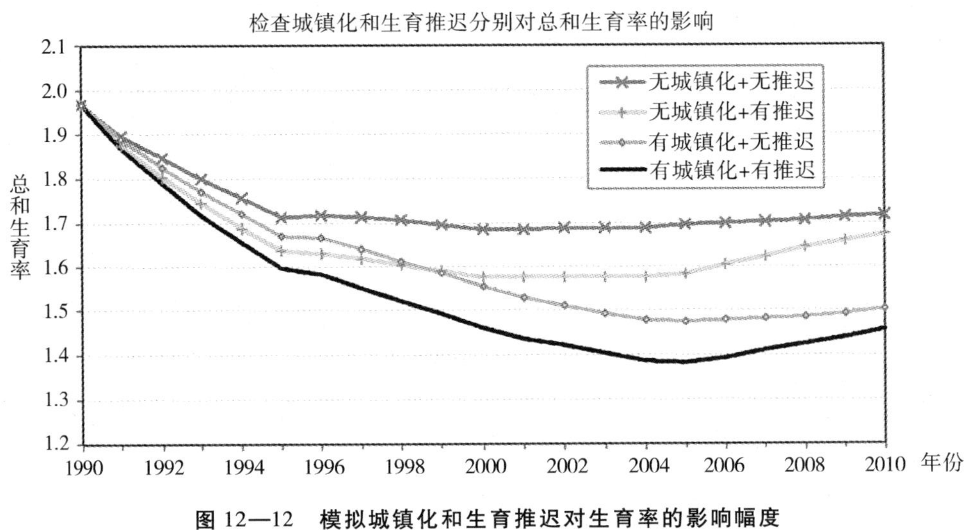

图 12—12　模拟城镇化和生育推迟对生育率的影响幅度

上述模拟实际上是在“六普”主要数据公布前完成的。由于没有 2005 年以后的生育年龄统计数据，因此模拟中假定在 2005 年以后生育年龄模式不再变化。因此可以看出，两条代表“有生育推迟”的总和生育率曲线在这五年里都出现了提高。并且，所用的是本研究较早前对 2010 年人口城镇化水平所做的估计，实际上显著低于“六普”公布的结果。也就是说，即使对这两个因素的影响还考虑得并不充分，但是模拟结果已经足以证明，生育年龄推迟因素对总和生育率的影响幅度是非常显著的，相比之下，人口城镇化对总和生育率的影响则更大。总而言之，这两个重要的低生育率因素在以前往往都被忽略了，而它们却是人口研究和预测中必须充分考虑的。

八　小结

本章是本研究进行两阶段人口模拟预测的技术操作说明。本研究的人口模拟预测以2010年第六次全国人口普查的人口性别年龄结构为靶标，先进行1990—2010年的人口进程模拟，然后再继续进行2010—2100年的多方案人口预测。第一阶段的人口进程模拟目的是为了检查和评价近20年来人口统计与研究结果，第二阶段的人口预测则是为了在“六普”结果基础上重新探讨未来中国人口发展战略问题。这两个阶段模拟预测的研究结果将在随后两章中呈示。

作为第一阶段人口模拟的检查，本章对若干时点的人口结构与2000年“五普”或2005年小普查结果以及官方权威研究结果的比较中已经可以看出端倪，多年来我国在生育水平上的迷茫与缺乏科学证据的统计调整，已经导致以往人口统计与“六普”结果之间存在着巨大差异。然而，这些问题还没有得到应有的重视，对正确把握当前人口状况和未来人口趋势构成了威胁。

实际上，育龄妇女的孩次结构信息与少儿人口的独生子女信息不仅是人口规划和政策研究的重要参考，而且是研究分析家庭结构和代际关系的基础数据。因此，使预测结果能够更贴切地反映实际情况是极为重要的原则。

参考文献

蔡泳：《“六普”分年龄性别人数》，美国北卡罗来纳大学网，http：//www. unc. edu/—caiyong/papers/sex. age. 2010. pdf，2011年10月18日。

国家人口发展战略研究课题组：《国家人口发展战略研究报告》，中国人口出版社2007年版。

国家统计局人口和就业统计司：《中国人口统计年鉴——2005》，中国统计出版社2005年版。

国务院人口普查办公室、国家统计局人口和社会科技统计司：《中国2000年人口普查资料》，中国统计出版社2002年版。

国务院第六次全国人口普查办公室、国家统计局人口和就业统计司编：《2010年第六次全国人口普查主要数据》，中国统计出版社2011年版。

马瀛通、王彦祖、杨书章：《递进人口发展模型的提出与总和递进指标体系的确立》，《人口与经济》1986 年第 1—2 期。

翟振武、陈卫：《1990 年代中国生育水平研究》，《人口研究》2007 年第 1 期。

Bongaarts, John and Griffith Feeney, "On the Quantum and Tempo of Fertility", *Population and Development Review*, 24(2), 1998, pp. 271 - 291.

Feeney, Griffith, Parity Progression Projection, *International Population Conference*, *Florence* 1985, vol. 4. International Union for the Scientific Study of Population, 1985.

第十三章
“六普”结果表明以往人口估计和预测严重失误

一　研究背景与研究目的

2010 年第六次全国人口普查公布的主要数据表明，全国内地总人口为 13.3972 亿。其中，0—14 岁少儿人口所占比例为 16.60%，60 岁及以上老年人口占 13.26%，而 65 岁及以上人口占 8.87%。这些主要数据明确告诉人们，中国总人口的增长远低于以往人口预测和规划的水平，而在人口结构方面的少子化和老龄化则又明显超出了以往人口预测和规划。这些结果已经充分地揭示出，近 20 年来，在人口预测与规划中普遍存在着对中国生育水平和出生水平的严重高估，进而导致低估人口老龄化。

图 13—1 提供了 2000—2010 年每个年度《国民经济和社会发展统计公报》中的人口总数，同时提供了政府主管部门在制订“十五”和“十一五”人口规划时所使用的人口预测结果来进行比较。实际上，在近年制订五年人口规划时都将总和生育率（TFR）设定为 1.8 进行预测，然而对比历年统计公报的总人口数与最新公布的“六普”总人口数，已经足以表明以往人口预测所使用的人口基数与总和生育率的假定严重脱离实际。

“十五”规划时人口预测所用的 2000 年人口基数要远高于“五普”公布数，而且其 2005 年预测人口数比 2005 年全国 1% 人口抽样调查公布的总人口数高出 2000 多万。10 年前这个人口规划预测之所以产生如此大的偏差，一方面是由于当时高估了未来年份的生育率，另一方面是因为当时采用的人口基数过大，即高估了 20 世纪 90 年代的生育水平。

“十一五”规划时的人口预测没有再调整人口基数，直接采用了 2005 年

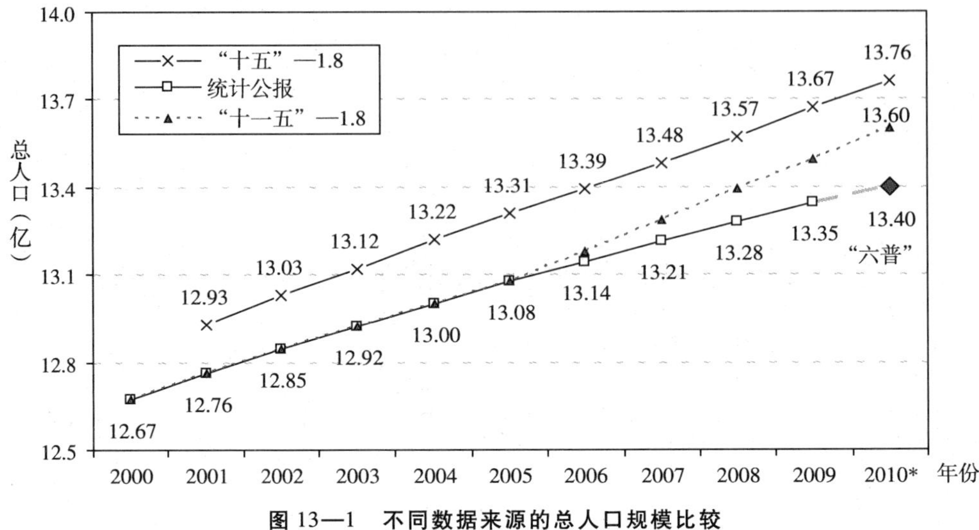

图 13—1　不同数据来源的总人口规模比较

注：图中“统计公报”为历年《国民经济和社会发展统计公报》公布的年末数据。国家计生委所做的“十五”人口规划预测数引自庄亚儿、张丽萍（2003）编《1990 年以来常用人口数据集》。“十一五”人口规划预测数引自国家人口计生委《全国“十一五”人口和计划生育事业发展规划》（2006）。

＊“六普”为 2010 年 11 月 1 日零时的人口数。

全国 1% 人口抽样调查的人口数作为基数，然而总和生育率假定依然照旧，结果其预测总人口仅在 5 年后便又比“六普”总人口高了约 2000 万。产生这个偏差主要是由于高估总和生育率。

人口预测在短短几年中产生如此之大的偏差并不是人口预测方法的问题，而是因为预测采用的人口基数和人口变动参数假定严重脱离实际。郭志刚（2004）曾经根据多种人口调查数据的分析结果指出，在 20 世纪 90 年代后期，总和生育率（作为时期实际生育水平测量）已经处于 1.5 以下的可能性很大。即使考虑一定程度漏报而需要调整，仍用总和生育率为 1.8（甚至以上）作为当时的实际生育水平显然已不合适。然而，这种预警一直没有得到重视，近年来几乎所有人口预测和规划都忽略了实际生育水平更低的可能性。不过仅仅几年后，“六普”公报的总人口数便印证了以往人口预测和规划中存在的这种致命缺陷。可见，在 20 世纪 90 年代初中国总和生育率下降到更替水平以下以后，政府主管部门和人口学界反而失去了对总和生育率的正确把握，这种迷茫已经持续了 20 年。那么，以往 20 年间中国的总和生育率到底有多高？这个问题不解决，就无法回答以往人口预测和规划中到底对总和生育率高估多少的问题，也无法搞清人口出生的实际水平和高估幅度。

“六普”提前公布的主要数据并不包括生育率，因此并不能回答这些问题，而且即使正式出版的“六普”人口数据集提供的统计结果也不能直接回答上述两个问题。因为按照普查人口数据的标准表式，也只能提供人口普查前一年中的生育率。然而，人口是一个系统化的发展进程，严格遵循人口变动的自身规律，因此可以应用人口预测技术来模拟再现出以往20年的人口进程，以获得对以往人口发展的总体把握，大体估计出各年相应的人口统计指标。通过这样的模拟估计，还可以大体推算出以往公布各种人口指标的偏差程度。本研究的目的就是试图完成上述这种人口模拟预测工作，并进行多种主要指标的比较和分析。

二　模拟结果与其他来源统计的比较与分析

当前的人口总量及其年龄结构中镌刻着以往数十年的人口经历。本研究的预测模拟要达到的主要目标是：假定“六普”数据准确无误，模拟出1990—2010年各种人口指标。然后，用这套与“六普”性别年龄别人口数相一致的模拟结果与以往不同渠道公布的人口统计加以比较，探测以往人口统计能否经得起“六普”结果的检验。

（一）前些年高报了出生水平

图13—2提供了模拟的以往年份年出生数与相应历年国民经济和社会发展统计公报的出生数的比较，从中可以看到，1990年统计公报的出生数显著偏低，1991—1993年公报出生数则与“六普”结果较为吻合：1994—2003年的公报人口出生数则显著偏高，尤其是1996—1999年严重偏高，差额达到400万左右。这些人在“六普”时已经10岁以上，不应该存在显著的漏报问题，死亡也不会对队列人数有明显影响。

再来看以往出生的绝对数量，根据“六普”结果，1996年起出生数已经降到1658万，在1999—2003年甚至降到1500万以下。尽管在最近几年出生人数略有回升，但保持在1600万以下的水平。计算各年公报出生数减去

“六普”模拟出生数的偏差，然后从1990年开始逐步累计出生偏差数就可以看出，20世纪90年代前期的统计公报偏低结果在1996年时便已经被后来高报的人口出生数所完全抵消，2000年时出生累计偏差为1600万，到2005年时已经高达2400万。由于近年来统计公报的偏差很小，因此最近5年中上述出生累计偏差仅增加74万。

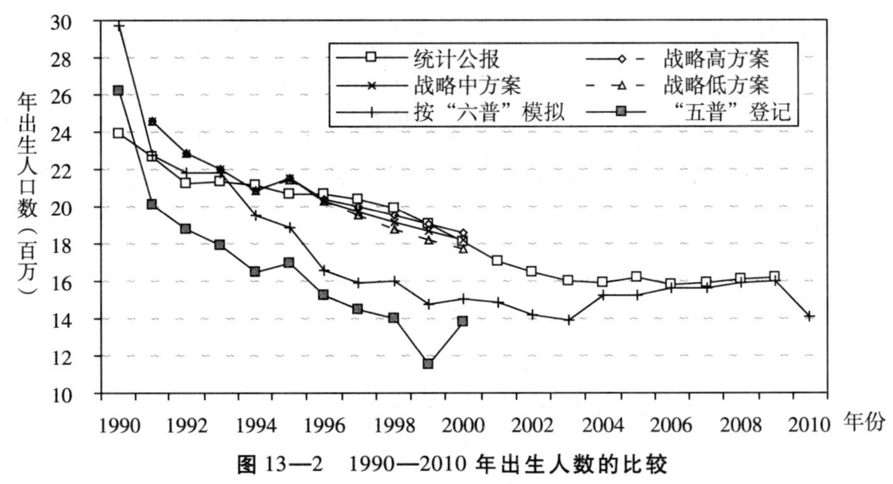

图13—2　1990—2010年出生人数的比较

资料来源及说明：

①　统计公报：为历年《国民统计和社会发展统计公报》的出生人数。

②　战略高、中、低方案：见《国家人口发展战略研究报告》（上卷），中国人口出版社2007年版。

③　按“六普”模拟：本研究根据“六普”人口结构模拟的1990—2010年出生人数。

④　“五普”登记：《中国2000年人口普查资料》，中国统计出版社2002年版。

图中仅举近年最具权威影响的国家人口发展战略研究对20世纪90年代的出生估计为例，来反映以往出生估计中的通病。由于“五普”低龄人口数据遭到强烈质疑，该研究在开展正式人口预测之前必须先要作出对20世纪90年代的可接受的出生估计。图13—2中还提供了翟振武和陈卫（2007）用教育统计的小学生数据估计的20世纪90年代的高、中、低方案的出生人口数曲线（战略高、中、低方案），这套出生人口数量估计曾被用于国家人口发展战略研究的人口预测来调整低龄人口基数的标准。一些研究已经指出，很多证据表明教育统计数据与其他统计一样也存在着本身的问题，并不见得那样纯净和准确，并且研究估计在逻辑和方法上也有值得商榷之处（蔡泳，2009）。然而，这种出生估计一直是政府主管部门主要依赖的估计。从图 13—2 可以看出，这套出生人口数量估计在前期略高于统计公报出生数，在后期略低于统计公报出生人口数。然而，如果以“六普”结果为标准来检验，这套出生估计的主要问题也同样是严重偏高。同时表明，以此套出生估计为基础，当然会将 2000 年的低龄人口数调得很大，那么就意味着实际人口预测尚未开始便已经注定严重有偏了。

此类问题在以往人口研究和预测中非常普遍，极少例外，就是因为以往人口研究中盛传 30% 出生漏报率的强大影响，然而，如此之高的漏报水平不过是以讹传讹，从未在全国层面得到过确凿的证实，不少证明这种高漏报的间接人口估计却一再出现明显的错误和缺陷，但是由于有政府主管部门采信和发布，得以上下传播，左右社会舆论。正因为如此，当“六普”公布的少儿人口比例极低，只有 16.6%，表明我国人口的少子化程度十分严重，远超以往预期水平，使上上下下都感到十分吃惊。然而，冰冻三尺非一日之寒，图 13—2 表明这种少子化过程早已开始，也早现端倪，只是人们一味拒绝相信而已，反而基于一些不实的间接估计构建出一幅与事实大相径庭的人口图景。

图 13—2 中还提供了 2000 年人口普查相应低龄出生队列的人口数，而且并没有考虑死亡影响来回推队列出生时的人数（实际上要更多一点）。与“六普”结果比较，“五普”的低龄组人口数的确存在显著漏报。但与以往年龄越小漏报越严重的经验相反，“五普”时 5 岁以上的年龄组（即 1990—1994 年间出生）的偏差更大，而更幼小的年龄组人数反而相对更接近“六普”结果。更重要的是，若以“六普”人口为标准，1995—2000 年，统计公报出生数和从教育统计估算的人口出生数反而要比“五普”低龄人口的偏差幅度更大。这就表明这些年份出生人口估计中包含的漏报调整过大，基本上被“六普”结果所否定。综合起来看，尽管“六普”结果表明“四普”数据有严重的低龄人口漏报问题，然而相比之下，随后年份出生人口数高估、高报的问题更为突出。

1992 年国家计生委的 38 万人调查初次显示总和生育率远低于更替水平后，人们一时难于理解和解释，因而对出生漏报的指责和压力越来越大，于是后来进行统计调整的幅度也就越来越大。直到 2000 年第五次全国人口普查及 2005 年 1% 人口抽样调查以后，人们才逐渐意识和接受生育水平很低的现实，因而对出生统计也不再像以前那样过分调整，反而开始对以前高报的出生水平加以修正了。然而，如前所述，以往出生人口统计高报的累计偏差已经非常大，很难一下调下去。如果以出生率指标来比较，1996—1999 年这 4 年统计公报的人口出生率要比模拟结果均高出 3 个千分点以上。

（二）死亡水平略有高报

图 13—3 提供了 1990—2010 年死亡人数的比较，从图中可以看到，1991—1998 年统计公报的死亡人数与“六普”结果的差异逐渐扩大，1998 年两者的差距约为 32 万人。1999—2004 年，两者之间的差距又逐渐缩小。2004 年和 2005 年两者已经很接近，然而在此之后，两者之间的差距又骤然扩大，达到了 59 万。应该指出，最近 4 年统计公报的死亡水平迅速攀升是个奇怪的结果，由于“六普”模拟结果已经将人口结构变化和期望寿命提升的影响包括在内了，因此这样的死亡水平攀升显得不成比例。研究发现，近年统计公报死亡水平的攀升实际上越来越接近联合国 2008 版对中国人口预测的水平。然而，联合国 2008 版预测的中国死亡率水平在整个 20 年的预测模拟期间一直远远高于按“六普”人口模拟的死亡率水平。于是可以推测，近年统计公报的死亡人数偏高可能是为了抵消部分人口增长，来追求全国总人口数及其增长方面的平衡所作出的调整。若从死亡率指标来比较，在 1993—2000 年间的多数年份中，两者之间的差距都在 0.3 个千分点以上，2004 年和 2005 年两者比较接近，但最后几年两者之间差距又增大为 0.4‰左右。

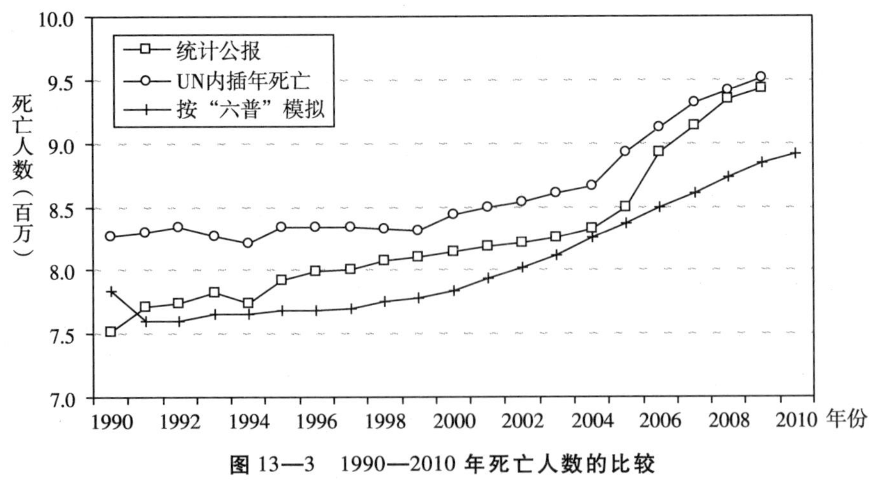

图 13—3　1990—2010 年死亡人数的比较

（三）高报了人口增长数

图 13—4 提供每年人口增长数之间的比较，从图中可以看出，1991—1993 年统计公报的人口增长数与“六普”模拟结果之间的差异很小，反映出在 20 世纪 90 年代前期，统计部门对人口指标的调整并不太大。然而，1994—2003 年间的统计公报人口增长数与“六普”结果之间的差异则是先增大、再缩小。差距最大时处于 1996—1999 年，统计公报人口增长数偏高均在 350 万以上。但是，2004 年后统计公报的人口增长数却已经十分接近于“六普”结果。因此，“六普”结果揭示出以往明显高估了人口增长。由于人口增长是由出生和死亡两个部分的人口变动决定的，而以上比较揭示出以往的出生偏差要以百万计，而死亡偏差则是以十万计。以往出生和死亡的高估反映到人口增长上时并不是二者叠加，而是相互抵消，所以图 13—4 中的人口增长偏差完全是高估出生被高估死亡抵消后的剩余影响。

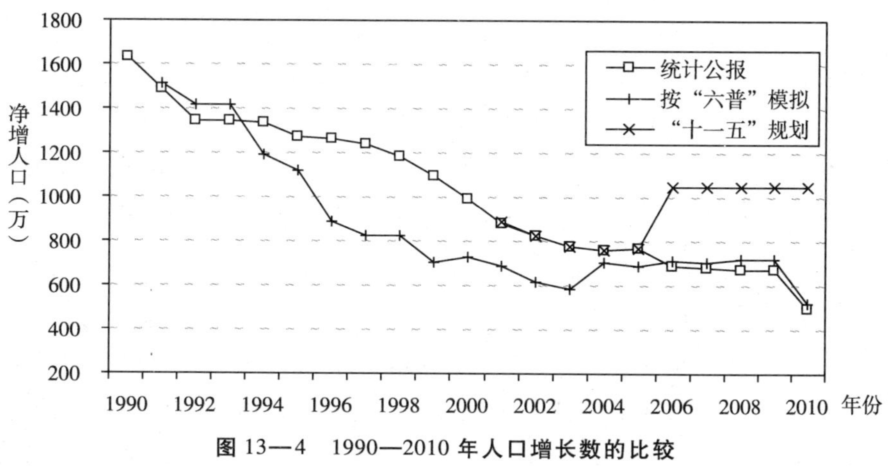

图 13—4　1990—2010 年人口增长数的比较

图 13—4 中还比较了根据“十一五”人口规划预测各年人口数计算出的年增长人数。尽管该人口规划声称是用 1.8 的总和生育率做的预测，其实 2001—2005 年人口增长数直接采用了统计公报结果，2006—2010 年规划期间的每年人口增长数则是一个常数（1048.8 万），且数值远高于统计公报和“六普”模拟的相应结果。要是从人口自然增长率指标来比较，在差距最大

的 1996—1999 年这 4 年中，统计公报的人口自然增长率偏高约为 3 个千分点。在 2004 年以后，两者的差距很小。

（四）以往的人口预测低估了老龄化水平

人口统计学原理告诉我们，严重高估出生水平和生育水平必然会导致严重低估人口老龄化，并且我们还发现，近年来统计公报公布的老年人口比例已经明显高于用总和生育率 1.8 预测的结果。这就表明，以往人口预测中的偏向现在就已不能忽视，那么这种偏向对未来的人口老龄化的低估将更为严重。

图 13—5 提供了按“六普”结果模拟所反映的以往 65 岁及以上老年人口比例的动态变化，并对比历年统计公报的老龄化指标①，以及 21 世纪初国家人口计生委按总和生育率为 1.8 进行预测的老年人口比例②和国家人口发展战略研究的预测结果。其中，“六普”模拟结果反映出人口老龄化在以前 20 年中大致呈线性均匀发展。与之相比，以往历年统计公报公布的老年人口比例除了两端年份还比较接近外，中间多年的水平都明显偏低。统计公报的 2009 年年底统计到 2010 年“六普”调查不到 1 年的时间，但老年人口比例提高幅度却明显大于以往年份提高幅度。这并不能理解为在 2010 年有规模非常大的队列步入 65 岁及以上所致，因为从“六普”结果模拟的老年比例中已经包含了这个因素。这两条曲线之间的差异在 2005 年起开始缩小，其实反映出国家统计局对上述人口统计偏向有所认识，并且开始有意识地作反向调整，以便克服以往的偏差。

相比“六普”模拟结果，2001 年国家计生委在编制“十五”人口规划中预测的老年人口比例则保持同一趋势不变，因此使偏低程度越来越大。而国家人口发展战略研究课题的人口预测虽然做得最晚，然而其中生育水平各方案（代表 2005 年开放“双独”夫妇、“单独”夫妇生育二孩以及全面放开生育二孩的模拟）的老年人口比例的偏差却比以前的预测还要大。总之，我们看到这两个人口预测中的老年人口比例仅仅在几年之内，便已经与实际

① 在统计公报的人口老龄化曲线中，2000 年和 2010 年的统计实际上来自人口普查结果。

② “十一五”人口规划文本中没涉及人口老龄化方面，也没有找到相应人口预测数据。

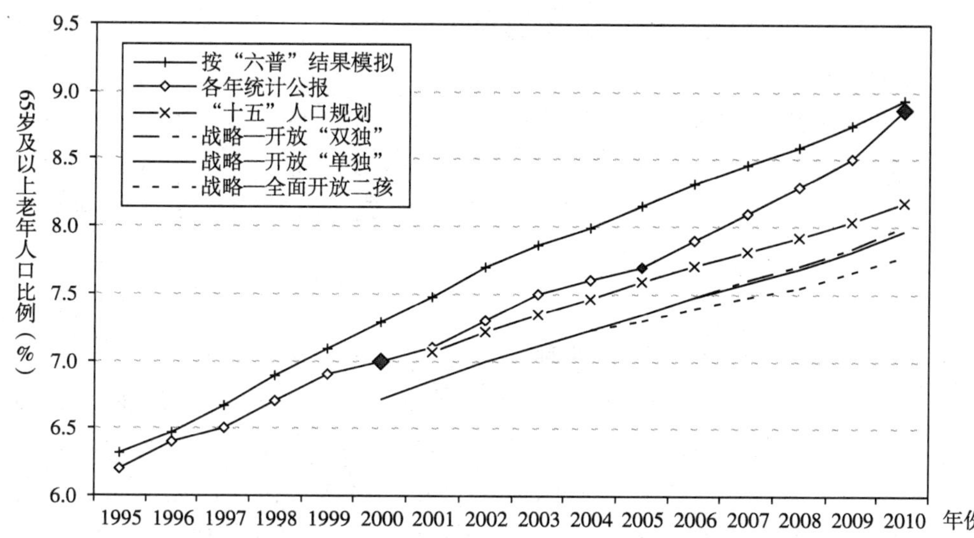

图 13—5 1990—2010 年 65 岁及以上老年人口比例的比较

资料来源及说明：

①统计公报的老年比例曲线中的菱形标志年份的数字来自全国人口普查或 1% 人口抽样调查的结果。

②进行"六普"模拟时为了与各年度对应，取各日历年末的老年人口比例，因此 2010 年模拟结果略高于"六普"（即 2010 年 11 月 1 日）的结果。

③"战略"代表国家人口发展战略人口预测，包括在 2005 年分别开放"双方均为独生子女的夫妇"、"一方为独生子女的夫妇"及"所有夫妇"生育二孩的三个方案。

情况差出约 1 个百分点。可以预期，如果以往人口预测中的偏差继续被视而不见，那么这种偏向对未来的人口老龄化的低估将会更为严重。

以上比较清楚地表明，以往高估出生及过分的统计调整严重地低估和掩盖了人口老龄化的真实水平，实际上是用主观猜测但实际并不存在的出生人口在统计上"缓解"了人口老龄化。尽管本研究对"六普"的模拟分析发现，以往低估人口老龄化还有对人口预期寿命低估的原因，但是这种影响相对较小，远不能与高估出生人数和生育水平的作用相提并论。

有一种观点认为，由于出生漏报和生育水平被严重低估，以往人口预测高估了未来人口老龄化和劳动力数量减少的风险，甚至在"六普"主要数据公布之后还有人这样说。然而，这种说法只是泛泛地提出推断结论，却从不列举几个有影响的人口预测的实例来证实自己的观点。这种说法完全是沿用一种虚假图景来掩盖事实的真相，只能继续严重干扰对当前人口形势面对的主要问题的理解和把握。

总之，尽管“六普”结果表明以往调查存在漏报，但是如图 13—2 所示，以往对出生和低龄人口的漏报问题被严重夸大才是以往老年人口比例被低估的最主要原因。以往对人口预期寿命水平估计偏低，而且在人口预测中对预期寿命的提高速度又估计不足，则是次要原因。

（五）其他年龄结构指标的问题

值得注意的是，以往年份统计公报中的老年人口比例变化比较均匀，但其他年龄结构比例则不是这样。图 13—6、图 13—7 分别提供了统计公报的少儿人口比例和劳动年龄人口比例，并与按“六普”模拟的相应指标进行比较。从图中可以看出，统计公报的这两种人口结构指标的变化动态都呈现出极为明显的阶梯状。并且，跳跃性变化均发生在实施全国人口普查或全国 1% 人口抽样调查的年份。此外，这两种指标的跳跃性变化具有反向对应、幅度相当的特点。

这种夸张的变化特征并不是实际人口进程的表现，而是反映出作为每年统计公报数据基础的人口变动调查的年龄结构特征与全国人口普查或 1% 人口抽样调查的年龄结构特征总是差异很大。但更可能的原因是，只有全国人口普查或 1% 人口抽样结果才足以反映到统计公报的年龄结构统计中去，而其他年份的统计公报则是结合当年人口变动调查结果与以往人口统计的趋势外推两者来估计，因此少儿比例的外推便很容易受到高估出生偏向的影响。几年后高估的出生人口数便累计很多，然后再根据新的更大规模全国调查结果做一次调低。于是，这两个指标均产生了跳跃性的变化。根据“六普”模拟结果和统计公报这两种年龄结构指标的变化特点可以看出，以往平常年份统计公报的少儿比例倾向于偏高，而劳动年龄人口比例则倾向于偏低。这种情况表明，人口变动调查的主要漏报特点并不像通常想象的那样，主要漏报的其实并不是低龄人口，而是劳动年龄人口，而且很可能是青壮年流动人口。

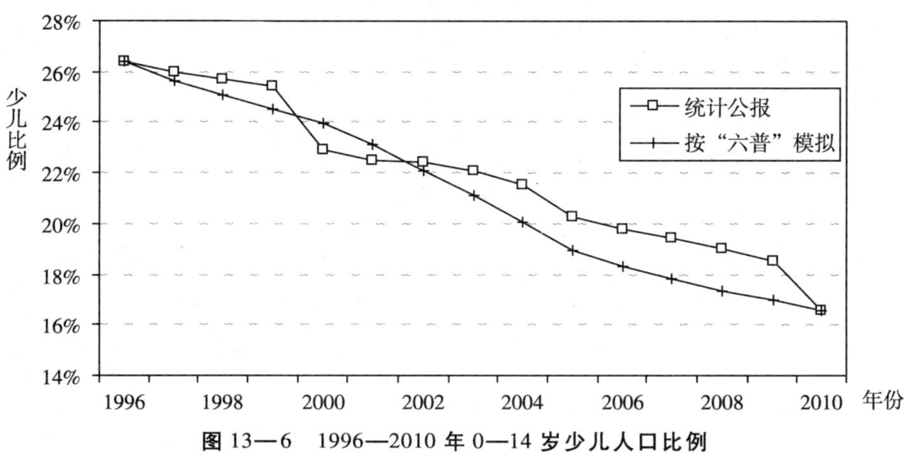

图 13—6 1996—2010 年 0—14 岁少儿人口比例

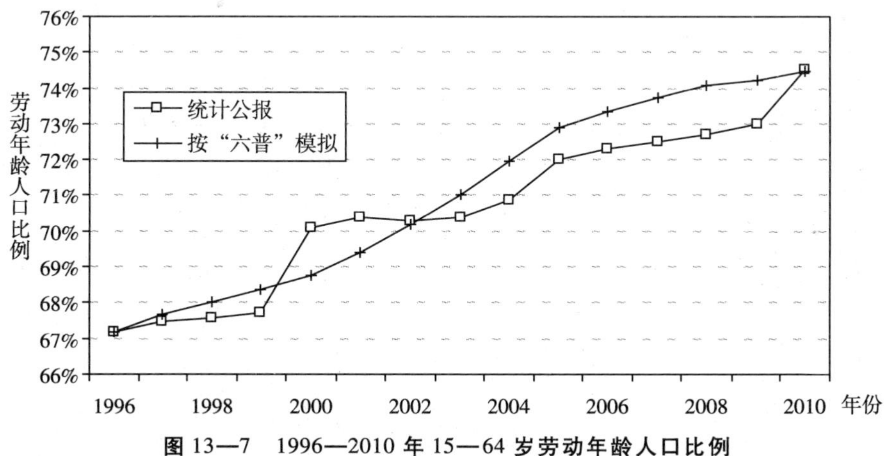

图 13—7 1996—2010 年 15—64 岁劳动年龄人口比例

（六）长期以来总和生育率一直很低

总和生育率是研究当前人口形势和未来发展趋势时极重要的一个指标。它的水平影响着每年的出生数量，也影响着人口少子化和老龄化进程。近 20 年来，绝大多数全国人口调查数据的总和生育率均处于 1.3—1.5 之间，这些人口调查既包括国家统计局进行的历年人口变动调查①，也包括国家人

① 每年《中国人口（和就业）统计年鉴》都公布人口变动调查的年龄别生育率，只有 1991 年、1992 年、1993 年除外，当时很可能是由于生育率骤降而感到没有把握，因此未予公布。将各年份的所有年龄别生育率加总便能计算出相应的总和生育率。

口计生委自己开展的多次人口调查。种种迹象表明，中国生育率的发布好像并不是由国家统计局负责，而是由国家人口计生委负责。但长期以来，国家人口计生委一直坚守着 1.8 的总和生育率口径，以致政府部门所做的人口规划乃至包括“国家人口发展战略研究”课题在内的绝大多数人口预测也大都依据 1.8 左右的生育率假定。

“六普”主要数据公布以后，一些人口学者曾据此作出经验判断或生育率匡算，得出中国生育率确实很低的结论。而本研究用模拟预测方法则能将比较分析的视野扩展到以往 20 年。图 13—8 提供了不同来源总和生育率的比较。其中，按“六普”结果模拟的总和生育率十几年都处于 1.5 以下的低水平，不少年份甚至连 1.4 都不到。这就表明，“六普”结果确认了以往多次人口调查已经揭示过的极低生育水平。相比之下，政府主管部门长期坚持的总和生育率 1.8 的口径则极为脱离实际。

至于图 13—8 中 2006 年全国人口和计划生育调查显示在 2005 年前后的生育率大幅度回升，不但没有得到同期或以后的其他人口调查的印证，而且又一次被“六普”结果所否定。2006 年的调查结果之所以异常，是因为其调查样本偏差极大所致。依托这样一个样本严重有偏的调查结果，所谓“生育反弹、形势严峻”之风曾经一度劲吹，以致中共中央、国务院发出的决定中提出要“千方百计稳定低生育水平”。但后来事态发展却表明并没有什么“生育显著反弹”，反而是人口老龄化先期而至了。当时，这股风大大助长了对中国生育水平的错误认识，对判断人口形势和制定决策产生了严重误导，危害很大。令人遗憾的是，这个问题一直被回避，并未得到应有的正本清源。

图 13—8 中还提供了国家人口发展战略研究对 20 世纪 90 年代总和生育率的估计，只包括了研究课题所专门推荐的高方案和中方案结果。这两个方案的总和生育率估计在前半段与统计公报几乎相同，在后半段则略低一些，2000 年高方案估计为 1.77，而同年中方案的估计为 1.68。从图中可以一目了然，这套估计与实际调查结果相距甚远，同样也被“六普”模拟结果所否定。

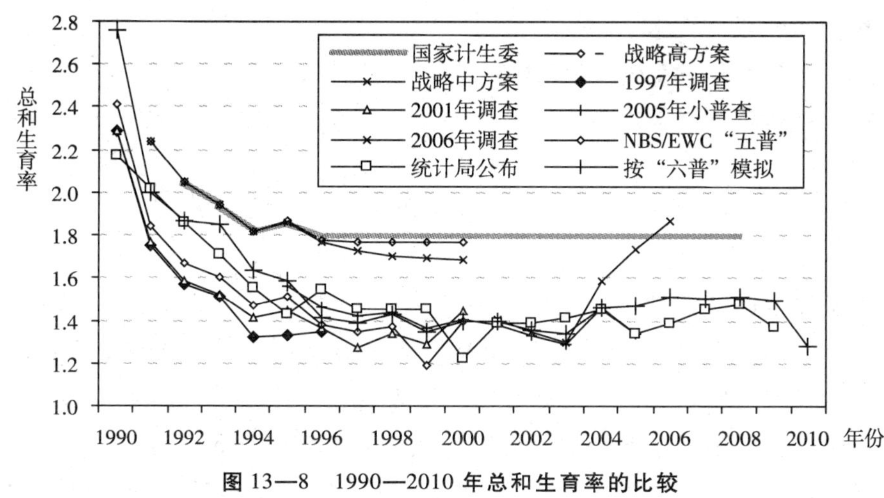

图 13—8 1990—2010 年总和生育率的比较

资料来源：

①国家计生委：《人口和计划生育常用数据手册——2008》，中国人口出版社 2009 年版。

②③战略高方案、战略中方案：《国家人口发展战略研究报告》（上卷），中国人口出版社 2007 年版。

④1997 年调查：郭志刚（2000）根据 1997 年全国人口与生殖健康调查数据计算。

⑤2001 年调查：丁峻峰（2003）根据 2001 年全国人口与生殖健康调查数据计算。

⑥2005 年小普查：郭志刚（2008）根据 2005 年全国小普查 2‰数据样本估计并调整。

⑦2006 年调查：《2006 年全国人口和计划生育调查数据集》，中国人口出版社 2008 年版。其中 2006 年总和生育率引用该调查的数据公报（国家人口和计划生育委员会发展规划司，2007）。

⑧NBS/EWC “五普”：中国国家统计局/美国东西方中心（2007）根据 2000 年全国人口普查数据估计。

⑨统计局公布：见国家统计局人口（和就业）统计司（1990—2010）。其中 1991—1993 年未提供数字，以 1990 年和 1994 年生育率线性内插值代替。

⑩按“六普”模拟：郭志刚（2011）根据“六普”人口结构模拟的 1990—2010 年总和生育率。

此外，还需要强调如图 13—8 中所示以往总和生育率变化的动态特点。本来，这些特点已经体现在以往的调查结果中了，但按“六普”模拟的结果则表现得更为清晰：20 年来，中国总和生育率的变化动态并不是一个徐徐下降的线性过程。在 20 世纪 90 年代初，总和生育率急剧下降。在 1996—2003 年最低，仅为 1.4 左右。后来的几年略有回升，也不过只有 1.5 的水平。这个下凹的非线性特征在以往研究中也被忽视，往往是采用简单线性假设，即在两个时间端点的生育率之间连接一条直线，这种做法也会自然高估其间的生育率和出生水平。

总之，“六普”结果再次表明，中国人口已经不是一般的低生育率，它已经低得远远超过以往的认识和想象。

三 小结

本研究根据“六普”人口金字塔测算的年龄别人口数，采用预测模拟方法推算了以往20年中国人口进程及其相应指标。本研究虽然是探测性的，而且在比较分析中以“六普”结果为标准，并未对“六普”数据本身的质量加以研讨，但基本结论仍然具有重要的启示和参考价值。

中国人口进入低生育水平的20年来，人口统计研究陷入一种迷茫状态，思想认识严重落后于实际，失去了对人口进程的整体把握。本研究通过对比“六普”结果与以往人口统计之间的差异，旨在说明人口统计迷茫的根本原因既不是数据质量问题，也不是技术方法问题，而是研究背后的思想认识出了问题。回顾人口统计研究的经验教训，以往对人口调查及其统计结果没有给予应有的充分尊重，对统计数据的调整过于主观随意，结果陷入了一个人口统计怪圈：一方面不断开展人口调查，而另一方面又不断用过分的统计调整来否定这些调查结论。本研究的比较和分析表明，多年来对统计数据所做的缺乏科学根据的过分调整甚至比不调整的问题更大，而且这种过分调整导致更大的思想混乱，更加误导对人口形势的判断和应对决策的制定。

历史的经验值得注意。2000年“五普”以后，人口统计的质量几乎遭到彻底否定，很多研究都依据以往年份统计公报的出生数来论证“五普”数据质量极差。其实，不论“五普”数据质量有什么问题，毕竟它来自实际调查，用人为大幅度调整过的以往公报统计来证明直接调查结果有误首先在逻辑和方法上就是荒谬的。更有一些人口研究居然还援引“人口学多数意见”或者“联合国估计”来作为自己的论据，更是研究上的奇谈怪论。

“六普”以后，人口学研究是否会再次步入那个人口统计怪圈，仍然需要警惕。俗话说，“吃一堑、长一智”，真正可怕的并不是犯错，而是长期屡犯又坚持不改。我们并不是主张“六普”质量没有问题，而是主张人口学研究应该充分、深刻地总结和吸取以往研究实践中的经验教训，坚持实事求是的原则，充分尊重调查结果，因为它是社会科学中体现实践检验的主要途径。对于统计调整要极为慎重。即使需要统计调整，也应当首先公布原始汇总统计，然后再谈统计调整。对人口统计数据的调整必须严格遵循科学原则，统计调整的根据必须经过严格的论证，统计调整的过程要公开化和透明化。

有人说，统计就是数字化的历史。人口统计本身既是在书写人口发展的历史，也是在书写人口研究的历史。因此，我们更应当以史为鉴，不唯上，不唯书，只唯实，将人口统计研究工作兢兢业业地做好，使人口统计经得起实践和历史的检验。

参考文献

蔡泳：《教育统计真的是估计生育水平的黄金标准吗?》，载《人口与发展论坛：再论生育水平》，《人口研究》2009 年第 4 期。

丁峻峰：《浅析中国 1991—2000 年生育模式变化对生育水平的影响》，《人口研究》2003 年第 2 期。

国家人口和计划生育委员会：《全国“十一五”人口和计划生育事业发展规划》，中国人口网，http://www.chinapop.gov.cn/ghjh/sygh/200807/P020080703591531518824.doc#_Toc153078790，2006 年 12 月 28 日。

国家人口和计划生育委员会发展规划司：《2006 年全国人口和计划生育抽样调查主要数据公报（第 2 号）》，中国人口网，http://www.chinapop.gov.cn/zwgk/gbgg/t20070321_152715281.html，2007 年 3 月 21 日。

国家人口计生委发展规划与信息司、中国人口与发展研究中心：《人口和计划生育常用数据手册——2009》，中国人口出版社 2010 年版。

国务院第六次全国人口普查办公室、国家统计局人口和就业统计司：《2010 年第六次全国人口普查主要数据》，中国统计出版社 2011 年版。

国家统计局人口（和就业）统计司：《中国人口（和就业）统计年鉴》，中国统计出版社 1990—2010 年版。

教育部教育管理信息中心：《戴井岗同志在 2006 年教育统计工作会议上的讲话》，http://emic.moe.edu.cn/edoas2/website18/level3.jsp? id=1170053429486064，2006 年 12 月 12 日。

张维庆等主编：《2006 年全国人口和计划生育调查数据集》，中国人口出版社 2008 年版。

中国国家统计局、美国东西方中心：《中国各省生育率估计：1975—2000》，中国统计出版社 2007 年版。

庄亚儿、张丽萍编：《1990 年以来中国常用人口数据集》，中国人口出版社 2003 年版。

第十四章
中国面临的主要人口风险是过低生育率和过度的少子老龄化

一 重新认识人口形势的重要性和紧迫性

计划生育是我国的基本国策。在以往近40年的计划生育工作中，独生子女生育政策占有很重要的位置。但是，独生子女政策并不等于计划生育国策，它只是计划生育在特定时期和特定条件下所采取的一种措施和要求。1980年《中共中央关于控制我国人口增长问题致全体共产党员、共青团员的公开信》要求“共产党员、共青团员特别是各级干部，用实际行动带头响应国务院已经发出的号召，提倡一对夫妇只生育一个孩子”。同时，党中央曾预见人口老龄化现象最快也得在40年以后才会出现，可以提前采取措施，防止这种现象发生。党中央并承诺，“到三十年以后，目前特别紧张的人口增长问题就可以缓和，也就可以采取不同的人口政策了”。

经过多年计划生育，在20世纪90年代初期，中国人口快速增长的态势得到了基本遏制，进入了低生育率时期，人口内在自然增长率早已转变为负增长。当前，由于我国特殊的人口结构惯性的影响使人口还有一些微弱增长。虽然人口数量在今后很长时期中仍是社会经济资源环境等方面的重要制约因素，但是人口与发展问题已经转向更为错综复杂的局面，生育率过低造成人口少子化和老龄化的人口结构问题不断加剧，日益突出。在这个关键时期，人口发展战略决策面临着历史性的选择。

进入21世纪以来，中共中央和国务院在2000年做出了《关于加强人口

与计划生育工作　稳定低生育水平的决定》。在 2006 年中共中央和国务院又做出《关于全面加强人口和计划生育工作　统筹解决人口问题的决定》，再次重申“稳定低生育水平”，并同时指出：“面对新的形势和任务，既要坚持多年来行之有效的基本经验，又要解放思想、实事求是、与时俱进，研究新情况、解决新问题，不断丰富和发展中国特色统筹解决人口问题的思路、内涵和途径。”

与我国人口再生产水平相应的更替水平生育率大约对应着 2.1 的总和生育率，它构成了一个重要的划分标准，所谓低生育水平就是低于这个更替水平的生育率。然而，低生育水平实际上指一个很大范围区间。因此，到底应该将生育率稳定在什么具体水平还需要认真加以研究，所以稳定低生育水平既不是说生育率越低越好，也不是说生育率一定要稳定在当前水平上。

当前的人口形势下有两个迫切需要解决的问题。第一个问题是对当前生育水平的判断，第二个问题是针对人口发展前景应采取的对策。对这两个问题的研究虽然已经有很多，但是研究中存在的问题也很多，因此至今对低生育率的真实状况缺乏总体的把握和正确的认识，因而前瞻性的研究和决策也就失去了正确的基础。一方面，国家人口计生委一直坚持认为总和生育率在 1.8 左右；另一方面，过于求稳怕乱，在根本没有论证的情况下，提出 1.8 就是未来的适度总和生育率水平，要求继续维持 30 年。政府主管部门的这两种关于生育率的基本判断缺乏充足的根据，但它们产生的社会影响却十分巨大。

实际上，中国人口进入低生育率时期出现了大批新现象、新问题和新特点。形势发生了重大变化，那么人口理论和判断标准也必须相应变化，还要求今后的人口目标与任务也应该随之发生变化（郭志刚，2010）。事实是，当前中国面临的主要人口风险已经不再是迅猛的人口增长，而是生育率过低以及由此导致的严重少子化和过度老龄化。然而，出于思维惯性，许多似是而非的认识和判断仍然在以讹传讹，广为流行，有些还占据主流地位，甚至还成了官方口径。因此，人口研究亟待与时俱进，解放思想，转变观念，还原事实真相，重新认识人口形势，并认真清理以往的错误认识。

重新认识人口形势这项任务不仅极为重要，而且已经到了极为紧迫的境地。这是因为中国人口进入低生育率时期已经二十多年了，随之而来的低生育率迷茫也持续了二十多年，这意味着对人口的认识已经严重地落后于实际。在中国人口发展的这个关键时刻，已经再没有什么余地允许继续等等看看，否则便会贻误战机，危及中国人口长期均衡发展。

全国第六次人口普查提供了最新的权威人口数据。本章将根据“六普”公布数据来简要回顾和评论以往一些主要人口统计和预测估计中存在的问题，借以揭示和分析以往人口研究中存在的问题，作为重新认识人口形势的参考。然后，本章将通过在“六普”人口数据基础上的多方案长期人口预测结果来展示未来人口发展面临的主要风险，探讨未来生育率决策的选择。

二　“六普”结果表明以往人口预测屡屡失误

我国进入低生育率时期以来，在我国人口形势的判断上存在严重偏差，生育水平被显著高估，而人口老龄化趋势则被低估。第六次全国人口普查公布的主要数据印证了上述这种判断。“六普”数据表明，中国总人口的增长远低于以往人口预测和规划的水平，而在人口结构方面的少子化和老龄化的严重程度则又明显超出了以往人口预测和规划。这几种人口变化和结构指标背后体现出我国的生育水平实际上非常低。

从政府主管部门最近两个五年人口规划的相应人口预测结果来看，均出现了极为严重的偏差问题。“十五”人口规划时的人口预测（庄亚儿、张丽萍，2003）采用官方口径的1.8的总和生育率，已经远高于当时所有的调查统计结果。并且，该预测的人口基数还在2000年人口普查的12.65亿总人口之上又加上了约1700万的调整量，反映出政府主管部门并不相信“五普”结果，对20世纪90年代出生人数另做了调整扩大。“十五”规划预测的2005年总人口为13.31亿，然而2005年全国1%人口调查取得的总人口结果却只有13.08亿。“十五”规划要求期间的人口增长不超过5600万，然而2005年时，实际总人口数要比预测规划数少2300万，相比其人口预测所调整的2000年基期人口的12.83亿仅增长了2500万，而相比“五普”总人口的12.65亿也不过只增长了4200万。仅仅5年预测就有如此之大的偏差，已经足以表明该预测的人口基数调整与生育率参数假定均严重脱离实际。

“十一五”人口规划时的人口预测基数直接采用了2005年全国1%人口

抽样调查的人口数，但对生育率的设定依然照旧，该预测的 2010 年总人口为 13.60 亿（国家人口计生委，2006）。然而，“六普”公布的总人口数为 13.40 亿，即表明“十一五”人口规划又偏高了 2000 万。“十一五”人口规划预计平均每年人口递增 1000 万的局面根本没有出现，而实际上人口平均每年仅递增 600 万而已。于是，规划预计距离实际情况之间再次出现巨大偏差，又一次反映出以往对生育率的严重高估问题。

由于官方口径的巨大社会影响，高估生育率的偏向极为普遍地存在于前些年的绝大多数人口研究当中，进而误导了对当前中国人口形势和未来发展趋势的认识。危险的是，这种状况已经延续多年，并且至今还占据着人口研究的主流地位，造成了严重的社会影响，误导了国家人口发展战略的制定，也误导着政府的人口规划和决策。

正因为如此，“六普”一公布少儿人口比例已经低到 16.6%，表明人口少子化十分严重，远超以往预期水平，便使全国上上下下都感到十分吃惊。然而，冰冻三尺非一日之寒，其实人口调查结果早就反映出极低生育率和人口少子化问题，只是人们出于成见一味拒绝相信而已，反而基于一些不实的估计和预测构建出一幅与事实大相径庭的人口图景。

三　未来人口决策必须重新认真研究

生育水平是把握当前人口进程的纲。我们之所以将新的人口时期称为低生育率时期，是因为低生育率是未来人口变化的主因，决定了人口进程的主要特征。

人们都知道，如果一个国家人口长期维持 2.1 的总和生育率不变，那么最终人口将成为一个不增不减的稳定人口。也就是说，2.1 的总和生育率是人口生育的更替水平。并且，这个人口学规律已经告诉我们，更替生育水平才是达到人口长期均衡的条件。但是人们可能并不太了解，任何一种生育率如果长期维持也都可以类似地推算出未来人口前景将如何。比如，可以推导其对应稳定人口的“内在的”增长率，以及“内在的”人口倍增时间或人口减半时间。本研究进一步根据稳定人口原理推导出，如果长期维持 1.8 的总和生育率，未来形成的稳定人口将以每 117 年人口减少一半的速度来递减。测算结果其实已经表明，企图长期将生育率稳定在1.8的低生育水平并不是一个好的人口战略选择。本研究还测算出，要是长期维持1.5的总和生育率，那么未来形成的稳定人口每54年人口就会减半。所以，总和生育率上的0.3的差距看起来不大，但是却相当于枪口偏了一厘，人口后果会相差巨大。

30年前，出于中国人口规模巨大，一些学者曾测算出中国的适度人口规模在7亿—8亿为好。由于以往面对的主要人口问题是控制人口规模的过快增长，这种追求人口规模缩减、认为人口越少越好的观点也因而得到广泛宣传。实际上当时人口学界对此争议很大，批评这种战略诉求只重人口数量，忽略人口结构，忽略社会因素（邬沧萍，1985；刘铮等，1992；李竟能，1984）。今天看起来，它也忽略了历史因素。中国人口确实多。但这是几百年的历史形成的，不是愿意不愿意的问题，人口多的问题也并不是一代人或几代人就能解决的，有待历史慢慢解决。想一蹴而就，其实无异于在人口问题上搞一次“大跃进”。

人口发展战略思路问题在低生育率时期实际上更为重要，在此问题上的偏颇将会产生更直接的危害和损失。前些年又有人建议全国不分城乡搞“一刀切”的独生子女政策，那就是1.0的总和生育率了，这种生育率的“内在”人口趋势是人口每二十多年就会减半，更是一种无视人口发展规律、无视社会发展规律、无视历史发展规律的空想，误国误民、非常危险。所以，实事求是地反映当前实际生育率、恰当地选择未来的生育率等问题就绝不再是一般学术问题，而是事关国家和民族前途的重大战略决策问题。

依据稳定人口原理做理论上的推导，并未考虑现有人口结构的影响，并不是真正的人口预测，也没有具体揭示未来几十年的中国人口进程，但是它揭示了不同生育率下的人口远期趋势规律，是制定长期人口战略决策的参考标准。在此框架内重新审视那种主张将1.8的低生育率再维持二三十年，便很容易看出其问题所在。第一，从以上对1.8的生育率的推导结果已经揭示出其将导致人口的很快缩减。第二，将这样一种低生育率再维持二三十年，这本身已经跨越了一代人的间隔时间，足以对人口进程产生重大影响。第三，“六普”数据揭示出，以往中国人口所经历的实际生育率比1.8还要低得多，而且已经持续近20年了，这种主张显然对这样长时期持续如此低的生育率从未给予考虑。第四，这种主张的基本思路主要还是为了控制人口的总体规模，回避育龄妇女年龄结构特点而造成的出生高峰，然而并未综合考虑人口年龄结构的少子化和老龄化的综合影响。即便对此有所考虑，视野也不够开阔，只是考虑到21世纪中叶。

然而，中国人口结构的基本特征是，从1950年至1990年有三大出生高峰，年均出生规模在2000多万以上。他们之中年长者刚刚跨入老龄，而主要部分将在今后的40年陆续进入老龄，这就决定了我国的人口老龄化重度期是在2050年以后。所以，人口发展战略研究必须将视野覆盖整个21世纪才行。鉴于以上原因，人口发展战略决策必须重新加以认真研究制定。

事实上，未来仍然保持1.8生育率为好的人口发展战略建议根本没有一个像样的认真研究或论证，只是简单说明这一目标生育率可以保证党的十六大提出的2020年GDP翻两番、人均3000美元的目标，还说这个目标生育率保证未来总人口不会超过15亿，此后总人口将缓慢下降，因此这个目标生育率不高也不低。而这些结果已成定数，所以保持1.8的生育率已经不再成其为理由。国家统计局发布的《2008年国民经济和社会发展统计公报》已经宣布，中国在2008年便已经达到了人均3000美元的目标。而这个经济目标的取得，除了经济本身高速增长超出预期的原因之外，另一个原因就是人口增长速度远低于以往预测，即实际出生和生育率水平远低于以往判断。这就说明了问题的严重性，即以往人口发展是在1.8生育率的名义之下行极低生育率之实，如果还认为这样的情况再持续得更久才好，将会对中国人口长期均衡发展造成更大的损伤，将国家的发展、民族的振兴和社会的和谐都轻率地置于巨大的人口风险之下。

四　对未来人口发展的模拟预测研究

根据“六普”结果推算，未来人口总量超限的风险已经很小，而未来人口老龄化和人口负增长过度的风险却在迅速增大。这是因为，一方面“六普”人口年龄结构显示出少子化和老龄化超乎以往的想象，另一方面大量调查研究揭示出群众生育意愿越来越低（侯亚非、马小红，2008；江苏生育意愿和生育行为研究课题组，2008），甚至不愿生育的比例也有明显提高的迹象（上海市人口计生委，2009）。因此，能否使很低生育率有效提高并不见得像一些人想的那样简单。

实际情况是，一方面是政府主管部门只专注于严控生育率，因而这方面的实践几乎仍是空白，另一方面国际上其他低生育率人口国家的政府在此方面的努力几乎可以说是很失败的。然而即使如此，我们也可以暂且先假定生育率“能够”如愿得到有效提升，然后基于“六普”人口年龄结构所做的人口模拟预测来判断在结合实际人口结构影响的条件下不同生育率会有何种人口后果。

本研究在“六普”人口结构模拟的基础上假设了未来四种不同生育率方案的预测模拟结果来进行比较。其中生育率的高、中、低方案均是假设从2012年起将当前的过低生育率在几年内提高到一个新水平，然后长期维持下去。

低方案：2012年起将总和生育率提高到1.60，反映的是继续坚持在1.8生育率的名义下长期维持很低的生育水平，大致可以反映一些生育政策微调的影响。

中方案：2012年起将总和生育率提高到1.77，反映的是认识到实际生育率已经过低，因而迅速、有效地将其提高到1.8左右，并仍认为1.8生育率最好并长期坚持下去。

高方案：2012年起将当前的总和生育率提高到1.94，反映的是完全放弃两个1.8的生育率口径，实行二孩政策并有效地将生育率提高到接近更替水平。

晚升高方案：先维持当前的低生育水平不变，从2035年起将生育率逐步提升到1.94并从此维持下去，它反映的是在实际极低生育率情况下仍坚持两个1.8生育率口径不变并加以实施。

如前所述，我们并不能确定一旦生育政策调整便真的能有效提升生育率，因此这四套预测模拟方案只是在假设“可以做到”的条件下为人口决策提供参考。但是，这四套模拟结果又不同于上述根据稳定人口原理所推导的不同生育率的后果，因为这些模拟结果中反映了中国现在的人口结构的影响，而这些结构影响对未来人口进程的影响非常大，同时这些模拟结果能更好地反映在不同生育率下的人口进程本身，而不是像稳定人口推导那样只是反映一种极长期地维持某种生育率的最终结果。

图 14—1 比较了各方案的总人口规模发展趋势。高方案的人口峰值在2030 年达到 14.93 亿，而且在这一规模上维持的时间较长，但是不避免地转向人口缩减，到 21 世纪末总人口将不足 13 亿。中方案的人口峰值为 2029 年 14.54 亿，之后转为人口缩减，到 21 世纪末总人口不足 10.5 亿。低方案的人口峰值为 2026 年 14.23 亿，之后迅速地转为人口缩减，到 21 世纪末总人口仅 8.5 亿。这些方案结果表明，只要生育率保持在更替水平之下，中国人口总量在 21 世纪中期以前转为缩减已是定局，但是不同生育率选择会使 21 世纪末的总人口规模从 8.5 亿到 13 亿，相差极大，因为它们代表的是刻意追求人口过快缩减，还是要尽量避免这种情况。

推迟提高生育率的第四个方案结果在总人口指标上看起来似乎还不错，前期因为继续延续以前的过低生育率，使总人口规模得以显著压低，30 年后的提升生育率减缓了后期的总人口缩减，使后期总人口规模介于中方案和低方案之间。要是从人口递减的速度来看，它的结果将处于高方案和中方案之间。可能正是因为看到类似的人口总量预测图景导致了再维持较低生育率 30 年不变的政策建议，但是这种方案在总人口规模上的表面收益却掩盖着背后其他方面要付出巨大代价。

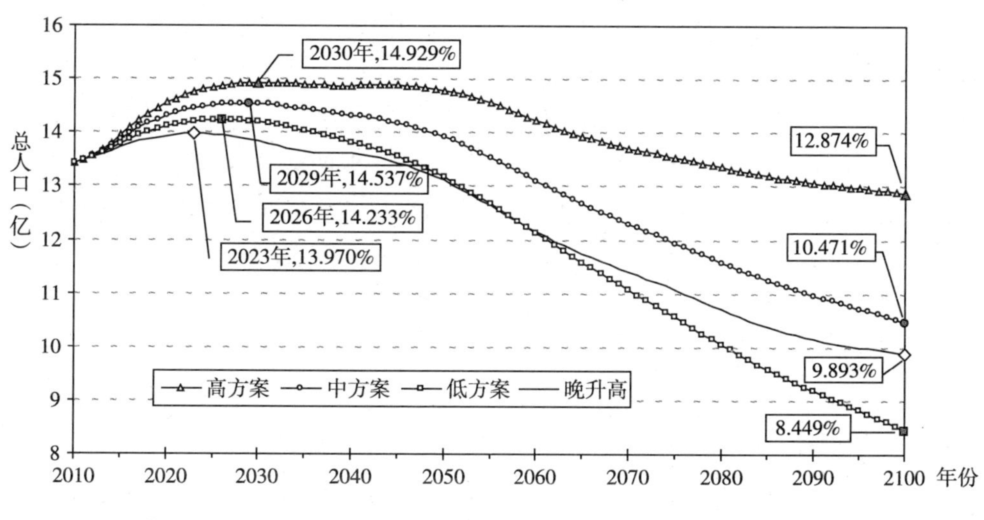

图 14—1　2010—2100 年总人口规模的多方案模拟

图 14—2 提供了各种方案 60 岁及以上老年人口比例的模拟结果，其基本特征是未来人口老龄化的大趋势的确不可逆转，当前我国不过刚刚跨入老龄化社会的门槛，而人口老龄化最严重是在 2050 年以后，并且到达高峰以后基本上就维持下去了，至多有一些时期波动。因此，与总人口指标不同的是，我们很难再用“高峰期”这种表达方式来形容高、中、低方案的老年人口比例指标。总之，各方案老龄化的结果揭示出，未来老龄化程度是由现在的生育率水平决定的。而当前的人口年龄结构（也可以说是以往的中国人口历程）则决定了未来老龄化进程非常迅猛的特点。1950 年至 1990 年这 40 年的大规模出生队列目前仍基本处于劳动年龄阶段，只是其中最早的一两个队列刚刚进入老龄，而绝大部分将在今后的 40 年中陆续进入老龄，所以就决定了未来老年人口负担有 40 年迅速增长阶段，这是我国人口发展新时期的新特点，也是未来人口决策需要应对的重中之重。忽视了这一点，就会犯历史性的错误。换句话说，如果中国在进入低生育率后适时调整政策，使生育率不再下降到更低，那么未来的人口老龄化速度就会有所减缓。

图 14—2 则直接展示出，未来的生育率越低，则未来老龄化的速度越快、严重程度也越高。这就表明，生育政策调整不调整、调整到什么程度、什么时候调整，老年人口比例结果是大不相同的。必须特别指出，生育率高、低两方案之间的相差幅度并非像有的人口专家说的那样“只相差 2 个百分点”！比较高、低两方案在 21 世纪中期老年人口比例的最大值（分别为 33.5% 和 38.5%）便可以得知两者之间已经相差了 5 个百分点！何况这两种方案都还假定了“尽早提高生育率”，只不过提高的程度不同。这些人口专家之所以认为提高生育水平对人口老龄化不会有多大影响，很可能是由于他们的预测均沿用 1.8 生育率的假设，所以他们所看到的调整差别只相当于图 14—2 中的高、中两个方案的差别，于是便会严重低估提高生育率对未来人口老龄化的影响程度。

要是对我国人口老龄化前景作出一个完整的描述，至少应该包括两句话：不论是否提高生育率都已经不可能逆转人口老龄化的总趋势，然而能否提高生育率则能决定未来人口老龄化的程度差异。因此，片面地强调前一句而不提或淡化后一句，就会造成人口老龄化已不可缓解或已经不值得缓解的印象，自然会严重误导政府决策和社会舆论。至于判断 2 个百分点或 5 个百分点的老年人口比例差异算不算巨大，先要明确这个指标一共才 100 个百分点。当前中国虽已经跨入老龄社会，但现在的 60 岁及以上老年人口比例也只是 13.3%，而这里讨论的程度差异则是处于我国人口老龄化重度期（30% 以上）的差异，因而更具有特殊意义。当然，真正的问题并不在于增加或减少的哪一个百分点会成为压垮骆驼的额外负担或挽救骆驼的最后一根救命稻草，而是在于值不值得为了未来更快地缩减人口规模而付出更严重的人口少子化和老龄化的代价。

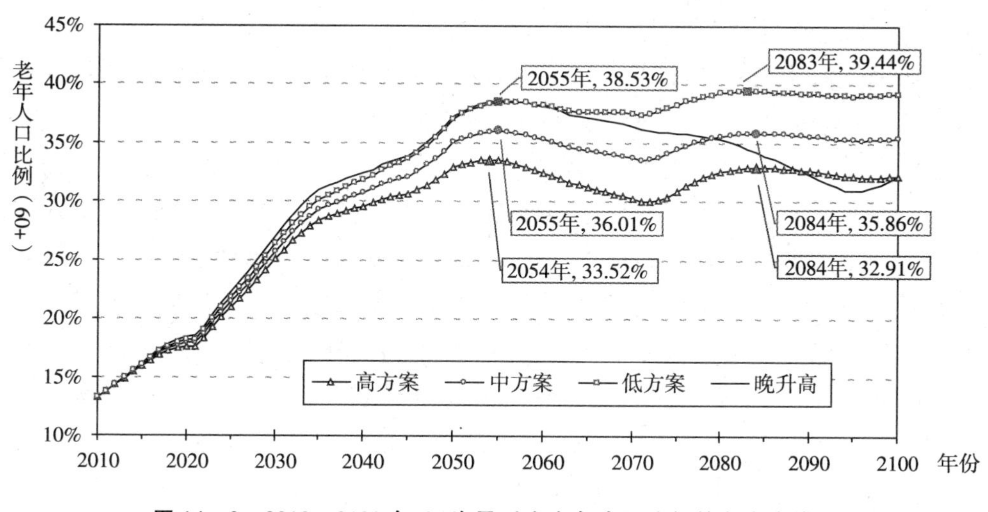

图 14—2　2010—2100 年 60 岁及以上老年人口比例的多方案模拟

推迟提高生育率的方案由于在提高生育率之前保持着“六普”揭示的当前仅 1.5 左右的低生育率，因此其 21 世纪前半期在老年人口比例上的水平甚至略高于低方案。引人注目的是这一方案在 21 世纪后半期呈现出与其他方案不同的明显下降趋势，这并不代表晚 30 年才提升生育率有什么缓解人口老龄化的神力，不过是由于生育率被提升得较晚，先导致 21 世纪中期的老龄化程度特别高，而后来提升生育率的影响也顺延了 30 年，因而实际上在老龄化重度期过了以后才姗姗来迟的缓解。从图中还可以看出，这个方案的后期老年人口比例就是下降到高方案结果的水平。其实，根据稳定人口原理，这个晚升高方案在远期未来的老龄化水平最终将与高方案的水平完全相同。因此，这一方案只有缩减总人口规模的收益，然而在缓解人口老龄化上并没有任何可取之处。

老年人口比例只是反映老龄化水平的一个指标，总抚养比则是常用的另一个指标，它是将老年人口和少儿人口先合并起来再与劳动年龄人口进行对比的指标。图 14—3 提供了不同方案的总抚养比指标的比较。先从高、中、低三方案比较，可以看到生育率提得越高，未来的总抚养比就会越低。还能看到，这三个方案都在 21 世纪 50 年代和 80 年代分别有两个高峰，其中低方案的第二峰值甚至还高于第一峰值，预示着其未来收敛水平要比第一峰值高，然而高方案则正好相反，表明未来总抚养比将不会再高于第一峰值。

如果我们将视野锁定在预测的前 25 年中，那么生育率越高、总抚养比越高。一些人以此作为反对调整生育政策以提高生育率的理由，说是在老龄化过程中再增加出生，将会使家庭和社会背上“两头沉”的负担。然而这种说法似是而非，因为它忽略了一个重要问题：就是人口再生产内在规律决定了一个国家人口要不致最终消亡，那么或早或迟都必须将生育率保持在更替水平及以上。换句更通俗的话来说就是，中华民族延续的必要条件是平均一对夫妇生两个孩子。那么，为了中华民族的延续，这种“两头沉”的负担迟早必须要背，不可回避。要是在当前老龄负担不太重的时候推诿这副“两头沉”的担子，势必造成在未来老龄负担更重的时候再来背，那么无疑是雪上加霜。

实际上，图 14—3 中推迟 30 年再提高生育率的方案所展示的正是这种情况。它在 2035 年以前的总抚养比确实最低，然而后来却在老龄化更为严重的时期增加出生，两面夹击导致其总抚养比高得出奇。多年来人口研究与宣传中的偏向，过分夸大了尽早提高生育率的前期“两头沉”问题的严重性，其实正是尽早增加的出生才是未来缓解 21 世纪中叶严重老龄化的生力军。要是推迟到 2035 年才开始增加出生，那么这些出生人群在 2050 年之前将全都是少儿人口，不但不能缓解届时的老龄化问题，反而增大了社会负担。因此，推迟提高生育率的方案实际上是在贻误时机，将导致未来面临远水解不了近渴并且雪上加霜的局面。图 14—3 反映出，该方案的总抚养比在整个 2040—2080 年间过高。因此，这种推迟提高生育率的方案是万万不可取的！

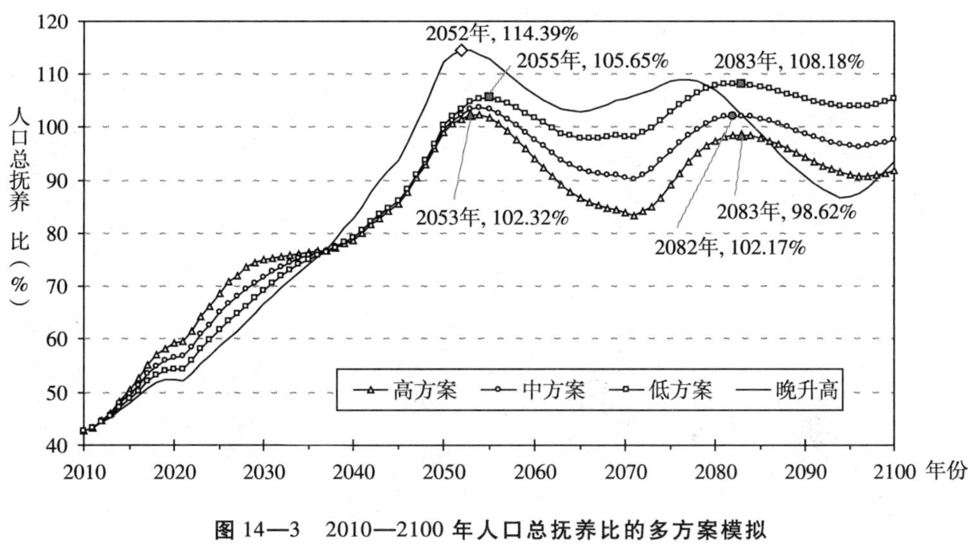

图 14—3　2010—2100 年人口总抚养比的多方案模拟

图 14—4 以时间序列人口金字塔的直观图形更清楚地揭示各方案的人口年龄结构。比较各生育率方案在 21 世纪人口年龄结构的变化过程，可以看出高方案在 21 世纪末已接近于静止人口，人口数量与结构变化不大了。而中、低方案由于长期维持远低于更替水平的生育率，因而在 21 世纪末人口结构更接近于缩减型的稳定人口，即它们的人口转变并没有结束，而是将提高生育率至更替水平的任务留给了更远的未来。高、中、低三个方案的相似之处是它们都尽早并或多或少地提高了生育率，因而在 2030 年时前十几年所增加的出生已经开始陆续进入劳动年龄，而在老龄化程度更严重的 2050 年时则有更多的劳动年龄人口。相比之下，推迟提高生育率的方案在 2030 年时尚未动作，在 2050 年时新增出生仍是少儿人口，于是便导致 21 世纪中期总抚养比特别高，即严重的“两头沉”。

尽早提高生育率的方案不仅为未来社会经济运行提供较多的劳动力，而且也同时为未来的人口再生产提供了较多的育龄妇女。图 14—4 显示，高、中、低方案在 2030 年时均已形成人口金字塔底部的一个或大或小的凸起，实际上是在当前极低生育率情况下不同程度地挖掘了 2010 年人口金字塔中育龄妇女的生育潜力，或多或少“扭转”了业已存在 20 年的人口少子化趋势。但是推迟提高生育率的方案则视这种“扭转”是对未来人口发展不利

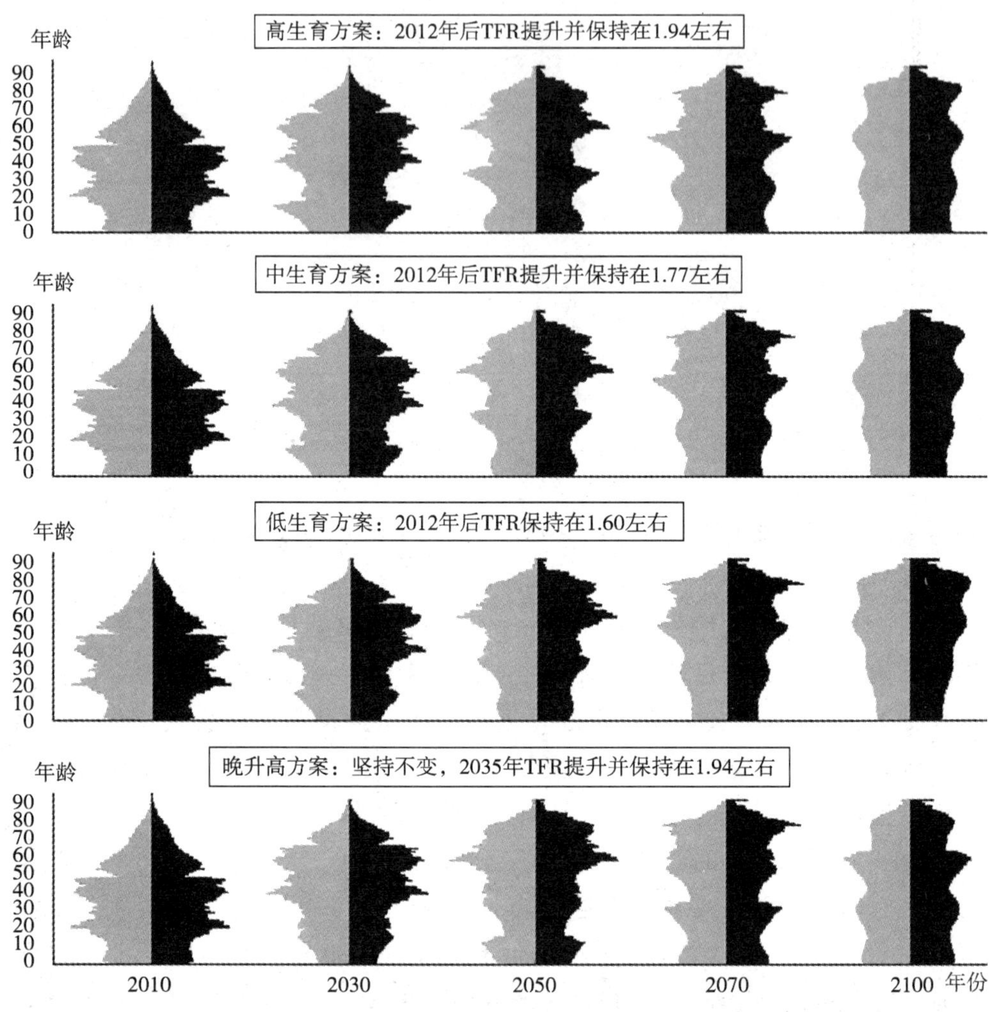

图 14—4　2010—2100 年人口金字塔的多方案模拟

的“出生高峰”而刻意加以回避，因此最终贻误了调整生育率的最佳时机。但是到了它认为调整生育率的最佳时期时，育龄妇女数量已经是每况愈下了。即使如此，在随后的老龄化重度期，它还得再挑起少儿人口比例提高的另一副重担。相比四个方案 2050 年的人口金字塔，便能看出这个方案挑起“两头沉”重担时的中段劳动年龄人口之相对薄弱，这便是推迟 30 年生育率提升的巨大代价。与此类似，推迟 20 年还是推迟 10 年再提高生育率都有同样的特点，只是有程度差别而已。

总之，人口负担“两头沉”的问题其实是急刹车式的计划生育和极严的生育政策导致的人口转变中固有的问题，是不可回避的。1980年《中共中央关于控制我国人口增长问题致全体共产党员、共青团员的公开信》中对此已经做过明确安排。如果在中国人口进入低生育率阶段已经20年的今天还要以此为理由迟迟不及时做出相应调整，将造成人口控制过度，并导致计划生育背离其初衷。以上的人口预测分析表明，推迟将生育率提高到更替水平并不能真的避免“两头沉”人口负担问题，只不过是将此问题推到了未来，使我国人口老龄化在最严重的阶段雪上加霜，换取的只是21世纪前半段总人口规模和后段老年数量及比例方面的表面收益。综合评价其利弊，便可以得出这种对策建议不利于我国人口转向长期均衡发展的结论。并且，这种夸大当前人口负担问题却忽略未来更重的人口负担问题其实还是人口研究中那种偏向在作怪。

再次重申，以上人口预测都是在“一旦需要，生育率便能有效提高”的假设前提下作出的，但是现有很多相关研究已经揭示出，群众的理想子女数已经远低于更替水平，相当比例符合生育二孩条件的夫妇却自愿放弃二孩生育，甚至一个孩子都不想要的比例也在提升。所以，即使在当前，这个假设前提很可能已经脱离实际，更不要说将很低生育率再维持30年以后会是什么样的状况。

尽管如此，图14—5提供的出生人数预测结果仍能提供一些有用的信息。由于严格的生育政策要求，当前积累了大量只有一个孩子的育龄妇女，图中高、中、低方案在2012年开始逐步提高生育率，尽管各方案的二孩递进比例都明显低于100%，但是育龄妇女孩次结构的影响会导致显著的出生堆积，并且这种出生堆积还会按代际间隔在未来出现一定幅度“回声”。因此，在提高生育率时采取适当措施加以过程控制以尽可能地削峰填谷、避免人口出生量大起大落亦是一件重要的专项研究，但并不是本书要探讨的主题。实际上，在2004年近20名人口学者联名建议调整现行生育政策时曾对解决这一问题提出过按个人条件的“分类实施”以及不同地区间“逐步放开”等具体对策可以在生育政策调整时有效地平抑出生堆积（21世纪中国生育政策研究课题组，2010）。

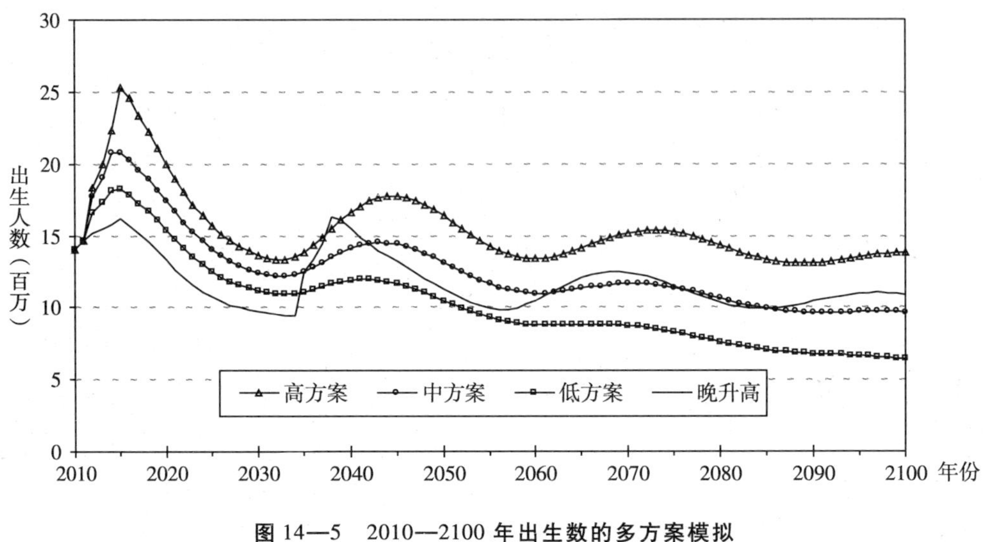

图 14—5　2010—2100 年出生数的多方案模拟

需要指出，平抑出生堆积的主要目的在于尽量使各年出生数相对均匀，而不是要减少整个时期的出生总数。换句话说，它旨在保持人口结构均衡，而不是要缩减峰值人口。因此，它是从属于解决生育率过低、老龄化过度的大战略下的具体策略层次。而图 14—5 中推迟提高生育率的方案则反映了另一种根本不同的战略诉求，秉承的是出生数量越少越好和总人口越少越好，实际上是要阻止当前只有独生子女的育龄夫妇再生一个孩子。如前所述，这种方案完全忽略了当前中国人口发展的主要风险是生育率过低，以及由此导致的人口过度少子化和过度老龄化。该方案所要削除的出生其实正是未来即将赖以应对老龄化和转向人口均衡发展的人口，并且该方案还会导致未来老龄化进程中只有独生子女的老年人家庭数量和比例更为巨大。图中还可以看到，这一方案并不能自然摆脱出生堆积及其未来出生波动问题，也需要采取措施加以解决。这就说明，生育率调整时出现出生堆积的根本原因在于育龄妇女中一孩比例过大，而不是调整时机的问题。总之，是尽早提高生育率还是继续维持极低生育率，反映的是对人口发展的基本观念和评价标准上的争论。

五　小结

随着中国人口发展进入低生育率新时期，人口观念和决策必须与时俱进，然而人口研究对这种重大转变认识不足，囿于传统理论和经验，思想认识与人口形势严重脱节。实际调查数据已经多次揭示出以往严重高估了出生水平和生育水平，揭示出以往的人口预测明显低估了人口老龄化进程，并且人口发展规划目标一再出现大幅落空。出于思维定式，这些差距总是以出生漏报为理由搪塞过去，对新时期中的新现象、新问题缺乏认真和深入的研究，甚至对那些已经很明显的错误也不加以修正。全国第六次人口普查数据再一次证实了生育率长期过低，反映出人口少子化和老龄化加剧，同时“六普”数据也是对以往人口研究结果的重要检验，可以十分充分反映出以往人口研究中所存在的问题。

以往人口研究偏向问题的真正严重性，主要并不在于其估计偏差幅度较大，而是在于这些偏差产生了方向性的误导。不仅没能及时揭示今后人口发展中的主要矛盾与任务，并及时制定决策正确地加以应对和解决这些矛盾，而且还有意无意地拖延，导致继续加深矛盾。本研究根据“六普”数据的人口预测模拟揭示出，只要未来的生育率不超过更替水平，那么我国总人口规模未来将处于下降趋势，并且我国人口结构特点将使21世纪内总人口减少几亿。然而，未来人口老龄化来势凶猛，老年人口比例和人口总抚养比将达到人类史无前例的程度。因此，中国人口在21世纪中的主要矛盾已经由总人口规模问题转向人口年龄结构问题。虽然中国人口刚刚跨入老龄社会，但是我们已经开始有所感受，而且将会越来越深切地感受到这个重大转变。这是不以人的意志为转移的。人口发展的特点是周期长、惯性大，我们必须及早认识到人口发展阶段的变化和由此决定的人口主要矛盾的变化，以及人口工作目标和任务的变化。

中国人口进入低生育时期已经20年了，而生育率迷茫也持续了近20年，中国人口发展正处于极为关键的时刻。以往急剧的生育转变导致我国人口年龄结构十分畸形，必须要认真和切实地应对迅猛的人口老龄化，才有可能转向人口长期均衡发展。必须指出，中国当前面临的最大人口风险不是总人口规模失控，而是由于囿于以往人口理论宣传和估计预测中的偏向导致对上述人口重大转变认识不清，贻误时机，迟迟不能作出正确的应对决策，致使未来过度的人口少子化和老龄化，危及中国人口长期均衡发展，危及社会经济的持续发展和中华民族的振兴。本研究在“六普”数据基础上以多方案预测模拟结果可以证明，能否尽快转变旧的人口观念，制定正确决策，有效提高生育率是应对人口老龄化的关键。如果继续忽略人口老龄化这个真正的人口风险，采取无所作为的态度，甚至采取相反对策去加剧这个人口矛盾，必将铸成历史性的错误。

中国现在的人口问题是历史遗留下来的，但是中国未来的人口问题能否解决好，尤其是如何应对人口老龄化，则取决于现在的判断和决策。

参考文献

21 世纪中国生育政策研究课题组：《关于调整我国生育政策的建议》，载顾宝昌、李建新主编《21 世纪中国生育政策论争》，社会科学文献出版社 2010 年版。

国家人口和计划生育委员会：《全国“十一五”人口和计划生育事业发展规划》，中国人口网，http：//www. chinapop. gov. cn/ghjh/sygh/200807/P0200807035 91531518824. doc #_Toc153078790，2006 年 12 月 28 日。

国家人口和计划生育委员会：《全国“十五”人口和计划生育事业发展规划》，中国人口网，http：//www. chinapop. gov. cn/ghjh/sygh/200807/P020080703591 531518824. doc #_Toc153078790，2006 年 12 月 28 日。

国家人口计生委发展规划与信息司、中国人口与发展研究中心编：《人口和计划生育常用数据手册——2009》，中国人口出版社 2010 年版。

郭志刚：《中国的低生育率与被忽略的人口风险》，《国际经济评论》2010 年第 6 期。

李竟能：《关于人口和生活资料的关系》，《人口研究》1984 年第 1 期。

侯亚非、马小红：《北京城市独生子女生育意愿研究》，《北京社会科学》2008 年第 1 期。

江苏生育意愿和生育行为研究课题组：《低生育水平下的生育意愿研究》，《江苏社会科学》2008 年第 2 期。

刘铮、张象枢、李建保等：《中国人口发展战略》，山西人民出版社 1992 年版，第 4 页。

上海市人口计生委：《生育意愿调查（2009 年 5 月）》，《上海早报》2009 年 10 月 23 日。

邬沧萍：《我国人口发展战略初探》，《人口研究》1985 年第 5 期。

庄亚儿、张丽萍编：《1990 年以来中国常用人口数据集》，中国人口出版社 2003 年版。

第十五章
低生育水平下我国人口惯性

一　研究背景

从新中国成立至今，中国人口态势已经发生了巨大的变化。长期以来，增长型的中国人口进入了一个低生育水平的阶段，人口内在自然增长率早在20世纪90年代初期就已经转变为负增长，当前中国人口增长被判断是人口惯性导致的惯性增长（国家人口发展战略研究课题组，2007；翟振武，2008）。

人口惯性研究开始于20世纪70年代，即世界人口（尤其是欠发达地区）处于生育率很高、人口规模增长快速的时代，其目的是为了研究人口增长的潜在趋势。到了20世纪末，Preston和Guillot在研究俄罗斯、意大利和德国等国家的人口惯性时，发现人口惯性的规律不仅存在于人口增长，也同样存在于人口减少过程中。到2000年，欧洲人口开始出现了人口“负惯性”现象。这使得人们将注意力开始投向研究人口减少的内在趋势。现实的人口态势已表明，人口增长不仅有惯性，人口减少亦有惯性。

综合已有研究成果，这里将人口惯性进行如下定义：在一个封闭人口中，如果该人口以前持续增长，即使生育率降到更替水平或更低，在最终达到静止人口之前，该人口规模仍然会保持一段时期增长的趋势；而如果该人口以前持续减少，那么，即使将其生育率提升到更替水平或更高，在最终达到静止人口之前，其人口规模仍然会保持一段时期缩减的趋势。我们将这种趋势称为“人口惯性”，前者称为“人口正增长惯性”，后者称为“人口负增长惯性”。

本研究引入了国际上较为成熟的人口惯性测算方法，为从不同层面估计、量化我国人口惯性提供了有效、实用的工具。同时，本研究还首次尝试利用模型生命表和模型稳定人口这两种人口学方法中的传统工具，在人口数据缺乏时，估计不同国家或地区的人口惯性。最后，试图研究 60 年来中国人口惯性的变化历程①，估算分城乡、分年龄人口惯性的变化情况及其对中国总人口惯性的影响，多角度、多方向评估中国人口惯性对中国人口发展态势的作用和影响。

二　人口惯性测量方法

通过上述对人口惯性测量方法发展的梳理，同时考虑相关数据的可获取性，本研究总结了以下几种较为实用的人口惯性测量方法。

（一）总人口惯性测量法

1. 人口内在自然增长率

在人口学分析方法中，人口内在增长率是借用稳定人口模型方法，在排除实际人口结构影响的抽象条件下来研究仅由实际年龄别生育水平和死亡水平所决定的另一种自然增长率。这样计算的人口自然增长率，并不是我们日常熟悉的人口自然增长率，而称之为人口内在自然增长率（intrinsic rate of natural increase，k）或者称为人口的真正自然增长率（刘铮、邬沧萍、查瑞传，1981）。

在一个稳定人口中，无论总人口数或分男女的人口数都是按照一个固定的自然增长率 k（人口内在自然增长率）增减。就女性而言，母亲一代出生时的人数 B_0 经过平均世代间隔 T 年后，便增加为女儿一代的出生人数 B_T；

① 人口惯性累积涉及过去若干年的生育和死亡，其计算需要获取多种数据，例如年龄别生育率、死亡率和出生性别比以及分年龄人口数等。本研究的目的重在显示低生育水平下人口惯性思路和方法，而不在数据质量的评估。因此，本研究尽量使用历年公布的数据，而不卷入数据质量的讨论，但针对争议较大的数据，例如，生育率和 2000 年分年龄人口数，笔者也尽可能考虑了一些公认调整过的数据，以最大限度评估人口惯性。各部分均对所使用的数据进行了详细的说明。

这时，如果考虑到人口长期稳定增长，可得到以下等式：

$$B_T = B_0 e^{kT} \tag{1}$$

另一方面，女儿一代与母亲一代人数之比就是人口净再生产率

$$B_T / B_0 = NRR \tag{2}$$

因此可见，人口内在自然增长率与人口净再生产率之间存在一定关系：

$$NRR = e^{kT} \tag{3}$$

可以得到人口内在自然增长率的计算公式：

$$k = \frac{1}{T}\ln NRR \tag{4}$$

从上面对人口内在自然增长率计算公式的推导，可见如果已知人口净再生产率和平均世代间隔，就可以算出人口内在自然增长率。那么，为了更好地理解人口内在自然增长率的真正含义，还必须先分析人口净再生产率和平均世代间隔这两个指标。

人口净再生产率的计算公式为

$$NRR = \delta \sum_{x=15}^{49} f_x \cdot L_x^w \tag{5}$$

式中，δ 为新生婴儿中女婴的比例；f_x 为妇女各年龄 x 的生育率；L_x^w 为妇女活到各年龄 x 的存活率。

上述人口净再生产率反映的是每一代妇女比上一代变化的倍数，说明世代之间规模上的替代程度，而世代之间在年龄或时间上的差距要通过平均世代间隔来反映。

$$T = \frac{\sum (X + 0.5) \cdot f_x \cdot L_x^w}{\sum f_x \cdot L_x^w} \tag{6}$$

式中，f_x 为妇女各年龄 x 的生育率；L_x^w 为妇女活到各年龄 x 的生存率。

人口内在自然增长率实质上表明，如果人口按照现实的人口生育和死亡状况长期稳定地发展下去，最终这个人口将成为按照固定增长率 k（即人口内在自然增长率）不断增长（或减少）的人口，换句话说，人口内在自然增长率预示了人口发展的长期趋势。如果某年的 $k < 0$，则说明该年人口正在积累人口负惯性，其值越小，持续的年份越长，则说明积累的人口负惯性越大；如果某年的 $k > 0$，说明该年人口正在积累人口正惯性，其值越大，

持续的年份越长，则说明积累的人口正惯性越大。

通过计算连续若干年人口内在自然增长率，可判断到目前为止，人口已积累了多长时间的人口惯性，正在积累的方向是正的还是负的。

2. 人口惯性因子计算法

（1）Kim 测量法

Keyfitz（1985）提出人口惯性公式改写成：

$$M = \left[e_0^\circ / A \right] \int_0^\infty c_n(x) m^*(x) dx \tag{7}$$

A 为初始人口的平均生育年龄；

$c_n(x)dx$ 为初始人口中 x 至 $x + dx$ 岁的人口比例；

$m^*(x)$ 为更替水平的 x 岁再生产率

$$m^*(x) = \int_0^\infty [l(\alpha)/l(x)] m(\alpha) d\alpha \tag{8}$$

$l(\alpha)$ 从出生到 α 岁的存活概率，$m(\alpha)d\alpha$ 是初始人口 α 至 $\alpha + d\alpha$ 的女婴生育率

同时，$l(\alpha)$ 和 $m(\alpha)$ 满足

$$\int_0^\infty l(\alpha) m(\alpha) d\alpha = 1 \tag{9}$$

可以将公式（8）代入公式（7），得到

$$M = \left[e_0^\circ / A \right] \int_0^\infty [c_n(x)/l(x)] \int_x^\infty l(\alpha) m(\alpha) d\alpha dx \tag{10}$$

设公式（10）二重积分为 N，通过令 $u = \int_x^\infty l(\alpha) m(\alpha) d\alpha$ 和 $dv = [c_n(x)/l(x)]dx$ 进行积分，我们可以得到：

$$\begin{aligned} N = & \left\{ \int_0^x [c_n(\alpha)/l(\alpha)] d\alpha \right\} \left\{ \int_0^\infty l(\alpha) m(\alpha) d\alpha \right\} \Big|_{x=0}^{x=\infty} \\ & + \int_0^\infty \left\{ \int_0^x [c_n(\alpha)/l(\alpha)] d\alpha \right\} l(x) m(x) dx \end{aligned} \tag{11}$$

其中，等式右边第一部分等于 0，第二部分可以简化为两个一元积分，因为均值定理要求有某一个值，G，在 $(0, \infty)$ 之间，那么我们可以把它

写成：

$$\left\{\int_0^G \left[c_n(\alpha)/l(\alpha)\right]d\alpha\right\}\left\{\int_0^\infty l(x)m(x)dx\right\}$$

从公式（9）可知，第二个积分等于1，那么公式（10）重新被写成：

$$M = \left[e_0^\circ/A\right]\int_0^G \left[c_n(x)/l(x)\right]dx \tag{12}$$

因为$c_L(x)dx$，静止人口中x至$x+dx$岁人口的比例，等于$l(x)dx/e_0^\circ$，那么代入公式（12），得到：

$$M = \left[1/A\right]\int_0^G \left[c_n(x)/c_L(x)\right]dx \tag{13}$$

公式（13）则是人口惯性的全新的准确的表达式，但是G值的大小还没有被确定。

为了得到G值的大小，我们可以重新审视一下公式（13）。因为实际人口和生命表人口的死亡率相同，那么$c_n(x)/c_L(x)$可以看成是：当两个人口总规模相等时，x年前实际人口出生队列规模与静止人口出生队列规模之比。当G为平均生育年龄时，则将$c_n(x)/c_L(x)$进行0至G的积分，并除以A^*，则等于平均相对队列规模，即惯性。

在向静止人口转化的过程中，平均生育年龄会从其初始的观察值（A）向静止人口的最终值（A^*）变动。这时，就可以考虑将G取平均生育年龄的均值，这个值与A和A^*的几何平均数相等。用公式表示为：

$$G \approx \left(A \times A^*\right)^{1/2} \tag{14}$$

Preston（1986）的研究表示，G值应约等于Lotka提出的T值（平均世代间隔）。T值通常与A非常接近。当初始人口是稳定人口时，如果$G=T$，公式（14）与Keyfitz提出的公式（7）相等。当初始人口是稳定时，$\left(A \times A^*\right)^{1/2}$约等于$T$。Keyfitz（1968）的研究显示，几何平均值最接近T值。平均世代间隔的主要问题是如果初始人口不是稳定人口时，与A^*不同的是，T无法提供能够影响人口惯性的初始人口年龄结构的任何信息。因为A^*与内在自然增长率没有关系，所以计算T更加容易。

根据公式（14），我们可以得到人口惯性离散的近似计算公式：

$$M = [1/A]\sum_{x=0}^{G} c_n(x:n)/c_L(x:n) \tag{15}$$

$c_n(x:n)$ 为初始人口中 x 至 $x+n$ 岁的人口比例；$c_L(x:n)$ 为生命表人口中 x 至 $x+n$ 岁的人口比例。那么等式表示了根据任何实际人口和其最终达到静止人口的年龄结构所计算的人口惯性。

如果公式（15）只取一项，那么，我们可以得到第二个近似的计算公式：

$$\begin{aligned} M_{\text{Kim}} &= [G/A]\,[c_n(0:G)/c_L(0:G)] \\ &\approx [A^*/A]^{1/2}\,[c_n(0:G)/c_L(0:G)] \end{aligned} \tag{16}$$

公式（16）的第二行是来自公式（13）。显然公式（16）要比公式（15）的计算更为简单，但是却不如公式（15）精确，因为公式（16）只用了 G 岁这一个年龄间隔。最后，因为 G/A 或 $(A^*/A)^{1/2}$ 约等于 1，所以我们还可以得到以下公式：

$$M_{\text{Kim}} \approx \frac{C_n(0:G)}{C_L(0:G)} \tag{17}$$

注：年龄结构 $c(x)$ 和 $c(x:y)$ 的下标 n 和 L 分别指的是观察人口和静止人口。

同样地，公式（17）可以表示任何人口的人口惯性，约等于“平均生育年龄以下的实际人口比例”与“平均生育年龄以下生命表人口比例”之比。

其中，P_K 指 Kim 等提出的人口惯性因子计算法。

该方法最经典的应用在 Bongaarts 和 Bulatao（1999）对世界人口转变的研究中。Bongaarts 等利用 Kim 研究的人口惯性因子简化公式对世界主要地区的人口惯性进行了估计，结果发现，蕴藏于目前年轻人口结构中人口惯性是未来世界绝大部分地区人口增长的主要驱动力，当然，这些地区不包括欧洲，欧洲已是老年型人口年龄结构，所以表现出人口负增长惯性；这些地区还要排除非洲的次撒哈拉地区，该地区的人口增长的主要动力是高生育率。

（2）Preston 法

在 Keyfitz（1985）和 Kim 等（1991）的研究基础上，Preston 等（1997）将任意人口惯性因子推导过程如下：

根据 Lotka 的计算出生轨迹的积分方程的第一个实根（生育和死亡率为

常数），Keyfitz 提出，假设封闭人口的年龄结构为 $N(\alpha)$，存活函数为 $L(\alpha)$，更替水平再生产率为 $m^*(\alpha)$，那么，最终静止人口的年出生人数计算公式为：

$$B_S = \frac{\int_0^\beta N(\alpha)\int_\alpha^\beta \frac{l(y)}{l(\alpha)}m^*(y)\,dy\,d\alpha}{A^*} \tag{18}$$

A^* 仍然指静止人口的平均生育年龄。

我们将 $w(\alpha)$ 替代 $\frac{\int_\alpha^\beta l(y)m^*(y)\,dy}{A^*}$，则可以将出生人数的计算公式简化为：

$$B_S = \int_0^\beta \frac{N(\alpha)}{l(\alpha)}\cdot w(\alpha)\,d\alpha \tag{19}$$

那么，最终静止人口规模（N_S）为：

$$N_S = B_S\cdot e_0^\circ = \int_0^\beta \frac{N(\alpha)}{l(\alpha)}\cdot w(\alpha)\,d\alpha\cdot e_0^\circ \tag{20}$$

这时，将 N_S 除以初始人口规模（N），便可以得到更为简单直观的，适用于任意封闭人口的人口惯性计算公式：

$$M_P = \frac{N_S}{N} = \int_0^\beta \frac{N(\alpha)}{N}\cdot\frac{e_0^\circ}{l(\alpha)}\cdot w(\alpha)\,d(\alpha) \tag{21}$$

7 或者，

$$M_P = \frac{N_S}{N} = \int_0^\beta \frac{c(\alpha)}{c_S(\alpha)}\cdot w(\alpha)\,d\alpha \tag{22}$$

公式（22）包含了三个分布，每个分布的年龄别值加总等于 1。

$c(\alpha)$：初始人口的年龄分布比例；

$c_S(\alpha)$：最终静止人口的人口年龄分布比例。

$$w(\alpha) = \int_\alpha^\beta l(y)m^*(y)\,dy/A^*$$

$w(\alpha)$ 表示的分布并不为人熟知：分子（$\int_{\alpha}^{\beta} l(y)m^{*}(y)dy$）为更替生育水平时在年龄 α 以上的终身生育期望值，分母是所有年龄（未加权的）期望生育数合计，这等于 A^{*}，静止人口的平均生育年龄。① 不同人口的 $w(\alpha)$ 函数分布大同小异。假设 15 岁是生育的最早年龄，0—15 岁所有年龄的 $w(\alpha)$ 值最大，为 $1/A^{*}$。然后，稳步下降到 50 岁时，等于 0。Preston（1997）使用了联合国估计的地区死亡率（UN，1995: 150），计算了欧洲和非洲 $w(\alpha)$ 函数的分布发现，虽然地区在生育和死亡模式上有所不同，但是 $w(\alpha)$ 的形状是很相似的。

所以，公式（22）显示，人口惯性可以相对简单地看成是最终静止人口年龄结构和初始人口年龄结构之间差异的函数。如果在 $w(\alpha)$ 较高的年龄，比如 15 岁、20 岁或 25 岁以下，实际人口比静止人口的比例更高，那么人口惯性因子就会大于 1（Kim 等，1991）。如果在上述年龄，实际人口比静止人口的比例更小，那么人口惯性将会小于 1，即使生育水平立即降到更替水平，人口规模仍然会减少。如果初始年龄结构已经是静止，$c(\alpha) = c_S(\alpha)$，那么，人口惯性 = 1。

同时，Preston（1997）提出了可以计算人口惯性作用大小的离散公式，这使得估计人口惯性更为方便。

所需数据如下：

${}_5f_{\alpha}^{F}$：实际人口中 5 岁组生育率；

女婴比例（δ）；

${}_5N_{\alpha}^{F}$：实际人口中 5 岁组妇女人数；

① $\int_{\alpha}^{\beta} l(y)m^{*}(y)dy$ 与 A^{*} 的关系与 e_0° 与 $l(\alpha)$ 的关系一样。$l(\alpha)$ 表示的是在 α 和 e_0° 岁后每个婴儿预期死亡数量，$l(\alpha)$ 函数积分求导是预期死亡年龄（expected age at death）。$\int_{\alpha}^{\beta} l(y)m^{*}(y)dy$ 表示的是每个婴儿在 α 或 A^{*} 岁后预期生育数量，$\int_{\alpha}^{\beta} l(y)m^{*}(y)dy$ 函数积分求导是预期生育年龄。这两个关系都是对平均年龄部分积分而得到的。

${}_5L_\alpha^F$：实际女性生命表 5 岁组生存人年数；

N_F：实际人口中女性人口数；

N_M：实际人口中男性人口数；

$e_0^{\circ F}$：女性平均预期寿命；

$e_0^{\circ M}$：男性平均预期寿命；

具体计算过程：

第一步，估计更替水平生育率

${}_5m_\alpha = \delta \cdot {}_5m_\alpha^F$　　（${}_5m_\alpha$：实际年龄别女婴生育率，δ：女婴比例）；

$NRR = \sum_{\alpha=15}^{45} {}_5m_\alpha \cdot {}_5L_\alpha^F$　　（NRR：实际净再生产率）；

${}_5m_\alpha^* = {}_5m_\alpha / NRR$　　（${}_5m_\alpha^*$：更替水平的年龄别再生产率）；

第二步，估计最终静止人口的妇女生育数量

$A^* = \sum_{\alpha=15}^{45} (\alpha + 2.5)\, {}_5m_\alpha^* \cdot {}_5L_\alpha^F$　　（A^*：静止人口的平均生育年龄）

$$ {}_5w_\alpha = \frac{\left(\frac{{}_5L_\alpha^F}{2} \cdot {}_5f_\alpha^* + \sum_{y=\alpha+5\,5}^{45} L_y^F \cdot {}_5f_y^* \right)}{A^*} $$

$$ B_S^F = \sum_{\alpha=0}^{45} \frac{{}_5N_\alpha^F}{{}_5L_\alpha^F/5} \cdot {}_5w_\alpha $$

第三步，估计最终人口规模和人口惯性

$N_S^F = B_S^F \cdot e_0^{\circ F}$　　（$e_0^{\circ F}$：最终女性人口规模）；

$N_S^M = B_S^F \cdot SRB \cdot e_0^{\circ M}$　　（$e_0^{\circ M}$：最终男性人口规模；SRB：出生性别比）

Population Momentum $= M_P = \dfrac{N_S^F + N_S^M}{N^F + N^M}$　　（M_P：Preston 提出的人口惯性因子）

当 $M < 1$ 时，意味着即使将人口生育率立即保持在更替水平并持续下去，该人口规模仍然会继续缩减，才能最后达到静止状态。该因子的值越小，表示最终静止人口规模比初始人口规模越小，也说明人口负惯性的作用，即减少惯性的作用越大。当 $M = 1$ 时，意味着即使将人口立即保持在更替水平，该人口的规模不会变化，初始人口规模和最终静止人口规模相等。

这表明人口正惯性和负惯性作用的大小相等。当 $M>1$ 时，意味着即使将人口立即保持在更替水平并持续下去，该人口规模还会继续增长，最后才能达到静止状态。该因子的值越大，表示最终静止人口规模比初始人口规模越大，也说明人口正惯性的作用，即人口增长惯性的作用越大。

通过对 Preston 和 Kim 两种方法的推导，可以发现 Kim 法简化了推导过程，这虽然使 Kim 法比 Preston 法更为简单，需要数据更少，但却导致其计算结果不如 Preston 法精确。

Preston 和 Kim 两种方法的优势在于适用任何人口的人口惯性估计，并能估计出人口惯性对人口规模作用的大小。但不足之处在于无法测量人口惯性作用的时间，也无法看出人口惯性对人口在达到最终静止人口过程中的变化。

3. 人口模拟预测法

任何研究方法的目的都是为了更好地剖析和解释现象。人口惯性的作用大小可以被人口惯性因子较好地解释，却无法测量人口惯性作用的时间，也无法看出人口惯性作用下，人口在达到最终静止人口过程中的变化。人口模型预测法正好弥补了这个缺陷。

该方法最经典的应用是 Lutz 等（2003）对欧盟的人口研究。该研究以不同的生育水平持续一定的时间，再恢复到更替生育水平为不同假设方案，模拟 2000 年的欧盟人口在未来一百年内的变化过程，分析欧盟过去二十多年低生育率所积累的负惯性对未来欧盟人口规模的影响。并分解了导致欧盟低生育率的两个原因（进度效应和数量效应）对未来欧洲人口下降速度的影响。同时通过模拟生育年龄推迟来预测未来欧盟抚养比的变化，衡量人口负惯性对欧盟老龄化的作用程度。

人口模拟预测法可以通过预测软件计算，该方法便于观察人口惯性作用下，人口在达到最终静止人口过程中的变化情况。

（二）年龄别人口惯性测量法

前面谈到 Kim 等（1991）的研究首先从前人研究的惯性公式中推算出计算总人口惯性的新公式，即公式（17）：

$$M_{\text{Kim}} \approx \frac{C_n\left(0:G\right)}{C_L\left(0:G\right)}$$

该公式很清楚地显示，任何人口惯性都等于平均生育年龄以下的人口比例与平均生育年龄以下的生命表的人口比例之比。通过新公式，可以研究分年龄组与总人口惯性的关系，并测量分年龄组人口惯性。通过公式（17）的近似公式，我们可以测试 G 岁以下人口惯性，并与 Preston（1986）的研究结果比较。从定义可知，G 岁以下的增长因子是“最终静止人口中 G 岁以下人口比例”（$N_S\left(0:G\right)$）与“初始人口中 G 岁以下人口比例”（$N_0\left(0:G\right)$）。也就是说，

$$M \approx N_{\infty}\left(0:G\right)/N_0\left(0:G\right) \tag{23}$$

注：N 的下标 ∞ 和 0 指的是时间。

年龄组人口数量可以被认为是该年龄组的比例和总人口规模乘积，即 $N\left(0:G\right) = N \cdot C\left(0:G\right)$。结合总人口惯性定义，$M = N_{\infty}/N_0$，我们可以把公式（23）写成：

$$M\left(0:G\right) = M \cdot \left[C_L\left(0:G\right)/C_n\left(0:G\right)\right] \tag{24}$$

公式（24）表明了年龄别惯性和总人口惯性的关系。当结合公式（17）时，公式（24）可以被简化成：

$$M\left(0:G\right) = 1 \tag{25}$$

同理，G 至 nG 岁的人口年龄别惯性 $M\left(G:2G\right)$ 的推算与上面是类似的。根据公式（24），可知，

$$M\left(G:nG\right) = M \cdot \left[C_L\left(G:nG\right)/C_n\left(G:nG\right)\right] \tag{26}$$

将公式（17）代入到公式（26），这时，得到：

$$M\left(G:nG\right) = \left[C_n\left(0:G\right)/C_L\left(0:G\right)\right] \cdot \left[C_L\left(G:nG\right)/C_n\left(G:nG\right)\right] \tag{27}$$

公式（27）是优势比，也可以被写成差额比率的形式。

虽然这里考虑了以 G 岁为间隔的年龄组，但是，实际上，以任意岁为间隔的年龄组，都适用于公式（27）。我们可以把公式（24）写成任意 x 至 $x+y$ 岁年龄别的形式：

$$M\left(x:y\right) = M \cdot \frac{C_L\left(x:y\right)}{C_n\left(x:y\right)} \tag{28}$$

将公式（17）代入公式（28），得到

$$M\left(x:y\right)\approx\left[\frac{C_n\left(0:G\right)}{C_L\left(0:G\right)}\right]\Big/\left[\frac{C_n\left(x:y\right)}{C_L\left(x:y\right)}\right]\tag{29}$$

即任何年龄范围（$x,x+y$）的人口惯性都可以表达为：

$$M_K\left(x:y\right)=M_K\cdot\frac{C_L\left(x:y\right)}{C_n\left(x:y\right)}\tag{30}$$

或者，

$$M_K\left(x:y\right)\approx\left[\frac{C_n\left(0:G\right)}{C_L\left(0:G\right)}\right]\Big/\left[\frac{C_n\left(x:y\right)}{C_L\left(x:y\right)}\right]\tag{31}$$

根据公式（31）可以得出任意初始人口 G 岁组的人口惯性与人口规模公式（如表 15—1 所示）。Kim 等（1991）选择了 12 个国家女性人口（这些国家的数据涵盖了多种年龄结构和生育死亡模式）使用上述公式进行年龄别人口惯性的推算，发现这些公式非常简洁，但与其他计算方式相比，其结果不如其他计算方式精确，但产生偏差并不大。而且，Kim 等（1991）的研究与 Preston（1986）的研究一致表明，当人口在转为零增长的过程中，T（平均世代间隔）岁以下人口数量几乎保持不变。此外，该研究还证明了使用 30 岁来替换平均生育年龄 G（或平均世代间隔 T），得到的结果比较准确。当任何人口的生育率降到更替水平时，总人口会以静止人口 30 岁以下比例与初始人口 30 岁以下比例之比来增长（或减少），这时 30 岁以下人口数量是不变的。30—60 岁人口增长速度约等于观察人口和静止人口的优势比（odds ratio），即 30 岁以下观察与生命表人口规模之比和 30—60 岁观察与生命表人口规模之比的比值。

表 15—1　**任意初始人口 G 岁组的人口惯性与人口规模公式**

年龄组	初始观察人口（1）	惯性（2）	最终静止人口（3）=（1）×（2）
$0—G$	$N(0:G)$	1	$N(0:G)$
$G—2G$	$N(G:2G)$	$\frac{C_n(0:G)/C_n(G:2G)}{C_L(0:G)/C_L(G:2G)}$	$\frac{N(0:G)}{C_L(0:G)/C_L(G:2G)}$
$2G—3G$	$N(2G:3G)$	$\frac{C_n(0:G)/C_n(2G:3G)}{C_L(0:G)/C_L(2G:3G)}$	$\frac{N(0:G)}{C_L(0:G)/C_L(2G:3G)}$

续表

年龄组	初始观察人口（1）	惯性（2）	最终静止人口（3）=（1）*（2）
合计	N	$\frac{C_n(0:G)}{C_L(0:G)}$	$\frac{N(0:G)}{C_L(0:G)}$

注：年龄在 3 G 以上的人口规模可忽略。

（三）模型稳定人口惯性测量法

通过上述方法的分析，可以看到要计算出某地区或国家的人口惯性需要比较完备的数据来支撑。即使运用最简单的 Kim 法，手头也必须掌握实际人口的分年龄人口数和相对应的生命表。这就提出一个新问题，在现有数据不足以支持计算的情况下，如何能大致判断该国家或地区的人口惯性？

我们知道，在研究某些人口的死亡水平时，如果缺乏完备或可靠的人口数据，一般可以借用一些人口学特性相似、其数据较可靠的其他人口资料，进行试探性比较与分析，这就是人们开发模型生命表的初衷。沿用这个思路，我们拟使用模型生命表和模型稳定人口，估算不同水平下不同生育率各种稳定人口的人口惯性大小。

Coale - Demeny 西区模型生命表被认为是世界各地死亡类型的平均值，其代表性最为广泛。因此，本研究选用西区模型生命表及其对应模型稳定人口。西区的模型稳定人口有 1250 张，我们不能在此全部选取进行计算，只能选择一些有代表性的死亡水平和生育水平进行估计。

为使模型稳定人口惯性更具实用性，这里将美国人口咨询局的 2004—2008 年世界人口数据表中所有国家和地区的总和生育率和女性平均预期寿命进行了分析，发现 2004—2008 年总和生育率最大值的均值为 7.75，最小值的均值为 0.9；而女性平均预期寿命的最大值的均值为 85 岁，最小值的均值为 35 岁。按照这个区间，选取的死亡水平是以女性平均预期寿命从最小值 35 岁，最大值 80 岁，以 5 岁为间隔，对应的西区模型生命表死亡水平分别为 7、11、13、15、17、19、21、23、25；总和生育率分别为 7.1、6、5、4、3、2.1 和 1.64[①]；对应的模型稳定人口中的粗再生产率分别为 3.5、3、

① 这是因为 2008 年最高 TFR 为 7.1，而 2004—2007 年 TFR 大于 7.1 以上的只有一个地区，所以，TFR 的取值最高取到 7.1。

2.5、2、1.5、1、0.8。①

但需要说明的是，Coale - Demeny 西区模型生命表建立所涉及的实际生命表时间范围是19世纪中期到20世纪中期（第二次世界大战后），那时候完全没有预见到近年来世界人口会出现的低生育率、很低生育率和健康水平的大幅上升的情况。② 还须说明的是，模型稳定人口设定的出生性别比为105，平均生育年龄为29岁，这里计算使用生育模式为1975年中国生育模式。③

通过 Preston 法来计算各种稳定人口的人口惯性因子，表15—2是计算得到的模型稳定人口的人口惯性大小，该表显示了不同死亡水平和不同生育水平下模型稳定人口惯性的变化。

表15—2　**模型稳定人口惯性因子**

死亡水平	e_0° _ F	TFR	GRR	NRR	K	M	国家或地区（2008年）	e_0° _ F，TFR
7	35	7.17	3.5	1.87	22.30	1.41		
7	35	6.15	3.0	1.61	16.77	1.31		
7	35	4.97	2.5	1.30	9.20	1.18		
7	35	4.10	2.0	1.07	2.41	1.04	斯威士兰	34，3.8
7	35	3.07	1.5	0.80	-7.63	0.84		
7	35	2.12	1.0	0.55	-20.44	0.59		
7	35	1.64	0.8	0.43	-29.09	0.47		
9	40	7.17	3.5	2.11	26.43	1.53		
9	40	6.15	3.0	1.81	20.89	1.42		
9	40	4.97	2.5	1.46	13.30	1.28		
9	40	4.10	2.0	1.20	6.49	1.12	津巴布韦	40，3.8
9	40	3.07	1.5	0.90	-3.57	0.92		

① 之所以按总和生育率来划分生育水平，是因为该指标是人们最熟悉并经常使用的生育水平衡量指标。但实际的具体取值有细微差异，这是由于模型稳定人口中是按照内在自然增长率和粗再生产率公布的。

② 比如稳定人口中最低生育水平，只能取到1.64（粗再生产率=0.8）；平均预期寿命最高也只能取到80岁。

③ 1975年中国生育模式的平均生育年龄约等于29岁。另外，生育模式的不同会影响人口惯性的大小，作者曾用2000年中国的生育模式进行计算，结果表明，对人口惯性的影响并不大。

续表

死亡水平	e_0° _ F	TFR	GRR	NRR	K	M	国家或地区（2008 年）	e_0° _ F，TFR
9	40	2.12	1.0	0.62	-16.41	0.65		
9	40	1.64	0.8	0.48	-25.08	0.51		
11	45	7.17	3.5	2.33	29.95	1.64	阿富汗 安哥拉	43，6.8 44，6.8
11	45	6.15	3.0	1.99	24.40	1.53		
11	45	4.97	2.5	1.61	16.79	1.38	中非共和国	44，5.0
11	45	4.10	2.0	1.33	9.97	1.21		
11	45	3.07	1.5	1.00	-0.10	0.99		
11	45	2.12	1.0	0.69	-12.97	0.70		
11	45	1.64	0.8	0.53	-21.66	0.55		
13	50	7.17	3.5	2.54	33.01	1.76	布隆迪	50，6.8
13	50	6.15	3.0	2.17	27.45	1.64	中部非洲 塞拉利昂	52，6.1 49，6.1
13	50	4.97	2.5	1.76	19.83	1.47	喀麦隆	52，5.0
13	50	4.10	2.0	1.45	13.00	1.30		
13	50	3.07	1.5	1.09	2.90	1.06	南非	50，2.8
13	50	2.12	1.0	0.75	-9.99	0.77		
13	50	1.64	0.8	0.58	-18.69	0.59		
15	55	7.17	3.5	2.74	35.80	1.87	尼日尔	56，7.1
15	55	6.15	3.0	2.35	30.22	1.74	几内亚	55，5.7
15	55	4.97	2.5	1.90	22.59	1.58	非洲	55，4.9
15	55	4.10	2.0	1.57	15.75	1.39	吉布提	55，4.2
15	55	3.07	1.5	1.18	5.64	1.13		
15	55	2.12	1.0	0.81	-7.27	0.80		
15	55	1.64	0.8	0.63	-15.99	0.64		
17	60	7.17	3.5	2.94	38.20	1.98		
17	60	6.15	3.0	2.52	32.62	1.84	也门	60，6.2
17	60	4.97	2.5	2.04	24.98	1.65	冈比亚	59，5.1
17	60	4.10	2.0	1.68	18.13	1.47	海地	60，4.0
17	60	3.07	1.5	1.26	8.01	1.20	加蓬	58，3.2
17	60	2.12	1.0	0.87	-4.92	0.87		

续表

死亡水平	e_0° _ F	TFR	GRR	NRR	K	M	国家或地区（2008 年）	e_0° _ F，TFR
17	60	1.64	0.8	0.67	-13.65	0.67		
19	65	7.17	3.5	3.12	40.28	2.08		
19	65	6.15	3.0	2.67	34.70	1.94	科摩罗	66，4.9
19	65	4.97	2.5	2.16	27.05	1.76		
19	65	4.10	2.0	1.78	20.19	1.55	图瓦卢	65，3.7
19	65	3.07	1.5	1.34	10.06	1.27	中南亚	65，3.0
19	65	2.12	1	0.92	-2.88	0.90	缅甸	65，2.2
19	65	1.64	0.8	0.71	-11.61	0.71		
21	70	7.17	3.5	3.28	42.09	2.19		
21	70	6.15	3	2.81	36.50	2.05		
21	70	4.97	2.5	2.27	28.85	1.85		
21	70	4.10	2	1.88	21.99	1.63	瓦努阿图	69，4.0
21	70	3.07	1.5	1.41	11.85	1.33	北非	71，3.0
21	70	2.12	1	0.97	-1.10	0.94	牙买加	70，2.1
21	70	1.64	0.8	0.75	-9.85	0.74		
23	75	7.17	3.5	3.40	43.35	2.31		
23	75	6.15	3	2.92	37.76	2.15		
23	75	4.97	2.5	2.36	30.10	1.95		
23	75	4.10	2	1.94	23.23	1.72		
23	75	3.07	1.5	1.46	13.09	1.40	多米尼加共和国	75，3.0
23	75	2.12	1	1.00	0.14	0.98	越南	75，2.1
23	75	1.64	0.8	0.78	-8.61	0.77	东亚	76，1.6
25	80	7.17	3.5	3.47	44.07	2.44		
25	80	6.15	3	2.98	38.48	2.27		
25	80	4.97	2.5	2.41	30.83	2.05		
25	80	4.10	2	1.98	23.96	1.80	法属圭亚那 沙特阿拉伯	79，3.9 78，4.0
25	80	3.07	1.5	1.49	13.81	1.45	多米尼亚	77，3.0
25	80	2.12	1	1.03	0.86	1.00	北美	81，2.1
25	80	1.64	0.8	0.79	-7.89	0.78	发达地区	81，1.6

注：e_0° _ F——女性出生平均预期寿命；M——人口惯性因子。

首先，在同一死亡水平下，生育水平越高，人口惯性越大。例如，在女性平均预期寿命等于 50 岁的条件下，总和生育率为 6.1 时，而计算得到的人口惯性达到 1.64。这说明，即使该人口的生育率立即降到更替水平，最终人口要比当前继续增长 64%，才能实现静止。在该死亡水平下，随着总和生育率的下降其人口惯性也在不断下降。在女性平均预期寿命等于 50 的情况下，当总和生育率为低于 3 时，人口惯性因子均低于 1，即为人口负增长惯性。

其次，同一生育水平下，死亡水平越低，人口惯性越大。当把总和生育率固定在 2.1 时，在女性平均预期寿命等于 80 岁的条件下，人口惯性约等于 1。这说明，即使该人口的生育率立即降到更替水平，最终静止人口数量与当前人口规模相等，人口表现为零增长惯性。而当在这个生育水平下，女性平均预期寿命维持在 70 岁，此时的人口惯性因子等于 0.94，即，如果该地区生育水平立即降到更替水平，最终静止人口规模要比当前减少 4%。同时，在该生育水平下，随着女性平均预期寿命的下降，其人口惯性在不断下降，均呈现人口负增长惯性。

表 15—2 的最后两列显示了 2008 年符合各种死亡水平和生育水平的国家或地区及其相关指标，在只掌握有限的生育和死亡水平的指标下，我们可以借用模型稳定人口，大概判断这些国家和地区的人口惯性强度。模型稳定人口提醒我们，非洲各国的人口正增长惯性依然很大，发达国家总体上已经出现人口负增长惯性，东亚一些国家也出现微弱的人口负惯性。

当然，与利用模型生命表的原理一样，由于各个国家或地区实际情况各有不同，利用模型稳定人口的判断结果并不能完全与现实一致，但它大致判断了人口惯性的大小，可以用来克服人口惯性积累和作用的潜在性不易被人觉察的弱点，提醒人们注意未来人口变动的趋势，起到“警钟”的作用。

（四）小结与讨论

方法的意义是为了从剖析和解释事物的现象，探寻事物的本质。人口惯性是人口学的重要内容，这个概念经常被人们所提及，但测量人口惯性的方法却一直没有得到有效、广泛地应用。以上提到的这些计算人口惯性方法的分析层面不同，角度不一，各有优势。

人口内在自然增长率的计算可以用来估计人口惯性积累的方向，但是无法判断人口惯性的大小。人口惯性因子的计算可以判断人口惯性的大小，了解人口规模的变化，却不能模拟出人口惯性影响人口变动的过程，以及对人口年龄结构的影响。人口模拟预测法可以模拟人口惯性影响人口变动的过程，但结果相对复杂，必须运用软件计算，不能直观地看到人口惯性的大小。而 Kim 研究的年龄别人口惯性的测量法比较简单，但结果不是很精确。

模型稳定人口惯性因子表现出以下三种作用：其一，在掌握有限数据情况下，借用模型稳定人口，可大致判断 2008 年世界各国家和地区的人口惯性强度。其二，利用模型稳定人口惯性，可以克服人口惯性积累的潜在性不易被人觉察的弱点，提醒人们注意未来人口变动的趋势，起到“警钟”的作用。其三，模型稳定人口对近年来出现的低生育率以及低生育率下的人口形势估计不足，模型稳定人口中缺乏极低生育率的模型，这提醒我们应该及早重视对低生育率，尤其是超低或极低生育率下，人口规律的研究。

人口惯性测量方法的研究凝聚了学者们的智慧和心血，从不同角度量化了人口惯性，这对于深入理解和解释人口惯性有重要的作用，需要根据不同的研究目的进行选择使用。

三　中国人口惯性 60 年的变化

（一）全国总人口惯性

1. 方法和数据

Preston 等的研究表明人口惯性的大小可以通过计算人口惯性因子，即当生育率立即达到更替水平并保持不变，最终静止人口规模与初始人口规模之比。

具体使用数据如下：人口惯性因子计算所需数据是来源于公开发表的五次全国人口普查和 1995 年和 2005 年 1% 人口抽样调查数据。1953 年和 1964 年的死亡数据根据《中国一些年份的期望寿命和婴儿死亡率》中 1950—1969 年期望寿命[①]，选择 Coale 西方死亡模型的女性生命表，1953 年选择死亡

① 黄荣清、刘琰：《中国人口死亡数据集》，中国人口出版社 1995 年版。

水平 13，1964 年选用死亡水平 16。

2. 研究结果

表 15—3 是计算取得的近五十多年中国人口惯性因子变化情况。结果发现：第一，1953 年的人口惯性低于 1964 年是因为新中国成立前过高的死亡率导致。1964—2005 年，中国总人口正增长惯性快速下降趋势非常明显。从 1964 年总人口惯性值 1.76，逐渐下降到 2000 年的 1.19，再到 2005 年的 1.09。换句话说，假设中国人口在 1964 年开始就保持更替水平不变，人口要继续增长 76% 才能达到静止状态。而如果中国人口从 2000 年开始保持更替水平不变，人口要继续增长 19%，才能达到静止状态；假设中国人口从 2005 年开始保持更替水平不变，人口继续增长 9%，方能达到静止状态。第二，1964—2005 年中国总人口惯性下降的速度很快，从 1964 年到 2005 年，人口惯性因子下降了 0.67，平均每年下降 17 个百分点。

表 15—3　　1953—2005 年中国总人口惯性因子变化

年份	总人口惯性因子
1953	1.35
1964	1.76
1982	1.57
1990	1.43
1995	1.29
2000	1.16
2005	1.09

可见，在过去的五十多年里，我们经常谈论的人口正增长惯性实际上正在逐渐消失，其值离 1 越近，表明人口距离零增长惯性越来越近。

（二）分城乡总人口惯性

中国是一个典型的城乡二元结构社会，这种二元结构也体现在城乡的人口态势中。城市和农村的生育水平一直都保持较大的差异。那么，城市和农村的人口惯性是否一致？其对我国总人口惯性各自起什么样的作用？为更加清楚地了解城市和农村真实的人口状况和未来的人口变动情况，有必要对上述问题作出回答。

1. 方法和数据

本小节使用 Preston 提出的方法计算城乡人口惯性因子。1953 年和 1964 年普查没有分城乡数据，只能估算自 1980 年之后的城乡人口惯性变化。所使用 1982—2005 年数据均为公开发表的三次全国人口普查和 1995 年、2005 年 1% 人口抽样调查数据。

2. 研究结果

表 15—4 计算了 1982—2005 年各次大小普查分城乡的人口惯性。从总体趋势来看，无论是城镇还是农村，其人口惯性都明显快速下降。城镇从 1982 年的 1.40 下降到 2005 年的 1.00，23 年间，我国城镇人口惯性减少了 40 个百分点，以平均每年 1.73 个百分点的速度下降；农村则从 1982 年的 1.59 下降到 2005 年的 1.09，23 年间，我国农村人口惯性减少了 50 个百分点，以平均每年 2.17 个百分点的速度下降。农村人口惯性的下降速度快于城市。

表 15—4　　**1982—2005 年中国城镇和农村人口惯性因子变化**

年份	城镇	农村
1982	1.40	1.59
1990 *	1.38	1.52
1990 **	1.29	1.52
1995	1.15	1.37
2000	1.12	1.20
2005	1.00	1.09

注：城镇为市和镇的数据，农村为乡的数据。

* 是按照第四次全国人口普查对市镇人口的第一种统计口径：市镇人口是指该市（不含市辖县）镇管辖区域内的按普查办法规定应普查登记的全部人口。

** 是按照第四次全国人口普查的第二种统计口径：市总人口是指设区的市所辖的区人口和不设区的市所辖的街道人口，镇总人口是指不设区的市所辖镇的居民委员会人口和县辖镇的居民委员会人口。

从城镇和农村的比较来看，20 世纪 80 年代以来农村的人口惯性均明显高于城市人口惯性。2005 年城市人口惯性因子等于 1，这表示人口正增长惯性的作用已经发挥完毕，也表明中国人口惯性增长完全在农村地区，但是农村地区的人口惯性力量也已经很弱。即使从2005年开始将我国农村地区生育率保持在更替水平并保持不变，农村地区人口还要再增长9%，就达到静止人口。

从目前的情况来看，中国城市正处于人口正增长惯性向人口负增长惯性的转折点，中国人口正增长惯性完全来自农村地区。

（三）年龄别人口惯性

通过对总人口惯性因子的估算可以了解中国总人口正增长或负惯性作用的大小，而人口是由不同年龄的人口构成，探究我国年龄别人口惯性作用变化历程，可以更加深入研究中国人口惯性增长是来自哪一部分年龄人口的惯性增长。

1. 方法和数据

Kim等研究提出年龄别人口惯性因子的计算公式，任何年龄范围（$x,x+y$）的人口惯性都可以表达为：

$$M_K\left(x,x+y\right) = M_K \cdot \frac{C_L\left(x,x+y\right)}{C_n\left(x,x+y\right)}$$

其中，M_K指的是Kim提出的总人口惯性因子；$M_K\left(x,x+y\right)$指的是Kim提出的年龄别人口惯性因子；$C_L\left(x,x+y\right)$指的是观察人口中$x,x+y$岁的人口比例；$C_n\left(x,x+y\right)$指的是静止人口中$x,x+y$岁的人口比例。

本小节使用上述方法计算中国20世纪80年代以来年龄别人口惯性。

由于1953年、1964年普查数据中没有年龄别死亡数据，所以只能估算自1980年之后的年龄别人口惯性变化。使用1982—2005年数据均为公开发表的三次全国人口普查和1995年、2005年1%人口抽样调查数据。

2. 研究结果

通过计算发现1982年以来平均生育年龄[①]（G值）在26岁左右。我们

① 一般来说，平均生育年龄与平均世代间隔非常接近，在计算年龄别人口惯性因子时，可以将两者近似相等。

首先取26岁作为观察年龄别人口惯性的分界点，将总人口按照年龄分成0—26岁，27—52岁，53岁及以上三个年龄段。然后，为了更好地观察人口惯性与人口老龄化的关系，再将年龄段的分界点改成30岁①，将总人口按照年龄分成0—29岁，30—59岁，60岁及以上三个年龄段进行分析。

表15—5展示了1982—2005年中国年龄别人口惯性变化过程。30岁作为年龄段分界点计算的人口惯性因子略高于26岁，两种分界年龄均显示了二十多年来年龄别人口惯性的几个共同变化。

表15—5 **1982—2005年中国年龄别人口惯性因子变化**

年份	G = 26岁			G = 30岁		
	0—G	G—2G	2G—3G	0—G	G—2G	2G—3G
1982	1.00	1.73	3.41	1.00	1.97	3.88
1990	1.00	1.54	3.05	1.00	1.68	3.43
1995	1.00	1.12	2.59	1.00	1.36	2.80
2000	1.00	0.91	2.37	1.00	1.12	2.60
2005	1.00	0.78	1.71	1.00	0.84	1.99

第一，20世纪80年代以来，G岁以下人口惯性均等于1，这表明当生育降到更替水平时，最终静止人口中0—G岁年龄段人口规模与初始人口中该年龄段人口规模是相等的。人口惯性增长与这个年龄组人口规模的增长是无关的。如果我们把0—G岁称为"青少年组"，那么，也就是说，中国人口惯性增长动力并非来自于青少年组人口的增长。

第二，G—$2G$岁的人口正增长惯性减少的速度是非常惊人的，2005年该年龄段人口已表现出人口负增长惯性。

当G取值为26岁时，人口正增长惯性从1982年的1.73减少到1995年的1.12，短短13年，便减少了61个百分点，这表明当中国人口的生育水平在1982年立即降到更替水平，27—52岁人口还要继续增长73%才能达到静止，而到1995年时，如果这时将生育水平提高到更替水平，27—52岁人口

① Kim等的研究表明，30岁与平均生育年龄的差距并不太大，因此，使用公式计算的人口惯性因子结果不会有太大偏差。

则只增长 12% 便会达到静止状态。到 2000 年，27—52 岁年龄段人口惯性因子小于 1，这就表现出来人口负增长惯性，将生育水平提高到更替水平，27—52 岁人口则减少 9% 便会达到静止状态。而再过 5 年，到 2005 年将生育水平提高到更替水平，27—52 岁人口则会减少 22% 达到静止状态。

当 G 取值为 30 岁时，人口正增长惯性从 1982 年的 1.97 减少到 2000 年的 1.12，18 年内便减少了 85 个百分点，这意味着当中国人口的生育水平在 1982 年立即降到更替水平，30—59 岁人口还要继续增长 97% 才能达到静止，到 2000 年将生育水平提高到更替水平，30—59 岁人口则只需要增长 12% 便会达到静止状态。

如果我们把 G—$2G$ 岁称为“壮年组”，这部分人口是劳动力的“主力军”。那么可知，目前中国“壮年组”人口表现出较强的人口负增长惯性，这意味着如果生育率立即降到更替水平，我国最终静止人口中“壮年组”人口规模要比目前“壮年组”减少 20% 左右。

第三，$2G$—$3G$ 岁的人口正增长惯性也在快速下降。与 1982 年相比，2005 年人口正增长惯性减少了一半。无论是以 26 岁还是 30 岁为分界点，2005 年 $2G$—$3G$ 岁人口惯性因子只相当于 1982 年的 1/2。1982 年 53 岁及以上和 60 岁及以上的人口惯性因子还分别高达 3.41 和 3.88，这表明假设在 1982 年将我国人口生育水平降到更替水平，53 岁及以上人口最终要增加约 1.5 倍，才会停止增长，60 岁及以上人口最终要再增加近 2 倍，方能实现静止；到 2005 年 53 岁及以上和 60 岁及以上的人口惯性因子则分别只有 1.71 和 1.99，即如果在 2005 年将生育率提高到更替水平，53 岁及以上的人口还要增长 71% 才会实现静止，60 岁及以上人口则需翻一倍才能达到静止人口。

如果我们把 $2G$—$3G$ 岁称为“老年组”，那么可判断，目前中国人口惯性增长主要是老年组人口规模的增加。

通过以上年龄别人口惯性分析可知，中国实际情况表明，虽然 20 世纪 80 年代以来，我国总人口增长惯性在不断下降，但各年龄对总人口增长惯性的作用不同。0— G 岁（青少年组）人口惯性因子等于 1，G—$2G$ 岁（壮年组）表现出较强的人口负增长惯性，$2G$—$3G$ 岁（老年组）表现出较强的人口正增长惯性。这表明按照 2005 年各年龄组人口惯性，中国人口惯性增长将突出表现为老年组人口规模大幅度的增长。

四 小结

本研究根据历年公开发表的数据，使用多种方法探讨了近 60 年来中国人口惯性的变化情况，其目的在于多角度多方向地评估中国人口惯性对未来中国人口发展态势的作用和影响。本研究的发现可以归纳为以下几点。

第一，近 60 年来，中国总人口增长的惯性快速下降趋势非常明显，推动中国人口正增长的人口惯性作用正在逐渐消失。

第二，20 世纪 80 年代以来，虽然农村人口惯性均明显高于城市人口惯性，但城镇和农村地区人口正增长惯性都正在快速下降。2005 年，中国城镇的人口正增长惯性作用已经发挥完毕，已处于人口正负惯性的转折点；而中国人口的惯性增长完全来自农村。

第三，20 世纪 80 年代以来我国总人口正惯性下降趋势非常明显，但各年龄人口对总人口正惯性的贡献是不一样的。从 2005 年各年龄组的人口惯性分析来看，未来我国人口正惯性是由老年组人口的正惯性超过壮年组人口的负惯性引起的。从这个意义上来说，中国人口正增长惯性可以理解为高生育率下产生的人群正处于育龄期向老龄期的过渡期之中。

中国人口惯性反映的是过去已经形成的人口结构的影响，以上计算结果冲击了对人口形势判断的思维定式。的确，未来中国人口增长是因为人口惯性，但即便是按照官方公布的生育数据，到 2005 年，推动我国人口增长的惯性也正在以极快的速度消失，农村人口增长的惯性也很微弱了。同时，未来人口正、负增长惯性的转折是老年人口的正增长惯性和壮年人口负增长惯性之间博弈的结果。我们可以想象，如果生育率继续走低，预期寿命继续延长，中国人口负增长惯性的出现将很难逆转，必将危及中国人口长期均衡发展，重新认识人口形势已经到了极为紧迫的境地。

参考文献

国家人口发展战略研究课题组：《国家人口发展战略研究报告》，中国人口出版社 2007 年版。

刘铮、邬沧萍、查瑞传：《人口统计学》，中国人民大学出版社 1981 年版。

翟振武：《中国人口增长与人口再生产类型转变》，载国家人口和计划生育委员会、中国社会科学院编《改革开放与人口发展演讲报告集》，中国人口出版社 2008 年版。

翟振武、刘爽、陈卫、段成荣：《稳定低生育水平：概念、理论与战略》，《人口研究》2000 年第 3 期。

Goldstein, J. R., "Population Momentum for Gradual Demographic Transitions: An Alternative Approach", *Demography*, 39(1), 2002, pp. 65 - 73.

Bongaarts, John & Rodolfo A. Bulatao, "Completing the Demographic Transition", *Population and Development Review*, Vol. 25(3), 1999, pp. 515 - 529.

Keyfitz, Nathan, "On the Momentum of Population Growth", *Demography*, 8(1), 1971, pp. 71 - 80.

Keyfitz, Nathan, *Introduction to the Mathematics of Population*, Addison - Wesley Publishing Co., London, 1968.

Keyfitz, Nathan, *Applied Mathematical Demography* (2nd edn.), New York: Wiley, 1985.

Kim, Y. J. and R. Schoen, "Population Momentum Expresses Population Aging", *Demography*, 34(3), 1997, pp. 421 - 427.

Kim, Y. J., R. Schoen, and P. S. Sarma, "Momentum and the Growth - Free Segment of a Population", *Demography*, 28(1), 1991, pp. 159 - 173.

Li N. and S. Tuljapurkar, "Population Momentum for Gradual Demographic Transitions", *Population Studies*, Vol. 53, 1999, pp. 255 - 262.

Lutz, Wolfgang (ed.), *The Future Population of the World: What Can We Assume Today?* London: Earthscan Publications, 1996.

Lutz, Wolfgang, Brian C. O' Neill, and Sergei Scherbov, "Europe's Population at a Turning Point", *Science*, Vol. 299, 2003, pp. 191 - 192.

Preston, Samuel H. and M. Guillot, "Population Dynamics in an Age of Declining Fertility", *Genus*, 53(3 - 4), 1997, pp. 15 - 31.

Preston, Samuel H., "The Relation Between Actual and Intrinsic Growth Rates", *Population Studies*, 40(3), 1986, pp. 343 - 351.

Population Reference Bureau, *World Population Data Sheet* (2008), Population Reference Bureau, www.prb.org, 2008.

第十六章 全球化环境中的世界人口与中国的选择

一 改变世界的人口转变

在过去一个世纪中，人口变化造就了人类社会有史以来最具有根本性的变化。继20世纪中叶开始的世界人口急剧增长以及随之而来的蔓延全球的低生育率，是人类历史上前所未有的。这两个人口变化改变了人类与其生活环境的关系，也彻底改变了每一个人的生命与生活。

世界人口的剧增，在几十年内造成了一个突然间十分拥挤的世界。20世纪70年代，也曾是全球对人口爆炸充满恐惧的年代。尽管英国政治经济学家马尔萨斯在近二百年前（1798）就已经断言食物增长将不及人口增长的速度，警言如果人口增长得不到控制，人类将无法避免更多的战争、瘟疫与饥荒，但他的危言一直到20世纪后期才受到世人的真正重视。1968年美国斯坦福大学生物学教授保罗·厄瑞驰（Paul Ehrlich）《人口炸弹》一书把世界人口急剧增长生动地引入了全球议程。

国际社会半个世纪前对人口爆炸的担心完全是有其根据的。在漫长的人类历史中，世界人口增长一直十分缓慢。从公元前1万年到公元元年，全球人口规模用了一万年才从约600万增加到约2.5亿。在这一阶段早期，世界人口的期望寿命在20岁左右，人口年增长率约为万分之零点八。按照这种速度，人口规模每8000多年才翻一番。当马尔萨斯出版其《人口原理》小册子时，世界人口规模已扩大至8亿左右。当时世界人口的年增长率约在万分之七，比公元前增长速度加快了10倍。不过，按此速度，人口规模也每一千年才翻一番。而当保罗·厄瑞驰的《人口炸弹》问世时，世界人口已经增长至

37 亿，期望寿命增至 40 岁以上，世界人口增长速度已达到百分之二左右，为马尔萨斯出版《人口原理》时的人口增长速度的近三十倍。按此速度，人口规模每翻一番仅需 40 年左右。全世界人口最近的一次翻番，从 1950 年的 25 亿到 1985 年的 50 亿，仅用了 35 年时间。不难想象，如果全世界人口照此速度无限增长下去，地球很快会变得连生存空间都没有了。

然而，现在看来，如此令人恐惧的人口爆炸仅是人类历史中一个很短暂的篇章，它是人类历史上一个史无前例的篇章，也是一个由于人类社会本身进步所带来的不可避免的后果。工业革命以后，人类生活水平的提高，科学技术的发展，尤其是医疗技术的进步与推广，导致人口死亡率大幅度下降。在 20 世纪这 100 年中，世界人口的期望寿命差不多翻了一番，由三十多岁增至近六十岁，成为 20 世纪对人类最具真实革命性意义的历史进步。

人均期望寿命在这么短的时间内如此延长，彻底改变了人类生活的一切。对于个人来说，寿命延长不是简单的数量增加，更是人生质量的提高，人生意义的改变。更健康、更长的生存时间使人有更多的机会在各个方面发展自己。长寿可以使人花更多的时间学习、创造、享受人生、积累知识与经验。死亡率下降把个人尤其是妇女从曾经是无休止地生儿育女的人生中解脱出来，直接成就了妇女解放与妇女地位的提高。长寿也使得社会对个人生命的价值更为珍惜和尊重，因为人生已离死亡厄运的随机性越来越远。生存和长寿对于越来越多的人已经不再是运气，而是给定。

对于家庭与社会来说，死亡率下降和长寿也彻底改变了家庭和社会组织。人口死亡随机性的大幅度下降使得经济和社会生活的长远规划不仅必要同时可能。近几个世纪以来人类社会物质生产与技术创新的突飞猛进，不能不归功于人均期望寿命延长这一伟大历史进步。换句话说，死亡率下降一方面是技术进步与社会组织改进的结果，同时也是其原因。

在现代死亡率大幅度下降之前，由于无法对应相当高的死亡水平，人类社会在其漫长的历史中也形成了一整套社会文化机制来保证有足够高的生育水平，以保证人类不至于绝种（费孝通，1998；李中清、王丰，2000）。而当近百年来在世界人口总数中占比较高的国家中死亡率大幅度下降时，这些国家历史上与高死亡水平相应的高生育率水平却没有以同一速度迅速下降。生育率下降滞后与死亡率下降，导致了人类历史上史无前例的人口剧增。20

世纪后半叶的世界性的人口爆炸，是人类进步所带来的无法避免的后果。

然而，世界历史上这次爆炸性的人口增长将很快成为历史。随之而来的却是另一次人口转变，即人口老化与人口减少的新挑战。20 世纪后半叶，步西欧国家之后，世界几乎所有的发展中国家也都经历了史无前例的生育水平大幅度下降。1960 年至 2006 年，世界人均 GDP 水平上升了 2.4 倍，与此同期，以总和生育率衡量的平均生育水平由 1962 年的 5.4 下降到 2006 年的 2.5，减少了 54%（World Bank，2008）。

人口时钟转速由快变慢，无论对于世界还是对于中国，其根本原因都是生育水平的急剧下降。从 1950 年至 2010 年，全世界妇女平均生育水平由 5 个孩子下降到 2.5 个，降幅达 50%。在占世界人口多数的发展中国家，生育率下降幅度更大，由 6 个孩子下降到 2.4 个；而中国尤甚，由 6 个孩子下降到 1.5 个左右（郭志刚，2011；蔡泳，2009）。即便最不发达国家的生育率，也从 6.5 个下降到 4.4 个。很显然，尽管各国的政治制度、宗教信仰与文化传统千差万别，随着经济发展、健康改善和死亡率下降，生育水平都会大幅度下降。这是世界人口史过去 50 年最主要的故事，也是造成现在诸多国家尤其是发达国家面临经济与社会挑战的最深层原因之一。由于生育率持续下降，越来越多的国家开始面临逐渐倒置的人口金字塔，即儿童和青年人比例不断缩减、老年人比例不断增加。这一人口年龄结构的变化对资源分配、经济发展与社会政治稳定都会产生巨大的影响。

世界人口新格局是人口变化的多元性。一方面，世界上还有相当多的人口居住在人口继续快速增长的国家。2009 年，世界上有 41 个国家的总和生育率仍超过 4 个孩子。这些国家主要集中在东非和西非，其平均人口增长率高达 2.67%。另一方面，越来越多的国家步入低生育率的行列。2009 年，64 个国家的总和生育率已低于更替水平（即平均每个妇女一生生育 2.1 个孩子），这些国家的人口总和已占到世界总人数的一半左右。这些国家既包括德国、英国、瑞典等西方发达国家，日本、俄罗斯、韩国、新加坡等中国的近邻，也包括中国、越南、泰国、伊朗、智利和乌拉圭这些发展中国家。低生育率尤其是超低生育率成为人类社会没有经历过的现象，其所带来的一系列经济、社会、文化、政治的挑战也是国际社会争论不休，至今没有充分理解、形成对策的问题。

对低生育率的认识滞后有多种原因，其中之一是缺乏对人口增长过程的认识和几十年来形成的对人口增长的恐惧。生育水平降至更替水平以下，不等于人口增长会马上停止。这是人口增长惯性的作用。如在生育率低于更替水平的64个国家中，45个国家的人口规模仍在继续扩大。例如，阿联酋的生育率仅为1.8，而其人口增长率仍高达2.8%。这些国家的人口增长属于人口学所称的惯性增长，即过去的高生育率形成了目前庞大的育龄妇女群体，尽管每对夫妻的生育数小于其需要更替自身的水平，由于总出生数高于总死亡数，人口还会继续增长。但随着低生育水平下的出生人群进入生育年龄，同时人口年龄结构进一步老化，死亡人数就会超过出生人数，导致人口缩减，形成人口的负增长惯性。如果排除人口年龄结构的作用，中国人口的内在增长率从20世纪90年代初已进入负增长（王丰等，2008）。

中国人口惯性增长的时代不久即将结束，随之而来是持久的人口负增长。根据联合国2010版的人口预测数据，在高、中、低方案下，中国人口增速分别将在2043年、2026年和2017年由正转负。如果中国未来几年的生育率仅有联合国低方案假设的水平：每对夫妇生育1.31个子女，那么中国人口增速由正转负距今只有几年时间。值得注意的是，人口负增长和人口增长一样存在惯性，当低于更替水平的生育率维持较长时期，即使生育率回复至2.1，人口还是会在相当长的一段时间内保持负增长。这意味着国家将长期面临人口缩减、劳动力萎缩和快速老龄化问题。这是德国、日本、俄罗斯、保加利亚等国当前所面临的人口失衡，也将是中国和其他诸多国家需要未雨绸缪之事。

这次全球性的低生育率大潮仅仅在一代人之前还是人们所始料未及的。在20世纪70年代，全世界的关注点是把人类推向末日的“人口爆炸”。目前，尽管世界总人口还在继续增长，但增长的速度已经大幅度地减缓。更重要同时也更出乎意料的是，人类可能会成为控制自身人口增长过分成功的牺牲品。以一对夫妇生育2.1个孩子作为人口自身繁衍的更替水平标准，时至21世纪初，全世界一半以上的人口已生活在人口再生产低于更替水平的国家中。同时，越来越多的国家也正在加入这一行列。这意味着这些国家不久将步日本与俄罗斯等国之后尘，进入人口老化与人口减少的历史行程（Morgan and Taylor，2007）。

在全世界竭尽全力控制人口增长的时候，几乎没有人预想过生育率会在达到更替水平之后继续下降，更没有预想过人们会不愿再要孩子。不难想象，如果生育率在更替水平以下不断持续下去，有一天人类会从地球上彻底消失。对于人类来说，这种在没有大规模的战争、饥荒或瘟疫条件下所产生的人口减少是史无前例的。人口年龄结构老化、人口规模缩小对人类社会带来的挑战也是前所未有的。

二 认识低生育率

世界人口变化由高速增长转入低速增长，并在不久的将来停止增长、开始下降已是不争的事实了。中国社会生育率已经有二十多年低于更替人口自身规模的水平。由于人口增长惯性带来的人口增长在未来 10 年左右也会终止，随之而来的是人口规模的缩减。这种人口缩减的趋势在相当长的时间内也是无法扭转的。要了解世界未来人口变化的走向，首先要搞清楚生育率为什么这么低。

对低生育率研究的第一个也是最重要的发现是人们认识的滞后。但在许多国家中，对低生育率的认识以及政策应对都有一个时间差。在亚洲一些最先步入低生育率的国家和地区，一般至少滞后了 10 年或更长时间之后，政府的控制人口的政策才开始转向为鼓励生育的政策。中国也更不例外。尽管我国的生育率早在 20 世纪 90 年代初期就已低于更替水平，对这一转折性的变化的认识是缓慢的，甚至是十分困难的。这个缓慢而艰难的过程是由各种原因造成的，既有数据与技术方面的原因，也有政治方面的原因。中国与东亚其他国家和地区的相似之点在于，我们都迟迟不愿相信生育率会降到这么低，同时维持在很低的水平上。

比控制人口、降低生育率更为困扰学者和政策制定者的是，他们不知道人们为什么不愿生孩子，不知道生育率继续下降的谷底在何处，更不知道依靠什么政策与手段才能诱导、鼓励甚至是强迫人们生孩子。可以说，这种控制人口的成功与人口趋势的逆转到来得如此之快，让各国政府措手不及。

国际上对于低生育率的解释，既有人口学方面的，也有社会经济学方面的。人口学的研究集中在对产生低生育率的时间因素的分析，即在多大程度上生育水平浮动或下降是由于人们推迟结婚生育造成的，在多大程度上是由于人们放弃生育带来的（Bongaarts and Feeney，1998；郭志刚，2000）。研究结果表明，在很多国家中，推迟生育是解释生育水平下降的原因之一。但这里有待回答的是，这种推迟会不会成为永久性的，即转换成不可弥补的生育数减少。

对于低生育率的社会经济学解释可大体分为两类：结构性或压力性的与意识形态性或主观能动性的。持第一种观点的人认为，低生育率主要是经济压力和各种限制条件使得年轻人无法生育。对此，英国的《人口研究》（*Population Studies*）杂志在 2003 年有专题辩论（参见 Caldwell and Schindlmayr，2003）。持这种解释的人指出，尽管在许多国家社会调查得到的人们理想的子女数多为两个左右，但实际生育水平却远低于此。这说明现在的问题是人们想生而没有条件生。而另一方面的解释，以“第二次人口转变理论”为旗帜，则认为生育率下降主要是由于现代人生活观念发生的根本变化，即人们对婚姻家庭观念的淡化甚至摒弃，取而代之的是注重个人发展与满足的个人主义。持这种观点的学者也使用不同社会的大量的调查数据表明人们一系列与生育有关观念的变化，诸如对家庭的看法，对婚前性行为的看法与经历，以及对子女在生活中的地位的看法（参见 van de Kaa，1987；Lesthaeghe，1995）。

生育率为什么在降低到更替水平后不断下降？是什么力量在驱动低生育率？这里的答案要从低生育率的国际大环境，即经济全球化中去找。外部的经济压力与内部的观念变化都可能在一定程度上解释不同地区不同个人推迟甚至放弃生育的现象。这两种不同的解释不是互斥的。更重要的是，再生产不可能与生产分割开来，而应放在同一个国际大环境下加以分析认识。

20 世纪末最后一轮的经济增长与低生育率在全球的蔓延是在同一政治经济环境下产生的。这一大历史环境便是近年来讨论颇多的全球化。然而，对经济全球化的议论和对低生育率的认识却像是两条并行的铁轨，各行其道，互不相扰。生产和再生产真是互不相干的吗？回答这个问题要从对经济全球化的认识开始。

近三十年来，全球化成了最时髦、最常见的囊括万物的词汇。这一说法的兴起与社会主义计划经济制度的瓦解与经济市场化的蔓延有明显关系，因为世界似乎在一种经济制度下大同了，资本、劳动力、市场似乎可不再受国界的限制了。然而，全球化这一最流行的词汇也是最受争议、最不确定的说法（Mittelman，2000；Stiglitz，2002）。不管全球化是否是新现象，也不管怎样去定义它，并对它作出何种价值判断，近年来的全球性的政治经济变化有以下五个共同特点，而这些在生产领域内的特点与人类在再生产方面的变化是有密切关系的。

全球化的第一个特点是经济不平等程度上升和对社会中间阶层的压力加大（Alderson and Nielsen，2002；Cornia，2004）。随着跨国集团公司势力扩大与资本、金融、贸易流通加速，一个后工业化的劳动力市场应运而生。在这个市场上，国际资本与地方劳动力短兵相接。国际资本流动性加大所导致的后果之一——更多不稳定的服务性的工作产生了，诸如非正式工、自我就业者与短时工。与工业化时代的大制造业相比，后工业化社会中的服务行业中工作品种日益多样化，报酬也更加不均等。同是在服务行业，从事金融或高科技的人员与卖快餐、零售业人员的收入是不可同日而语的。对于所有在服务业工作的人来说，工作不稳定成为常态。低收入人数的增多意味着越来越多的人无法负担住房、幼托与子女教育的费用。对于他们来说，最宝贵同时也是最缺乏的是时间。

随着经济不平等程度加剧，人们的生育意愿与行为和经济资源的关系形成了一种 U 字形，即在资源拥有分布处于最少和最多的两个极端的人们的生育水平高于人数居多的处于分布中间的人们的生育水平。对于那些处于低端的人来说，尽管他们承受的经济压力最大，由于他们所处地位，他们可以丢失的也最少，也即经济学中所说机会成本最低。对于那些处于收入高端的人来说，他们的资源可以允许他们不为个人与子女的住房、教育、就业担心，甚至可以让夫妇一方放弃工作全职生儿育女。最受压力的是那些处于中间阶层的人群。而随着不平等程度的加剧、中间阶层人数增多与他们平均占有资源水平降低，社会的整体生育水平也就越低。

新一轮全球化的第二个特点是对人力资本的要求和对技术工人需求的加大。随着低端制造业工作的消失，以及在新技术行业和金融服务业就业报酬的增加，能否在这些高收入行业里找到工作，越来越取决于受教育程度与接受专业培训的资历。为了能赶上不断更新的技术变化从而保证工作的稳定与收入的增加，年轻人对在高竞争环境下自己以及自己后代在教育方面的投入不得不高度担忧。年轻人为追求教育，保证就业，职业发展而推迟结婚生育。许多人在工作生活比较有保证而再安排生育时，发现怀孕生育的最理想生物时机已被错过。年轻人对子女受教育程度的期望以及对子女教育费用和时间投入的担心，也成为他们结婚育子的重要考虑。

近年来，全球化的第三个特点是政府对社会服务的削减以及对个人期望的加强。尽管个人主义的意识形态——包括个人成就与满足感在人生意义中的重要地位——在人类历史尤其是西方社会历史上由来已久（Macfarlane，1978，1986），我们所面对的却是一个新的变种，即“制度化的个人主义”（Beck and Beck - Gernsheim，2002）。这种制度化的个人主义是现代福利国家的产物，因为“福利国家中的主要权利与待遇是为个人而不是家庭所制定的。在许多情况下，这些权利与待遇的前提是就业。就业意味着要接受教育。就业和受教育都假使人是能流动的”（Beck，1999）。近年来，医疗、养老等方面服务的不足以及各国政府对这些方面开支的缺空乃至削减比比皆是（Esping - Anderson，1999；McDonald，2002）。社会安全网的削弱导致生活不确定性增加，从而也会影响年轻人的生育计划和行为。

全球化的第四个特点是资本与劳动力的流动性加强。资本追随着利润，而劳动力跟随着资本。资本流动到哪里，劳动力就流向哪里。随着资本流动性加大，劳动力的流动性也随之加大了。人口流动对于婚姻和生育也产生重要影响。这些影响包括寻找配偶以及维持稳定婚姻关系的困难，长时间的夫妻分离，以及由于流动给生活带来的其他不确定性。

全球化影响生育行为的第五个特点是物质主义与个人主义的文化观念。以追求物质生产效率为中心的全球化经济进一步促进了及时行乐的物质主义文化。对物质产品无止境的追求和对物质产品无限制的占有感代替了家庭及养育子女给人们生活所带来的幸福感与人生意义。与经济全球化同时而来的也是以个人主义为重要组成部分的西方文化观念。“选择、决定、把自己塑造成自己人生历程的作者”以及“个人身份的创造者”已经成为“我们这一时代的中心标志”（Beck，1999）。在人口再生产领域内，各国政府与诸多国际组织进一步促成了这种文化观念的转变：在过去的几十年里为了控制人口增长投入了难以估量的资源，造就了一个根深蒂固的反生育的新文化。

多生育子女被看成是无知落后的表现。

以上这些全球化的力量，综合起来，形成了一个孕育着很大的不确定性、同时对人口再生产不友好甚至是敌对的政治经济环境。在这种环境下，普通人所面对的是前所未见的风险与不确定性。用社会学家贝克的描述，过去那种“简单的、线性的、以民族国家为主的工业现代化”已为一个远为复杂的过程所替代。在这个过程中，一个社会所面对的是同时应付全球化、个人化、性别革命、不充分就业以及全球性风险（如全球性生态危机与全球金融市场危机）带来的挑战。相对于后工业化的社会发展或贝克称之为的第二个现代化，人们对第一个现代化更容易理解与适应，因为当时的“集体生活方式、进步与可控制性、充分就业与剥削”都是在民族—国家的环境下发生的。而我们现在所处的环境是一种新的资本主义、一种新的经济、一个新的国际秩序以及一种新的个人生活。这个时代我们崇尚的是多宗教、多民族、多文化的社会。我们所看到的是“非正式经济部门与劳动力灵活化的扩张，对经济部门诸多领域与工作关系法律制裁的放松，国家合法性的丧失，失业与不充分就业增加，跨国公司干预加强，以及日常生活中的暴力与犯罪”（Beck，1999）。

在人生中所有需要做出承诺与担负责任的决策中，很少有几个能和生儿育女的重大决策相比。在现在不确定的环境下，个人要对生育子女的风险与代价进行仔细的思考。在决策由家庭转向了夫妇、甚至是个人的前提下，对风险的计算显得更为重要。有时这意味着推迟结婚生育、有时这可能意味的是完全错过机会。不确定性提高了生儿育女的代价，再生产的不平等与经济上的不平等日渐趋同。

三　中国面临的选择

面对以低生育率和人口老化为特征的新人口现实，中国社会面临的挑战既与世界上许多国家相似，也有中国独特的特点。与世界上绝大部分国家一样，近代中国也经历了两次人口转变。但是，由于中国第一次人口转变即控制人口增长的特性，其所面临的选择也与众不同。中国第一次人口转变的两个重要特征：第一是人口转变的速度快，第二是国家政府对个人生育长时间的强制性干预。

与世界上众多国家相比，中国第一次人口转变，即由高死亡率和高出生率向低死亡率和低出生率的转变，是以高度压缩的形式完成的。如图 16—1 所示，与几个主要欧美国家和日本相比，中国人口期望寿命从 40 岁上升到 70 岁仅用了 50 年左右，比欧美国家所需时间减少了 50% 。如图 16—2 所示，历史上西欧国家，如英国和法国的生育率（以总和生育率为指标）从每对夫妇平均生育 5 个子女下降到更替水平的 2 个左右用了约 75 年的时间。与其相比，中国所用时间仅为 30 年左右，是其一半时间不到。

中国的这种快速的人口转变不仅意味着在短时间内的快速人口增长，也意味着更快的人口老化过程。例如，中国的人口规模从 1954 年的 6 亿增加到 1964 年的 7 亿仅用了 10 年时间。而随后从 7 亿至 8 亿，从 8 亿到 9 亿各用了 5 年或不到 5 年的时间。正由于如此之快的人口增长，才会有 30 年前开始实行的在世界历史上没有先例的独生子女政策。然而，随着人口转变的加速完成，其后果也以同样快的速度接踵而来。中国 60 岁及以上老人的总数将由目前的 1. 65 亿剧增到 2020 年的 2. 4 亿，2030 年的 3. 4 亿，占人口总数的 25% 。

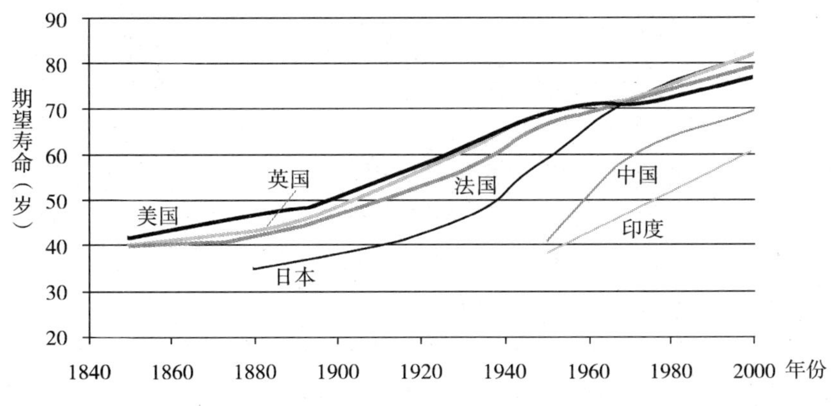

图 16—1 中国与几个国家人口出生时期望寿命变化比较

资料来源：英国、法国、美国、日本引自 Livi - Bacci（2007，p. 106）；中国与印度引自 Livi - Bacci（2007，p. 162）。

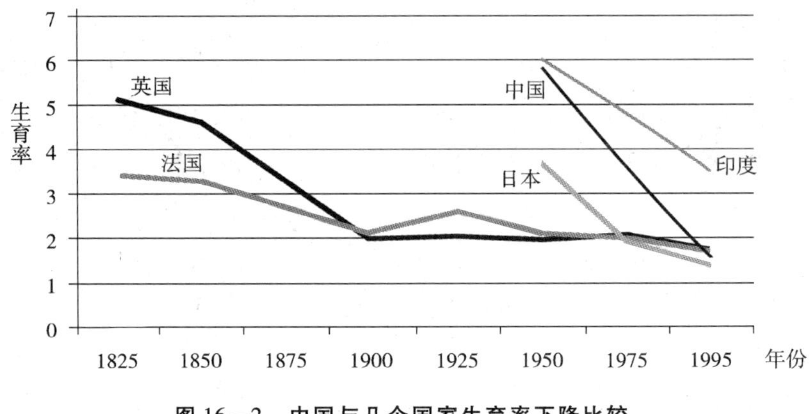

图 16—2 中国与几个国家生育率下降比较

资料来源：1950 年以前引自 Livi - Bacci（2007，p. 114）；1975 年与 1995 年，United Nations（1997）。

中国的低生育率已是不争的事实了。经过十多年对各种数据的反复分析研究，国内外学术界的共识是我国在 20 世纪 90 年代初期就已进入低于更替水平的低生育率的新阶段（郭志刚，2010）。除了城市人口中三十多年来普遍只生一个孩子之外，越来越多的农村人口与流动人口也选择只生一个孩子。而生两个及以上子女的夫妇越来越少。加总之后，全国平均生育水平仅为每对夫妇 1.5 个子女左右 。90 年代以来的低生育率已造成小学入学人数的剧减。1995 年全国小学录取新生数为 2530 万，2008 年仅为 1670 万，减少了 1/3。由于出生数减少和学校合并的原因，1990 年至 2008 年间全国小学校数减少了 60% 。

在中国的低生育率和中国经济同步跨入 21 世纪全球化的同时，我们许多人对人口的认识还停留在 30 甚至 40 年前“人口爆炸”的水平上。有些人还是把 20 年甚至是 30 年以前在某个边远乡村看到的有人生了 3 个或更多子女等同于现在中国城市夫妇的生育意愿与生育水平。

由于中国三十多年来实行的提倡一对夫妇只生一个孩子的独生子女政策，不少人认为中国的低生育率与世界其他地方不同，是政策人为造成的。这种看法有一定的道理，但远不能被用来解释中国的低生育率。中国 1990 年就开始的低于更替水平的生育率，在一定程度上与我国政府成功贯彻计划生育政策有关，但近年来在全球化环境中我国经济制度改革、人们生活水平提高以及生育观念变化等因素对生育行为的影响不应被低估。如图 16—3 所示，在没有独生子女政策的发展中国家，近年来生育率同样下降到了更替水平。20 世纪 80 年代后，泰国的生育率下降与中国相差无几。伊朗、印度尼西亚以及印度等国家也呈类似的生育率下降趋势。

近年来，国内外学者对我国生育率下降的研究表明，无论是在解释地区之间生育水平的差异或是个人生育意愿的不同上，政策都远远不是最重要的，更不是唯一的因素（顾宝昌、王丰，2008；Zheng et al.，2009；Cai，2010）。反之，解释世界上其他国家地区低生育率的因素也完全可以用来解释中国的低生育率。作为处在全球化最前列的中国，没有理由认为中国人的思维逻辑与行为与其他地区的人们有什么根本的不同。

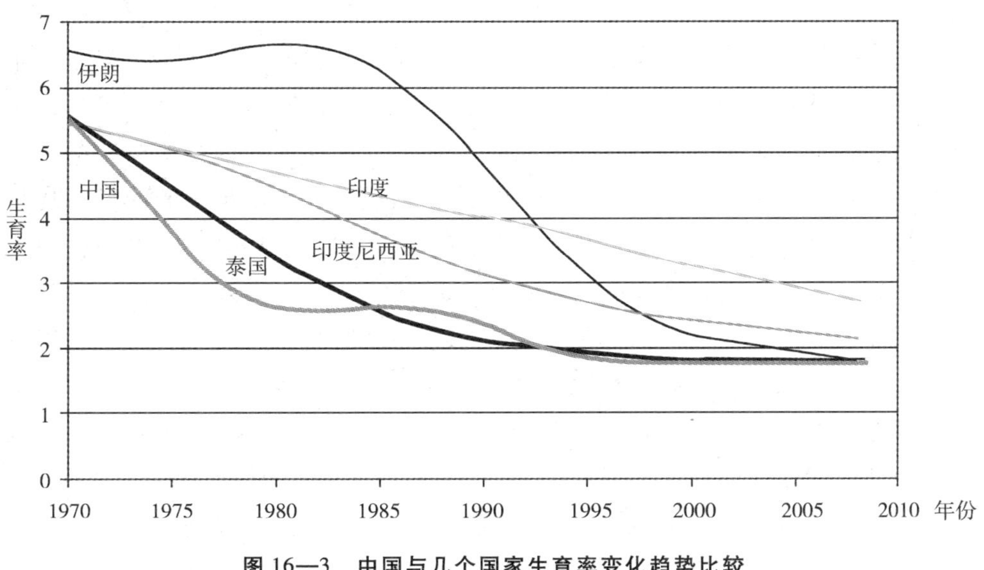

图 16—3　中国与几个国家生育率变化趋势比较

资料来源：世界银行，2010。

中国与世界其他经历了生育率由高至低转变国家的另一个区别是，当其他国家人口政策随人口变化做出相应变化的时候，中国的政策不仅史无前例的严格，而且在政策调整上严重滞后。在生育率受其他社会经济因素影响已经很低的现实下，继续严格地控制生育政策起到了雪上加霜的作用，政策调整长时间滞后也造成了负面后果更加严重，持续时间更长。

自20世纪70年代以来，随着总和生育率的走低，世界人口增长率由急转缓，各国政府随人口变化对生育水平的态度开始转变，同时也已相继调整其人口政策。1976年时，世界上36.7%的国家认为当时生育水平偏高，这一比例在1996年达到顶峰——45.3%，反映出当时各国对人口增长的担心。认为生育水平偏高的国家比例近年逐年递减，至2009年已回落至37.4%。目前认为生育水平过高的国家主要集中在东非、西非和南亚。更为重要的新趋势是，认为当前生育水平过低的国家比重在过去三十多年中逐年攀升：1976年仅为10.7%，主要为芬兰、法国等欧洲国家；2009年翻了一番，达到24.1%，东亚和大洋洲国家，如日本、韩国和澳大利亚，也纷纷加入这一行列。越来越多的国家不再视生育如洪水猛兽，而是困扰于生育水平的持续低迷。

大多数国家政府在生育率降至更替水平时都开始担心生育水平过低。生育率低于更替水平的64个国家中，58%的国家认为生育率过低；41%的国家对当前生育率表示满意，中国也属于这一队列；仅有伊朗认为当前的生育率偏高。在生育率低于1.8的48个国家中，则已有超过70%的国家担忧生育率过低。在生育水平低于1.6的36个国家中，生育率过低已成为各国的共识，仅有3个国家对当前的低生育率表示满意。换一种计算方法，2009年认为当前生育率过低的国家其平均生育水平为1.6个孩子（沈可等，2012）。

大多数情况下，政府生育政策的调整会顺应生育形势的改变以及政府对生育率态度的转变。联合国《世界人口政策》数据库将各国政府的生育政策划分为四类：降低生育率、维持当前生育水平、鼓励生育和不干预。1976—2009年间，政府将对生育率态度落实到生育政策的行动力正在加强。1976年，认为当时生育率偏高的国家中，73%采取各种降低生育水平的措施；2009年这一比例上升为86%。同样，1976年认为当时生育率偏低的国家中，81%出台鼓励生育措施；2009年这一比例上升为85%。

在生育政策调整之路上，发达国家与发展中国家正朝着相反的方向前行。过去35年间，发达国家出台鼓励生育政策的国家比重逐年攀升，从1976年的21%上升至2009年的55%。与发达国家竭力采取各种措施、努力提高生育率相反，大部分发展中国家关注的焦点仍是降低生育率。2009年仍有过半数的发展中国家采取生育控制措施，主要集中在生育水平居高不下的非洲。

世界人口形势的多元化也导致了人口政策的分化。以上联合国界定的发展中国家既包含了处于超低生育水平的东欧和东亚国家，也包括非洲、南亚等高生育率国家。这些国家的生育政策目标各自相异。在人口快速扩张的非洲地区，政府对生育控制重要性的认识与政策力度在过去 35 年间大为加强。1976 年，仅有 25% 的非洲国家采取控制生育政策，至 2009 年这一比例已上升至 70%。而在亚洲地区，虽然控制生育国家的比例保持稳定，但相当一部分原本致力于维持低生育水平的东亚国家逐渐意识到人少未必是福，也可能是祸，因此鼓励生育国家的占比从 1976 年的 5% 上升至 2009 年的 28%。一些生育率仍高于更替水平的西南亚国家，如科威特、以色列和卡塔尔，也致力于促进生育率提高。欧洲国家由于长期受困于低生育率，鼓励生育的国家在 2009 年已超过了半数。拉美和北美国家的生育政策在这段时期内基本保持稳定，北美历来奉行生育自由的观念，对生育行为没有采取任何干预措施。值得注意的是，大洋洲在 1976 年没有一个政府实行鼓励生育政策，而 2009 年这一比例已达到 19%，包括澳大利亚、纽埃和库克群岛。

随着生育率的下降，各国政府纷纷转而推行鼓励生育政策。2009 年，过半数生育率低于更替水平的国家已采取鼓励生育政策，包括发放生育津贴、减免税收、延长带薪产假、实行弹性工作制度等多种措施。在生育率低于更替水平的国家中，仅有伊朗、突尼斯和哥斯达黎加仍致力于降低生育率。当生育率低至 1.8 以下时，2/3 的国家均已出台鼓励生育措施。当生育率低至 1.6 以下时，鼓励生育的国家占比上升至 83%。而根据联合国的界定，中国目前的举措仍在维持生育水平，或者更确切地说，是在维持当前的低生育水平。

中国周边的东亚国家和地区的人口变化与政策调整对我国有着更为重要的借鉴意义。日本的生育率转变始于 20 世纪上半叶，并于 20 世纪 60 年代中期跌至更替水平之下。新加坡、韩国和中国台湾追随相似的生育率转变轨迹：20 世纪 60 年代，这三个地区的总和生育率曾高达每个妇女生育 6 个子女。由于一系列的社会经济改革和计划生育措施，这几个地区生育率迅速下降。新加坡的生育率于 1976 年降至更替水平，中国台湾和韩国的生育率下降速度稍慢，分别于 1983 年、1984 年降至更替水平。相比英国、法国、意大利等西方国家而言，这些东亚国家和地区的生育率转变以高度压缩的形式完成。英美的生育率在更替水平附近徘徊近3/4个世纪，然后才进一步下降（Livi - Bacci，2007），日本徘徊于此约二十年，而新加坡、韩国和中国台湾的生育率在触及更替水平之后持续下降，目前均已位居生育率最低的国家和地区之列。2010年，日本总和生育率为1.39，韩国为1.22，新加坡为1.1，中国台湾仅为0.9。

东亚地区生育率下降的直接原因有两个：一是婚姻延迟乃至不婚率的增加，二是婚内生育率的下降（Frejika et al.，2010）。在不同时期的生育率下降过程中，这两种因素的权重也会发生变化。比如新加坡生育率下降始于1958年，早期的下降主要归因于女性推迟婚姻（Saw，1999），而此后婚内生育率下降成为总和生育率下降的主导因素。日本自1973年以来的生育率下降一半可归因于婚姻推迟与结婚率下降（Retherford and Ogawa，2005）。韩国在1965—1985年间生育率的下降，1/5—1/4可归因于婚姻行为的改变，主导因素仍是婚内生育率的下降，然而1995年之后生育率进一步下滑，前者取而代之成为主导因素（Jones，2004）。

在东亚地区的生育率转变过程中，政府扮演的角色也发生了相应的变化。半个世纪之前，韩国、新加坡和中国台湾成为控制生育实践中的先行者。20世纪60年代，这些地区虽未采取强制性的生育控制措施，但它们通过各种宣传与教育潜移默化地改变民众对多子女的偏好，大力资助计划生育服务，将人工流产合法化，并且奖励节育的家庭，例如新加坡规定生育3个以上孩子的家庭不能享受税收减免（Kwon，2001；Tsui，2001；Yap，2001）。关于生育率下降过程中政策因素发挥了多大作用，目前还有很多争议。“现代化——人口转变”的理论更多强调了生育率下降是对社会经济发展和文化变迁的直接反映，“发展才是最好的避孕药”。蔡泳（Cai，2010）基于世界银行公布的国别数据，也发现人均国民生产总值（取其对数）和总和生育率显著的负相关关系在1975—2005年间基本保持稳定。不过，至少我们看到东亚政府对于高生育率的即时反应，并大有作为。

然而，当生育率急剧下降后，日本、韩国、新加坡和中国台湾对生育政策的调整也都出现过较长时间的滞后。这一滞后有多方面的原因：生育率低于更替水平时人口的惯性增长使得政府无法抹去对庞大人口的恐慌，对生育率反弹的担忧，对超低生育率的负面影响认识不足，等等。因而，韩国在生育率低于更替水平 10 年后才放弃控制人口增长的努力，转而实行鼓励生育政策，新加坡滞后了 12 年，中国台湾等了 15 年，日本等了 17 年（盖文·琼斯，2011）。

当这些国家和地区的政府真正接受超低生育率的现实，并深刻意识到低生育率对社会和国民福祉的危害，例如老龄化的加速、劳动年龄人口缩减和性别比攀升（尤其对于韩国）等，政府才会试探性地出台一些温和的新人口政策，这些政策往往不是以提高生育率为目标，它们往往被赋予更宏大的目标，诸如提高人口素质或减少贫困。比如 1972 年日本推行育儿补贴，旨在减轻贫困家庭的负担。新加坡 1984 年出台政策鼓励高教育程度的女性生育更多孩子，而抑制低教育程度女性的生育，目的是实现人口正淘汰、改善下一代国民的素质。1996 年，韩国废除始于 1962 年的人口控制政策，推行新人口政策，将目标从控制人口数量转为改善国民福利，包括改善生殖健康、修复性别比失衡、扩大妇女就业机会等。

这些温和的新人口政策大多未能奏效，生育率仍不可遏制地继续下滑。在上述政策出台的 5 年内，日本总和生育率下跌 0.34，韩国下降 0.28，新加坡取得些许成功，但也仅回升 0.1。在此情形下，各国政府不断加强鼓励生育政策的强度与密度。这些政策大体可以分为两类：一是对生育、抚育的直接经济补贴，以减轻不断高涨的育儿成本对生育的抑制作用。二是改善抚育条件和育儿设施，包括产假政策和育儿中心等，以缓解劳动参与和生育、抚育的冲突，降低生育的机会成本。

然而这些更为直接、激进的鼓励生育政策至今均尚未奏效。1987 年新加坡对多子女家庭的减税政策以及住房优惠政策一定程度上可能促进了 80 年代末生育率的回升，然而这一趋势并未能持续。20 世纪 90 年代后新加坡的生育率水平仍逆转直下。2000 年和 2004 年新加坡政府进一步加强鼓励生育政策的力度，但生育率仍维持在低位。日本自 1990 年大幅提高育儿津贴后，生育率仍从 1990 年的 1.54 跌至 2005 年的 1.26，近年来才略有回升。韩国自 2006 年出台“应对低生育率和老龄化的第一个五年计划（2006—2010）”，这一计划囊括了多元化、具体的鼓励生育措施。虽然韩国的生育率从 2006 年的 1.12 短暂上升至 2007 年的 1.25，之后仍回落至 1.14。中国台湾于2006年审慎考虑出台提高生育率的政策，但激励较弱，主要通过“青年安心成家专案”鼓励青年安家结婚，从而促进生育。这些政策目前还未见成效，中国台湾生育率已跌至世界最低。目前台湾当局已积极考虑多种方案，比如健康局着手草拟不孕症治疗补助措施，每对不孕不育夫妇可以享受5万或者15万新台币的补贴用于试管婴儿或者人工受孕。

各国政府为提高生育率的政策出台后生育率并没有如预期那样逆转而上，回复至更替水平，达到新的人口均衡。对此一些学者的观点是相对于欧洲尤其是北欧国家，东亚地区为鼓励生育采取的经济激励仍显不足（Frejka et al.，2010）。例如，荷兰给13岁以下的孩子每年发放1300美元的补助；瑞典给生育间隔低于30个月的家庭发放额外津贴；丹麦17岁以下的孩子可以每年领取相当数额的生活津贴。而且，东亚的现行政策在敦促男性投入更多时间抚育子女方面所做的努力还非常有限。尤其是东亚社会传统的“男主外、女主内”的家庭内部分工，使得男性原本在料理家务、养育子女方面的投入远低于女性。伴随着生存压力的上升，女性在工作与生育之间面临更艰难的抉择。东亚政府如要提升鼓励生育政策的成效，可以借鉴并引入北欧国家早已推行的男性产假以及父亲的育儿假，缓解女性生育后的多重压力。

生育率难以上升的另一个原因是全球化和现代化过程中众多的经济、人口、文化因素不断抑制人们的结婚与生育欲望，这一效应抵消了鼓励生育政策对生育率的提升作用。例如，20世纪90年代日本的经济滞涨以及1997—1998年亚洲金融危机给东亚地区劳动力市场带来更多负面冲击以及不确定性，年轻一代被迫或者主动选择推迟婚育。因此，纵然日本政府在90年代屡次加大鼓励生育政策的强度，日本生育率在整个90年代仍快速下滑。

不管原因何在，迄今为止，东亚地区在提高生育水平之路上的历程基本印证了Lutz（2005）等提出的“低生育陷阱”假设：生育率一旦下降到一定水平（TFR =1.5）以下，由于价值观转变、生存压力增加等多方面的因素共同作用，生育率会继续不断下降，很难甚至不可能逆转（Luz and Skirbekk，2005）。即便是北欧国家如此慷慨、全面的激励措施，也只是使丹麦、挪威、瑞典和芬兰四国的生育率自20世纪80年代以来止跌企稳，并未反弹至更替水平。

长期以来的低生育率对中国社会尤其是亿万家庭的长远影响是不可低估

的。中国人口在21世纪将面临的负增长已经不是假设，而是定势（王丰等，2008）。中国社会马上要面临的人口老化是劳动力的老化。在未来10年左右的时间内，中国劳动年龄人口（在此定义为20—60岁）的总数仍将颇为可观，但新加入劳动力队伍的人数将大幅度地萎缩。这是近年来低生育率的直接后果。过去10年间，20—29岁年轻劳动力人数已减少了14%。未来20年将进一步减少17%。不仅如此，如果目前的低生育率不能得到及时扭转，这种劳动力老化的趋势会不断加剧。对仅仅是担心就业的决策人来说，这似乎是求之不得的佳音。然而，这个年龄组的新生劳动力是受教育程度最高、最富创造力的。这部分年轻人口也是消费力最强的。这个年龄组人口的急剧减少不仅对劳动力供应，同时也对消费需求和结构产生巨大影响。因为这意味的是新结婚夫妇对数的急剧减少，对新建住房需求的减少，对所有与青年人有关的消费需求的减少。青年劳动力人口的急剧减少也会使他们人均负担的养老费用不断上升。这是中国人口老化的另一个方面。

中国过去三十多年的经济快速增长，除了制度变化的因素外，在相当大的程度上受益于人口转变过程中所产生的人口红利，即由于年轻劳动力人口占总人口比例扩大而带来的经济收益。这部分年轻劳动力与大量的外来资本结合，造就了历史性的无法重复的经济增长。各种不同的估算认为人口红利对中国20世纪末20年中经济增长的贡献为15%—25%（蔡昉、王德文，1999；王丰、梅森，2006；王丰，2007）。日本、韩国及中国台湾早期的经济腾飞也受益于这种人口红利的贡献。但这些国家和地区的人口红利由于生育率的急剧下降已耗尽并将为经济增长拉后腿。日本近二十年的经济停滞，在相当大程度上是受到人口老化的影响。而中国正在步这些地区的后尘。

中国社会由于低生育率带来的最大负面效应还不是今后劳动力的老化与萎缩，而是只有一个子女的亿万户家庭。过去的三十年多中，很大程度上由于独生子女政策的限制，中国已产生了1.6亿独生子女，也即1.6亿个独生子女家庭，占全国总家庭户数的约1/3多。若现行的低生育率不能及时扭转，这些独生子女家庭将成为永久性的独生子女家庭。至21世纪中叶，60岁妇女中将有一半人只有一个子女。子女对父母、家庭的重要性远不止于他们可能提供经济上的支持和帮助，而是他们在日常生活、社会交往、精神支持方面所起的不可替代的根本作用。这些作用是任何政府支持辅助项目所无法弥补的。家庭为社会之本。中国如此之多的独生子女家庭，将对这些家庭带来巨大的压力，同时也成为21世纪中国社会所面临的最大的、长期的风险来源。

中国所面临的新的人口形势与世界上许多国家地区有很大的相似性。在许多欧洲国家及东亚各国，低生育率已经开始给那些国家和地区带来前所未有的困境与挑战。长时间的低生育率以及人口年龄结构老化将给养老与医疗健康体系带来挑战，影响整体劳动生产率与整个经济的竞争性。当抚养负担日趋加重时，人口老化也将影响到代际关系，甚至社会的整合与民族的兴衰。同时，将生育率提高到更替水平并非易事。近年来，尽管越来越多的国家政府已经开始采取措施鼓励生育来逆转生育率下降的趋势，而迄今为止这些鼓励生育政策奏效的还寥寥无几。

四　小结

在人类经历了20世纪前所未有的人口增长之后，21世纪给我们带来的新的挑战是人类历史上前所未有的长期性人口减少以及人口老化。认识人口惯性与人口变动的规律，有助于我们未雨绸缪，减小由于盲目观望等待所带来的不必要的代价。由于人口年龄结构的影响，中国人口总数还在继续增加。对于不了解人口变化内在规律的人来说，中国似乎应在人口增长停止时再重新考虑公共政策，尤其是人口政策的讨论与调整。然而，如果真把公共政策建立在人口总数是否还在增加的基础上，则完全忽视了人口变动的内在规律，即人口惯性。

刚刚过去的20世纪与开始不久的21世纪是人类历史上人口变化的最大转折点。20世纪后半叶的全球性人口增长是史无前例的，21世纪的人口负增长也将是前所未有的。作为地球上的第一人口大国，中国在20世纪成功地控制了人口增长。作为对这一成功付出的代价，21世纪中国所面临的是人口负增长。作为快速融入经济全球化同时快步加入世界低生育率国家行列的人口大国，中国所面临的不仅是丢掉世界第一人口大国的桂冠，而且是更深层更持久的挑战。

参考文献

蔡昉、王德文：《中国经济增长可持续性与劳动贡献》，《经济研究》1999年第10期。

蔡泳：《教育统计真的是估计生育水平的黄金标准吗》，《人口研究》2009年第4期。

费孝通：《乡土中国/生育制度》，北京大学出版社1998年版。

盖文·琼斯：《东亚国家和地区的低生育率：原因与政策回应》，载王丰、彭希哲、顾宝昌等主编《全球化与低生育率：中国的选择》，复旦大学出版社2011年版。

顾宝昌、王丰编：《八百万人的实践：来自二孩生育政策地区的调研报告》，社会科学文献出版社2008年版。

郭志刚：《从近年来的时期生育行为看终身生育水平》，《人口研究》2000年第1期。

郭志刚：《中国的低生育水平及相关人口研究问题》，《学海》2010年第1期。

郭志刚：《"六普"结果表明以往人口估计和预测严重失误》，《中国人口科学》2011年第6期。

李中清、王丰：《人类的四分之一：马尔萨斯的神话与中国的现实，1700—2000》，生活·读书·新知三联书店2000年版。

沈可、王丰、蔡泳：《国际人口政策转向对中国的启示》，《国际经济评论》2012年第1期。

王丰、梅森：《中国经济转型过程中的人口因素》，《中国人口科学》2006年第3期。

王丰：《人口红利是取之不尽、用之不竭的吗?》，《人口研究》2007年第6期。

王丰、郭志刚、茅倬彦：《21世纪中国人口负增长惯性初探》，《人口研究》2008年第6期。

Alderson, Arthur and François Nielsen, "Globalization and the Great U - Turn: Income Inequality Trends in 16 OECD Countries", *American Journal of Sociology*, 107(5), 2002, pp. 1244 - 1299.

Beck, Ulrich, *World Risk Society*, Cambridge: Polity Press, 1999.

Beck, Ulrich and Elisabeth Beck - Gernsheim, *Individualization: Institutionalized Individualism and its Social and Political Consequences*, London: Sage Publications, 2002.

Bongaarts, John and Griffith Feeney, "On the Quantum and Tempo of Fertility", *Population and Development Review*, 248, 1998, pp. 271 - 291.

Cai, Yong, "Social Forces behind China's Below - Replacement Fertility: Government Policy or Socioeconomic Development", *Population and Development Review*, 2010.

Caldwell, John C. and Thomas Schindlmayr, "Explanations of the Fertility Crisis in Modern Societies: A search for Commonalities", *Population Studies*, 57(3), 2003, pp. 241 - 263.

Cornia, Giovanni Andrea (ed.), *Inequality, Growth, and Poverty in an Era of Liberalization and Globalization*, Oxford University Press, 2004.

Esping - Andersen, Gøsta, *Social Foundations of Post - Industrial Economies*, New York: Oxford University Press, 1999.

Frejka, Tomas, Gavin W. Jones and Jean - Paul Sardon, "East Asian Childbearing Patterns and Policy Developments", *Population and Development Review*, 36(3), 2010, pp. 579 - 606.

Jones, Gavin W., "Not 'When to Marry' but 'Whether to Marry': The Changing Context of Marriage Decisions in East and Southeast Asia", in Gavin W. Jones and Kamalini Ramdas (eds.), *(Un) tying the Knot: Ideal and Reality in Asian Marriage*, Singapore: Asia Research Institute, National University of Singapore, 2004.

Kohler, Hans - Peter, Francesco Billari, and José A. Ortega, "The Emergence of Lowest - low Fertility in Europe During the 1990s", *Population and Development Review*, 28, 2002, pp. 641 - 680.

Kwon, Won - Yong, "Globalization and the Sustainability of Cities in the Asia Pacific region", In F. Lo and P. Marcotullio (eds.), *Globalization and the Sustainability of Cities in the Asia Pacific region*, United Nations University Press, Tokyo, 2001.

Lesthaeghe, Ron, "The second Demographic Transition in Western Countries: An Interpretation", in Karen O. Mason and A. M. Jensen (eds.), *Gender and Family Change in Industrial Countries*, Oxford: Clarendon Press, 1995, pp. 17 - 62.

Livi - Bacci, Massimo, *A Concise History of World Population* (fourth edition), Oxford: Blackwell Publishing, 2007.

Lutz, Wolfgang, and Vegard Skirbekk, "Policies Addressing the Tempo Effect in Low - Fertility Countries", *Population and Development Review*, (31), 2005, pp. 699 - 720.

Macfarlane, Alan, *The Origins of English Individualism: Family, Property, and Social Transition*, Oxford: Oxford University Press, 1978.

Macfarlane, Alan, *Marriage and Love in England, Modes of Reproduction* 1300 - 1840, Oxford: Basil Blackwell, 1986.

McDonald, Peter, "Sustaining Fertility Through Public Policy: The Range of Options", *Population* (English edition), 57(3), 2002, pp. 417 - 446.

Mittelman, James H., *The Globalization Syndrome: Transformation and Resistance*, Princeton: Princeton University Press, 2000.

Morgan, S. Philip and Miles G. Taylor., "Low Fertility at the Turn of the Twenty - First Century", *Annual Review of Sociology*, 32, 2006, pp. 375 - 399.

Retherford, Robert D. and Naohiro Ogawa, "Japan's Baby Bust: Causes, Implications and Policy Responses", East - West Center Working Papers, Population and Health Series No. 118, 2005.

Saw, Swee - Hock, *The Population of Singapore*, Singapore: Institute of Southeast Asian Studies,

1999.

Stiglitz, Joseph E., *Globalization and Its Discontents*, New York: W. W. Norton, 2002.

Tsui, Amy Ong, "Population Policies, Family Planning Programs, and Fertility: The Record", *Population and Development Review*, 27, 2001, pp. 184 – 204.

United Nations, UN Demographic Yearbook 1997 Historical Supplement, 1997.

van de Kaa, DJ., "Europe's Second Demographic Transition", *Population Bulletin*, 42, 1987, pp. 1 – 57.

Yap, Mui Teng, "Population Policies and Programs in Singapore", East – West Center Occasional Papers, Population and Health Series, No. 123, 2001.

Zheng, Zhenzhen, Yong Cai, Wang Feng, and Baochang Gu, "Below – Replacement Fertility and Childbearing Intention in Jiangsu Province, China", *Asian Population Studies*, 5 (3), 2009, pp. 329 – 347.

图书在版编目(CIP)数据

中国的低生育率与人口可持续发展／郭志刚等著．—北京：中国社会科学出版社，2014.4

（国家哲学社会科学成果文库）

ISBN 978－7－5161－3913－4

Ⅰ.①中…　Ⅱ.①郭…　Ⅲ.①生育率—研究—中国②人口—可持续性发展—研究—中国　Ⅳ.①C924.2

中国版本图书馆 CIP 数据核字(2014)第 021599 号

出 版 人　赵剑英
责任编辑　李庆红
责任校对　韩天炜
封面设计　肖　辉　郭蕾蕾　孙婷筠
责任印制　戴　宽

出　　版　中国社会科学出版社
社　　址　北京鼓楼西大街甲 158 号（邮编 100720）
网　　址　http://www.csspw.cn
　　　　　中文域名:中国社科网　　010－64070619
发 行 部　010－84083685
门 市 部　010－84029450
经　　销　新华书店及其他书店

印刷装订　环球印刷(北京)有限公司
版　　次　2014 年 4 月第 1 版
印　　次　2014 年 4 月第 1 次印刷

开　　本　710×1000　1/16
印　　张　19
字　　数　316 千字
定　　价　66.00 元